高齢者ふれあいレクリエーションブック

高齢者の
リハビリ折り紙

ひかりのくに

シリーズ監修のことば

介護保険制度が2000年に始まり、各種高齢者施設も通所系サービスも、利用者がサービスを自己選択する時代を迎えました。この結果、職員は質の高い「高齢者本位」のサービスを提供することが強く求められています。こうしたサービスを提供していくには、施設や在宅サービスの職員は、高齢者の過去の生活や現在の心身の状況について理解しながら、心を通わせることが基本となります。こうしたふれあいは、高齢者には「視る」「聴く」「食す」「触る」「臭う」といった「五感」を豊かにしてくれるものであり、施設や事業者にとっては最も大切にしていかなければならないことです。

高齢者とのふれあいの中で、高齢者の五感を豊かにすることができるよう、『高齢者ふれあいレクリエーションブック』シリーズを刊行することとしました。このシリーズは、介護の現場で働く皆様が、高齢者と関わる上ですぐに役立つものを提供することで、高齢者との素敵なふれあいを作っていただきたいと企画したものです。この書から、個々の高齢者のもっている残存能力が発見され、高まるものと確信しています。

是非、各種高齢者施設や在宅サービス事業者で働く職員の方々に、この『高齢者ふれあいレクリエーションブック』シリーズをご活用いただき、高齢者から高い満足感が得られ、選ばれる施設となるようご活躍いただくことを心から願っています。

大阪市立大学大学院　生活科学研究科
教授　白澤政和

はじめに

「折り紙」の魅力は、それをきっかけにコミュニケーションが広がることです。そして手先指先を活発に動かすことにより、脳の働きを良くすることでもあります。

このことは、高齢者の方にとって、心と体と頭のいわゆる「リハビリ」につながるのではないでしょうか。

本書は、各種高齢者施設のスタッフの協力を得ながら、レクリエーション活動の内容を充実させるためのツールとして活用していただけるものにしています。幅広くお役立てくださることを心から願っています。

お茶の水・おりがみ会館館長　小林一夫

本書の特長

各種高齢者施設でのレクリエーション活動の中で、よく行なわれる折り紙。そのバリエーションを豊かにするアイデアを大きく右の四つにまとめ、現場のご意見に基づいた導入のことばがけや、コミュニケーションの例なども含めて紹介しています。
利用者の方に応じて、取り入れやすいものから始めてください。

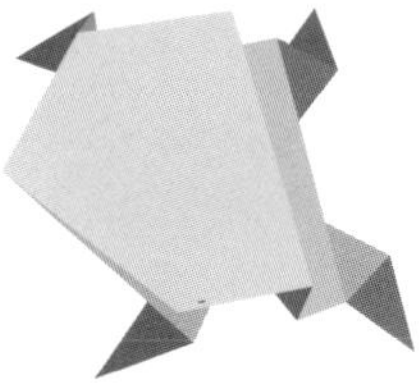

大人の作品といえるものを

同じパーツを折り、
組み合わせる、
豪華な作品例。

美しい色や形を組み合わせて

ブロック、
パズル的に楽しむ、
リースなどの例。

ゲームとして楽しめるものを

カエル跳ばしゲーム
魚釣りゲーム
トントンずもうゲーム

四季の花など

春夏秋冬の、
季節感のある作品例
（花を中心に）。

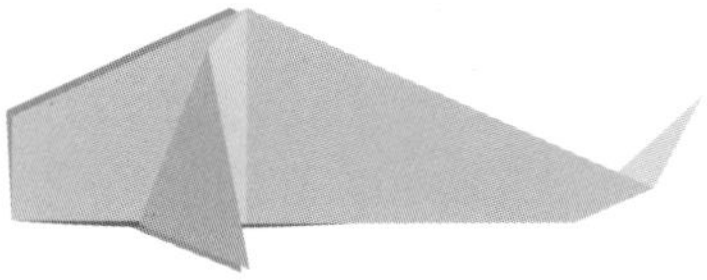

使い方 ご利用の前に

●本書掲載の内容をレクリエーション活動として行なう前に、必ずご自分で一度やってみてください。前もって経験しておくことで、余裕を持って高齢者の方といっしょに楽しむことができます。
●本書に掲載している作品例の写真を、高齢者の方といっしょに見て、興味を持っていただいてから始めるとよいでしょう。
●作品を作ることそのものと同時に、いっしょに作る中でいろんな会話を楽しめるように、各章の初めに【高齢者の方とのコミュニケーションのヒントと注意事項】として、
「この単元の意図」
「高齢者の方の好まれる傾向」
「コミュニケーションのヒント」
のコーナーを設けてあります。ここからレクリエーション活動の内容を、より豊かに広げていってください。
●折り方のページは、高齢者の方にも無理なく見ていただけるように、できる限り大きな図にしています。コピーするなどしてご利用ください。

折り線などの決まり

- - - - - - - - 谷折り
― - ― - ― - 山折り
――――――― 折り筋
・・・・・・・・・ 補助線
‐‐‐‐‐‐‐‐ 切り取り線
⇨ 間に差し込む
↻ 裏返す

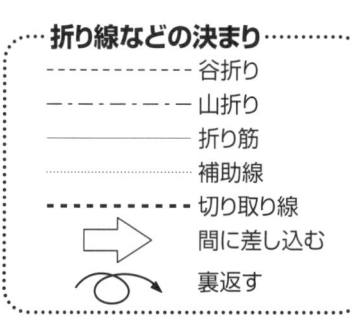

もくじ

シリーズ監修のことば／はじめに …… 2
本書の特長／使い方（ご利用の前に） …… 3

大人の作品といえるものを（5〜24ページ）

高齢者の方とのコミュニケーションのヒントと注意事項 …… 9
基本ピースの折り方①（ユニット折り紙・土台の作り方、ピースの差し込み方など） …… 10〜11

	カラー作品	作り方
スワン（大）	5	12〜13
ツル（大）	6	14
ツル（小）	6	15
カメ（大）	7	16
カメ（小）	7	17
宝船	7	18〜19
スワン（小）	7	20
水鳥のひな	7	21

基本ピースの折り方②（くす玉人形・くす玉） …… 22〜23

	カラー作品	作り方
くす玉人形	8	24
くす玉	8	24

美しい色や形を組み合わせて（25〜44ページ）

高齢者の方とのコミュニケーションのヒントと注意事項 …… 29

	カラー作品	作り方
折り紙パズル2種	25	30〜31
壁飾り6種（リース・コースター・花瓶敷きなどにも）	26〜27	32〜42
不思議なコースター	28	43〜44

ゲームとして楽しめるものを（45〜64ページ）

高齢者の方とのコミュニケーションのヒントと注意事項 …… 49

	カラー作品	作り方
飛距離累積カエル跳ばしゲーム	45	50〜51
頭脳明晰！ 計算魚釣りゲーム	46〜47	52〜59

◎ゲームのヒント・レクリエーションのヒント …… 58〜59

	カラー作品	作り方
痴呆防止！ トントンずもうゲーム	48	60〜63

◎ゲームのヒントなど …… 64

四季の花など（65〜83ページ）

高齢者の方とのコミュニケーションのヒントと注意事項 …… 69

	カラー作品	作り方
春の行事（ひなまつり関連）	65	70〜71
春の花（チューリップ・ショウブ）	66	72〜73
夏の花（アジサイ・アサガオ）・**秋の風物**（モミジ）	67	74〜79
冬の行事（お正月・クリスマス）	68	80〜83

本文イラスト／藤江真紀子、撮影／長井淳一、編集協力／湯浅信江・永井一嘉・北村真理枝、企画編集／安藤憲志・佐藤恭子

大人の作品といえるものを

スワン(大)〈ユニット折り紙〉

ショウワグリム株式会社
ユニット・ホビーキット白鳥(たびだち)

※作り方は12～13ページです。

大人の作品 といえるものを

ツル（大）・ツル（小）〈ユニット折り紙〉

田中みよ子さんを中心とする高齢者の方の作品

ツル（小）→
作り方は15ページ。

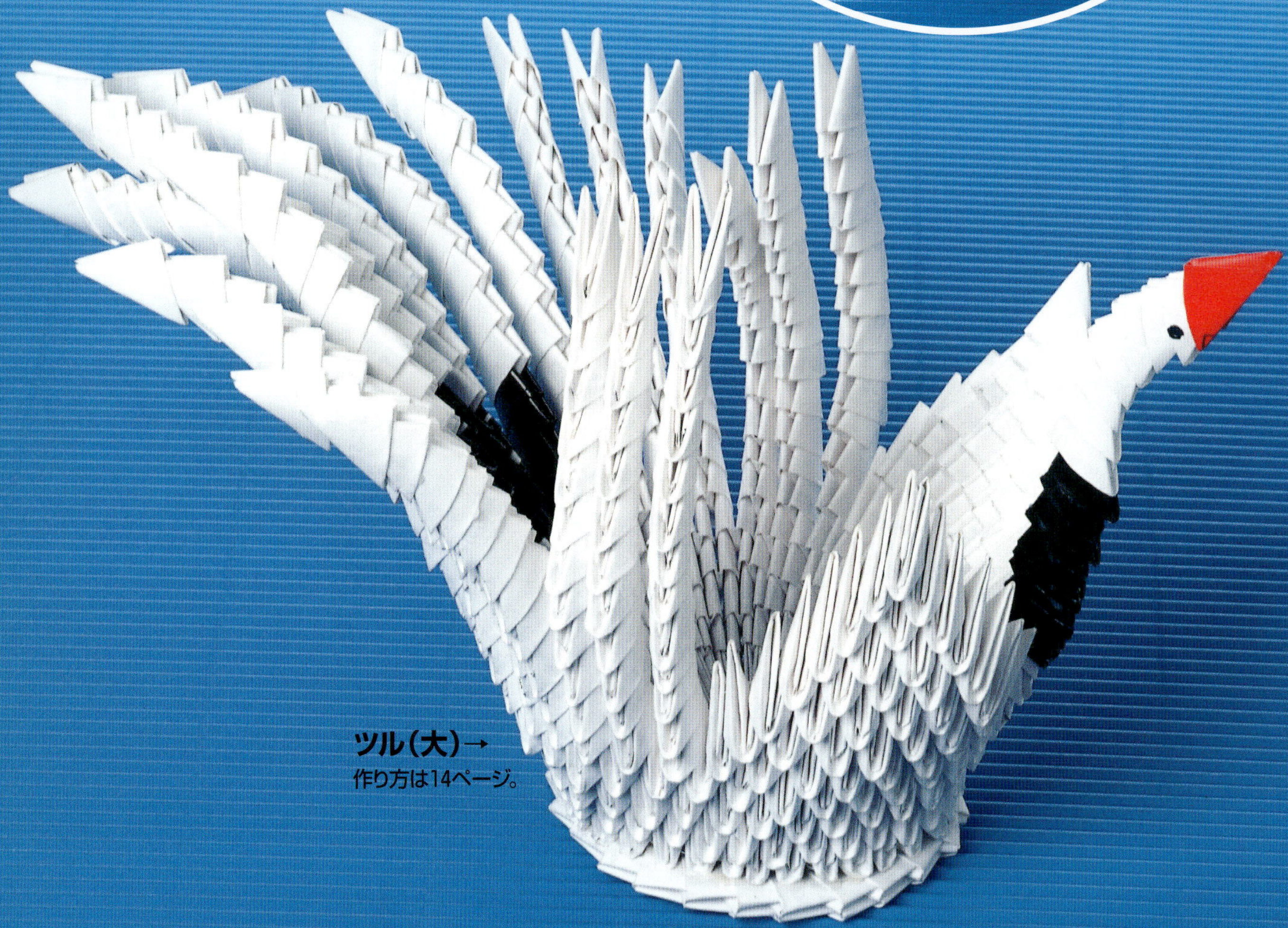

ツル（大）→
作り方は14ページ。

6ページのツル、7ページのカメの参考文献…
「幸せを招く折り紙細工」（雄鶏社・刊）

宝船・カメ（大）・カメ（小）
スワン（小）・水鳥のひな〈ユニット折り紙〉

田中みよ子さんを中心とする高齢者の方の作品ほか

スワン（小）→
作り方は20ページ。
原案・株式会社まきの商店

水鳥のひな↑
作り方は21ページ。
ショウワグリム株式会社提供

宝船→
作り方は18〜19ページ。
原案・水谷株式会社

※原案提供会社などについては、この本の最後にまとめてあります。

カメ（小）↑
作り方は17ページ。

カメ（大）↑
作り方は16ページ。

くす玉

大人の作品といえるものを

くす玉人形

作品製作・溝上凱子（福祉寮母）
原案・水谷株式会社（最終ページ参照）
作り方は22 ～ 24 ページ。

大人の作品といえるものを

高齢者の方とのコミュニケーションのヒントと注意事項

この単元の意図

●同じ形のピースをたくさん作って、それを組み立てて豪華な作品に仕上げる『ユニット折り紙』の作品と作り方を紹介します。同じ形のピース(部品)を作るのは、慣れるとおしゃべりしながらでもできる作業になってきます。このときに、いろんなことをお話ししてみてはいかがでしょう。組み立ては難しいところもあるので、スタッフの方が中心になって行なってください。
また、個々の高齢者の方の心身の状態によって、取り組めるかどうかの判断は必要でしょう。

高齢者の方の好まれる傾向

●高齢者の方は、子どもっぽいあそびを敬遠される向きがあります。子ども扱いされるのは、大人ならだれでも良い気はしません。ましてや人生経験豊かな高齢者の方はなおさらです。レクリエーションに折り紙を取り入れるときも気をつけたいところです。何かを折るにしても、見栄えのする、大人の作品と呼べるものに、より興味を示されるでしょう。

コミュニケーションのヒント

●5～8ページの写真を高齢者の方に見ていただいて、「こんなの作ってみましょうか？」とお誘いしてみましょう。良い反応があったら取り組んでみてはどうでしょう。

注意点 • 必ず準備を怠らないようにしてください。お誘いするからには予習が必要です。一度やってみて、紙も切り、用意しておきましょう。

具体例

• デイ・サービスの場で行なうレクリエーションでは、何を作るか決めたら、基本ピース(部品となる三角形のもの)を、その作品に必要な数だけたくさん折っていきます。急ぐ必要はありません。「きょうはいくつできるでしょうね？　競争してみましょうか(笑)」などと話しかけてみてはいかがでしょう。「指先を動かすのは、脳の働きを活発にするので、折り紙はとてもいいんですって」とか、「部品が必要な数だけできたら組み立てますが、わたしたちもお手伝いしますからだいじょうぶですよ」と伝えながら折り進めましょう。

• 同じ形を折っていくのですから、すぐ慣れて、折り方を覚えてしまわれることも多いでしょう。後はスタッフとお茶でも飲みながら、リラックスして行なってください。

• ご家族が来られた直後なら、こんな会話も…
「Aさんのお孫さん、かわいらしいお嬢さんですね。中学生には見えませんでした。どこかAさんに似てらっしゃるような気がしましたよ」
「そうですか？　この春で二年生だと思うけど、ほんとに幼い感じだからねえ」
「二番目の娘さんの次女の方なんですってね」
「そうですよ。上の娘の子どもはもう大学生なんですよ。初めての孫でね、あのころは主人もまだまだ元気でね」
「ご主人亡くなられて、お寂しいですね」
「いればいたで、偉そうにばかりしてと思ってたんですけどね、いなくなるとね…」
「おいくつで結婚されたんですか？　ご主人とは」
「わたしが24歳のときでした。一度しか会ったことがないのに、次に会ったときにはもう結婚式だからね。今じゃ考えられないでしょ。当時はほとんどが見合い結婚。親が決めてくれたんで楽なもんでしたよ。あなたはどうなの？」
「えっ！？」
などと、いろんなお話をゆったりとしてみてはどうでしょう。聞きじょうずになって、その方自身のことを話していただくところから会話をしていけばよいのではないでしょうか。

• 6～7ページの写真を見せながら、「おめでたくて縁起の良い、“ツル”や“カメ”を作ってみましょうか？」とお誘いするのもよいでしょう。

• 8ページの人形を見せながら、「この人形、折り紙でよくあるつり飾りの“くす玉”の部品を、いろんな大きさで作って組み合わせてあるんですって。パラソル持ってお出かけの貴婦人、Bさんかも！」などと言葉をおかけしたら、興味を持たれるかもしれませんね。

基本ピースの折り方①〈ユニット折り紙〉

（この部分を作品に必要な数だけ折っていきます）

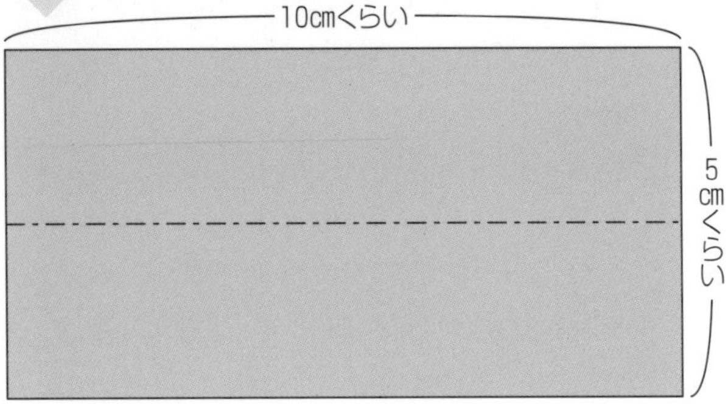

①縦と横の比率が約1:2の紙を用意します。
※5cm×10cmくらいが
よいでしょう。

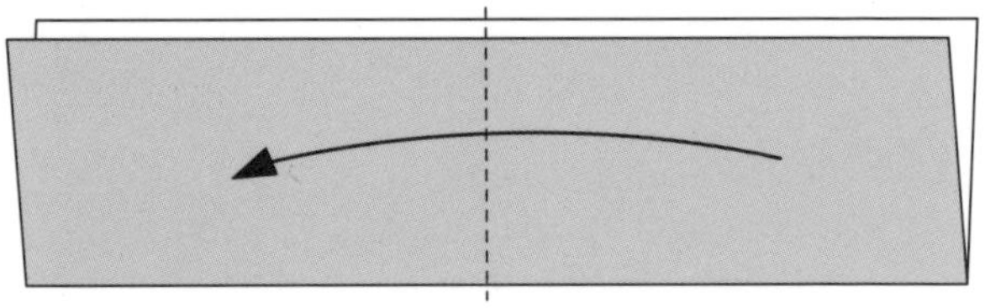

②横半分に折り、さらに縦半分に折ります。

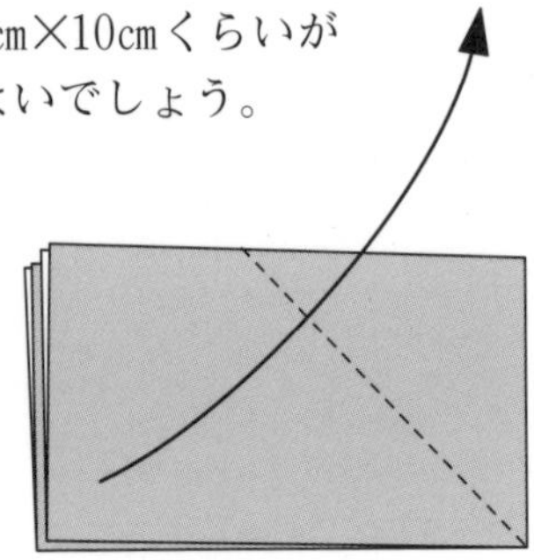

③上側を折り上げます。

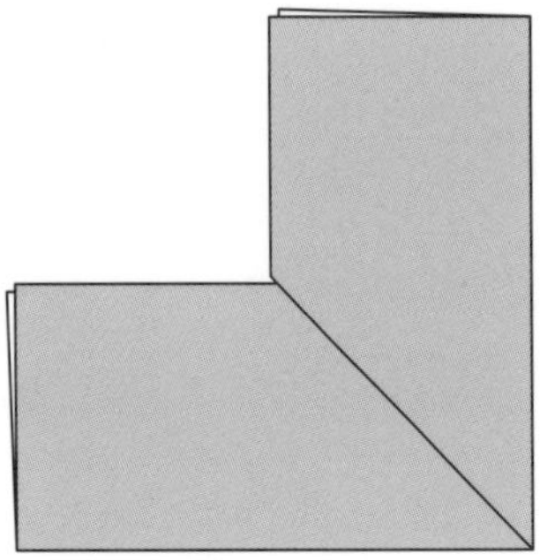

④裏返して反対側も 折り
上げます。

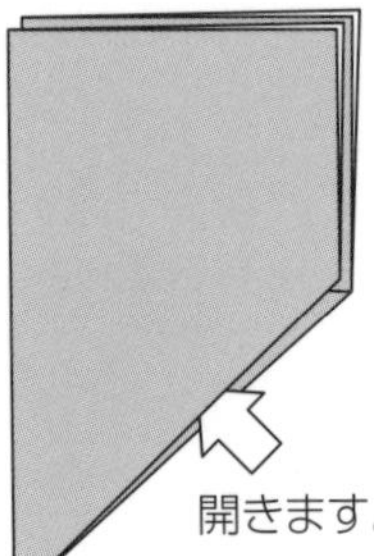

⑤こうなります。
開きます。

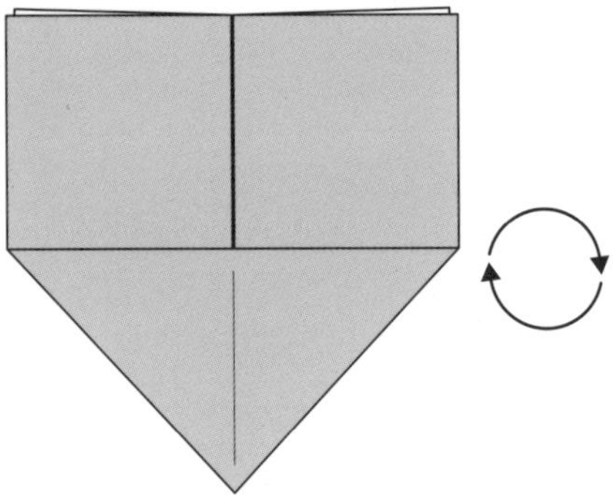

⑥天地をひっくり返します。

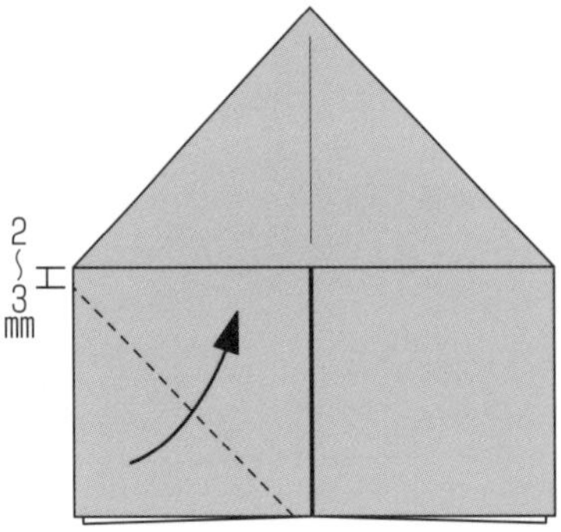

⑦上の三角形から2~3mm間を
あけて折り上げます。

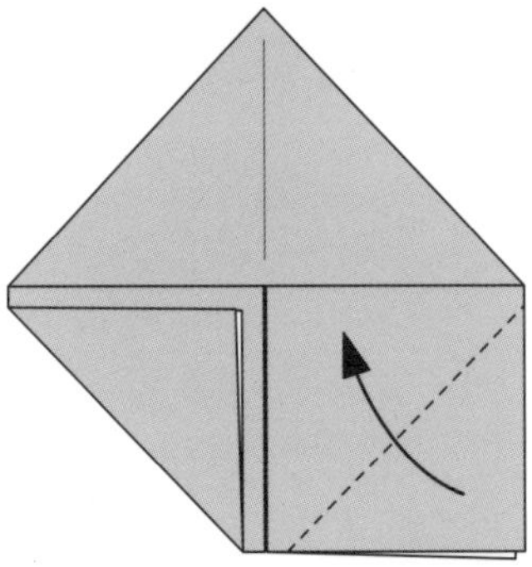

⑧反対側も折り上げます。

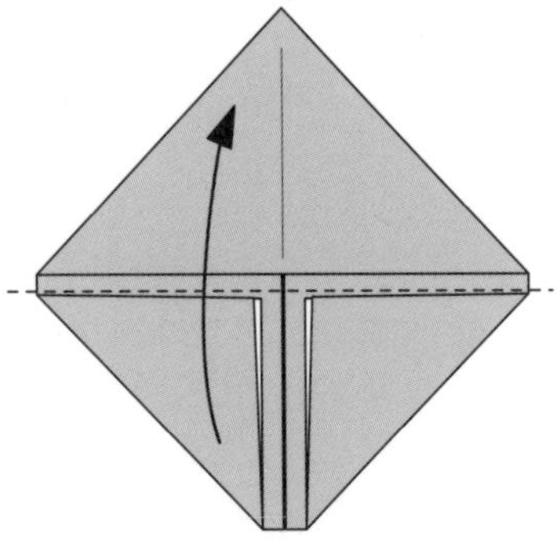

⑨半分に折ります。

⑩真ん中から半分に折ります。

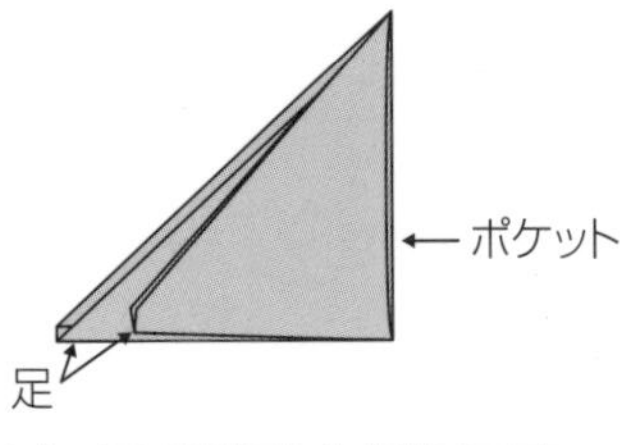

⑪ピースの出来上がりです。

土台の作り方（スワン、ツルなどに使用）

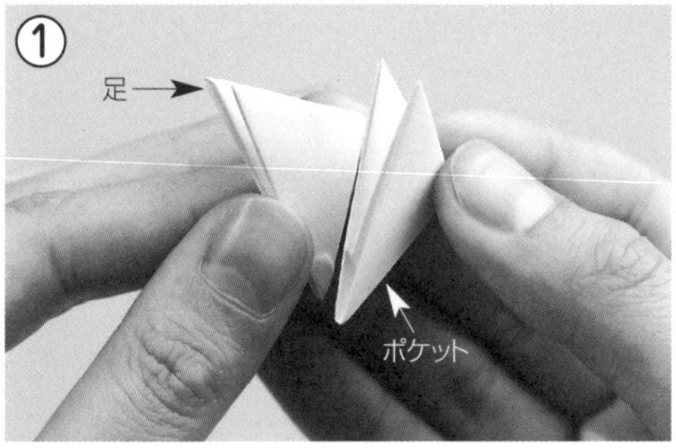
①
足
ポケット

基本ピースの先の側面に、少量の接着剤をつけます。

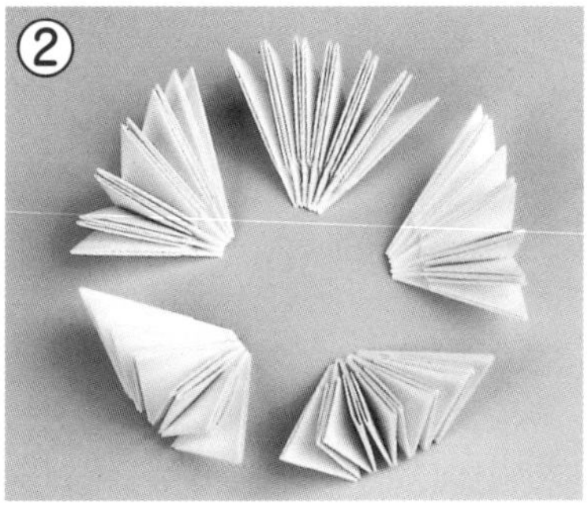
②

5〜6枚単位で扇形にします。

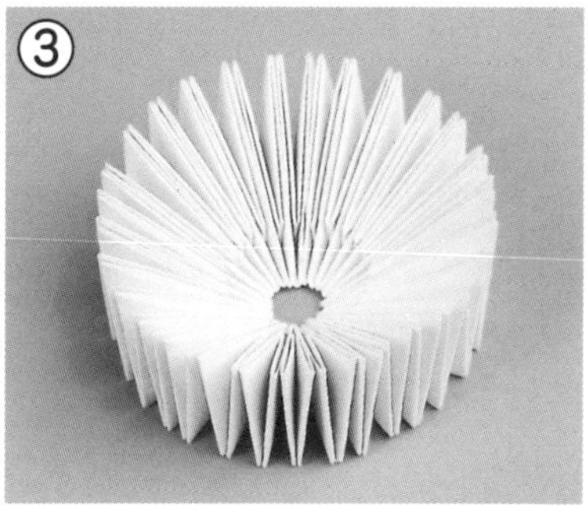
③

②をまとめて輪にします（土台の完成）。

一段目の作り方

1段目の左ポケット
↓
土台の左足

1段目の右ポケット
↓
土台の右足

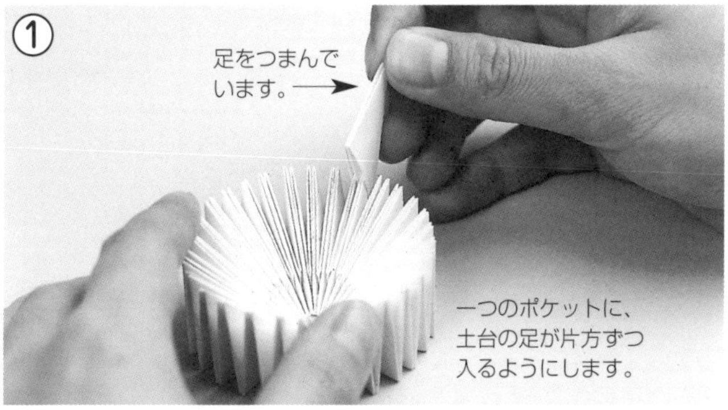
①
足をつまんでいます。
一つのポケットに、土台の足が片方ずつ入るようにします。

土台の上から一段目を、基本ピースの方向を変えて差し込みます。

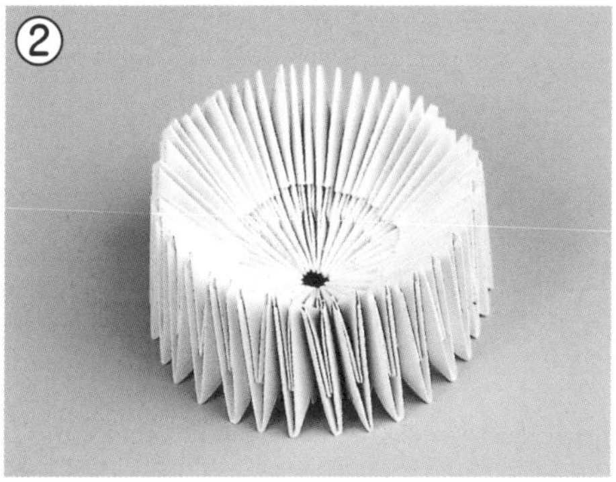
②

一段目の出来上がりです。

基本ピースの差し込み方（円座、首などに使用）

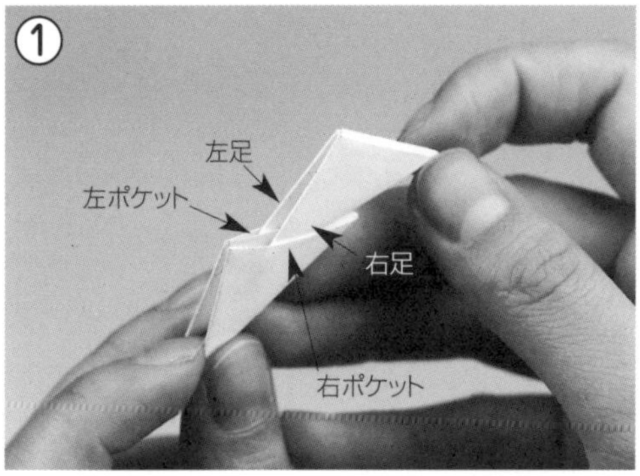
①
左足
左ポケット
右足
右ポケット

同じ方向にして重ねます。

三段重ねたもの。

②

向きを互い違いにして重ねます。

方向を変えて差し込んだもの。

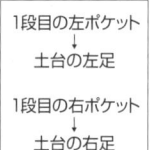

スワン(大)の作り方〈5ページ〉ショウワグリム株式会社「ユニット・ホビーキット白鳥(たびだち)」

11ページのように土台～1段目を作ります(一周28個)。

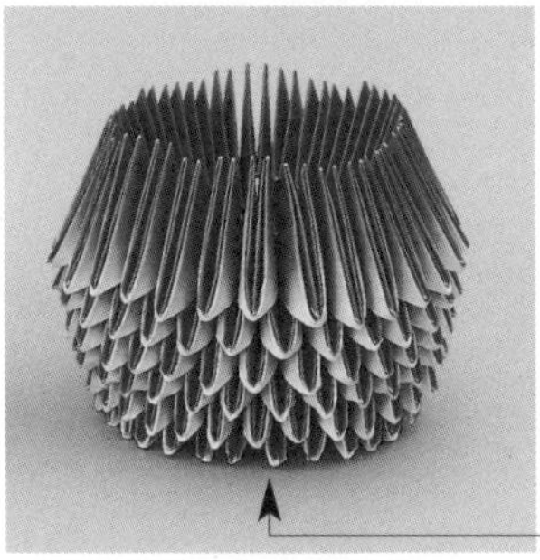

土台を入れて、計6段まで差し込んだところ。

底(土台)の部分を、下から手で押さえながら差し込んでいきましょう。

用意する紙の大きさ

縦：3.75㎝／横：7.5㎝

用意するピースの数

赤：370個

オレンジ：29個

※ショウワグリム株式会社のユニット・ホビーキット白鳥(たびだち)には、上記のもののほか、目玉シール、リボンなどがセットされています。

①胴を作る。

下図の組み方で、計6段作ります。

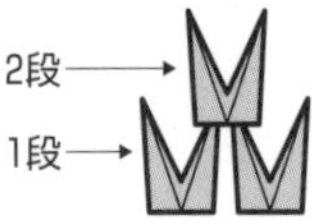
2段
1段

左足を右のポケットに、右足を左のポケットに差し込みます。

②胸を作る。

できた胴の上に6個差し込み(7段目)、1個ずつ減らしながら計5段(11段目まで)作ります(下図参照)。

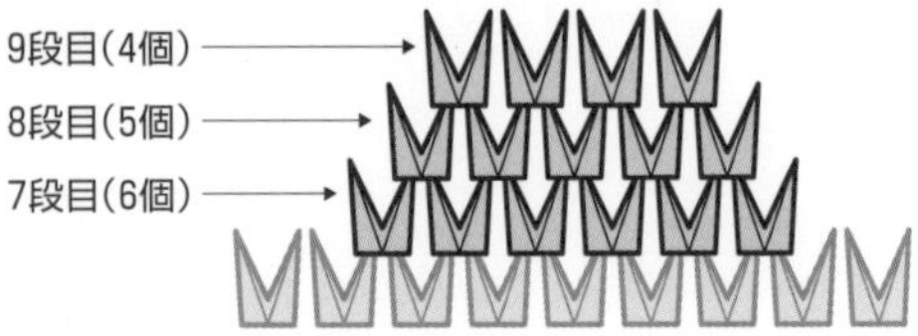
9段目(4個)
8段目(5個)
7段目(6個)

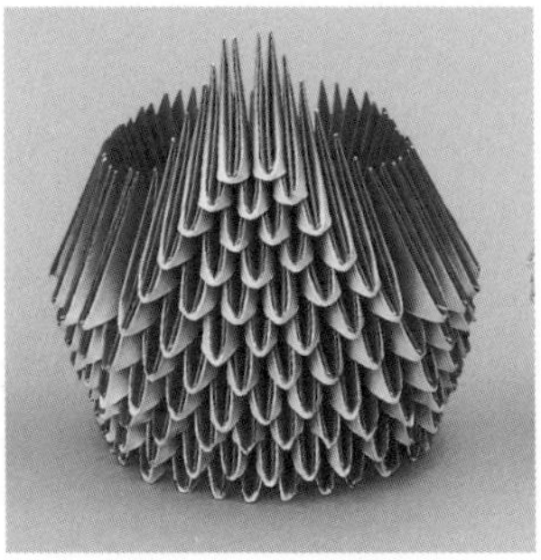

10段目(3個)、11段目(2個)と差し込んだところ。

ポイント

- 先にのりづけしながら組んでいくと形の修正ができないことがあるので、のりづけが必要な場合は、ある程度形が決まってから、要所をのりづけしてください。

③羽を作る。

向かって右側の羽から作ります。右図の組み方で、まず胸の隣から1個飛ばして(図1参照)反対向きに7個差し込みます(7段目)。次に胸側の6段目の足と7段目の足を組み(図2参照)、続けて計7個差し込みます(8段目)。
9段目は1個減らして6個差し込み、10段目は8段目と同様に6個差し込みます。
以後11段目からも同じように**2段ずつ1個減らしながら**計14段作り、反対側の羽も同様に、左右対称になるように作ります。

外側に反らせるように差し込んでいきましょう。

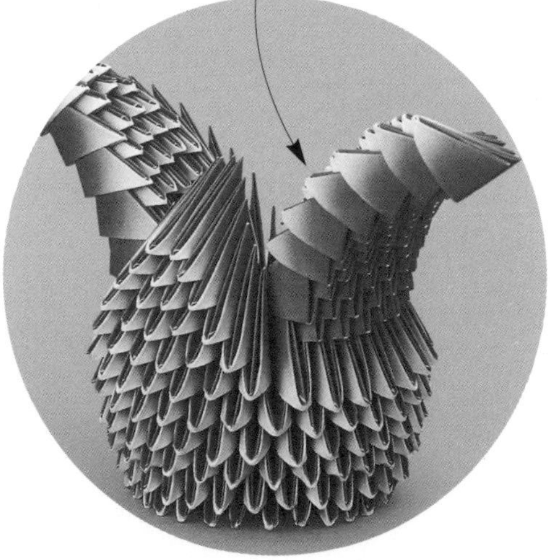

図1

胸
1個あける。
向かって右側の羽
7段目(7個)
胴

図2

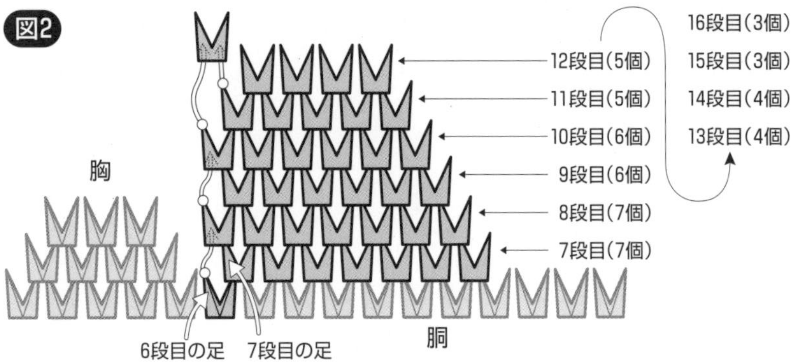
12段目(5個)
11段目(5個)
10段目(6個)
9段目(6個)
8段目(7個)
7段目(7個)
胸
胴
6段目の足
7段目の足
20段目(1個)
19段目(1個)
18段目(2個)
17段目(2個)
16段目(3個)
15段目(3個)
14段目(4個)
13段目(4個)

出来上がりのおよその大きさ
本体／高さ：約14cm
幅　：約18cm（羽の先から先まで）

④尾を作る。

羽の隣から７段目に６個差し込み、
８段目からは反対向きに５個差し込みます。
１個ずつ減らしながら計５段作ります（下図参照）。

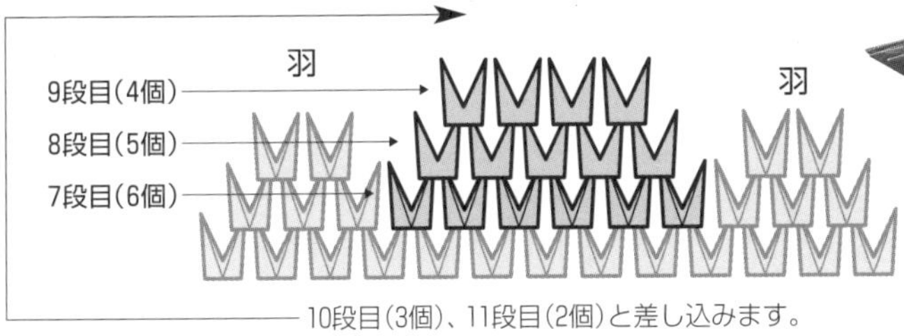

尾も外側に反らせるように差し込んでいきましょう。

⑤首を作る。

11ページ・基本ピースの差し込み方①の組み方で15個組み、
胸に差し込んで形を整えます。
くちばし用にオレンジの色紙でユニットを１個作り、
首の先端に差し込みます。

胸に反対向きに差し込んでください。

⑥台座を作る。

向きに気をつけて（下図参照）のりづけしながら、
1段目に差し込んでいきます（28個）。

この向きで差し込みます。

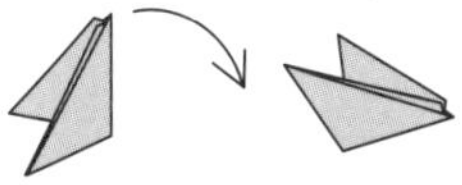

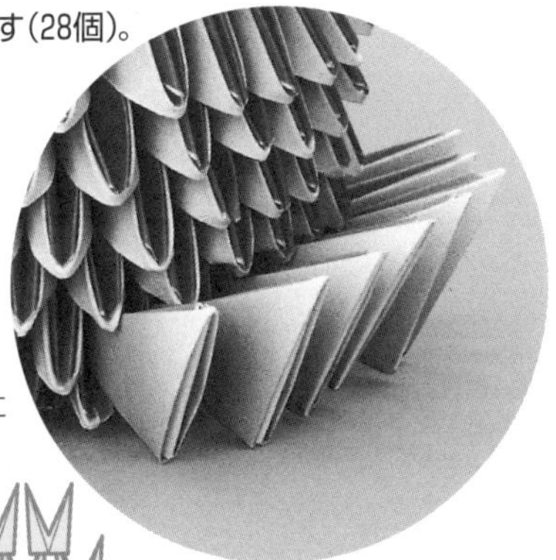

右足と左足を、一つのすき間に差し込んでいきます。

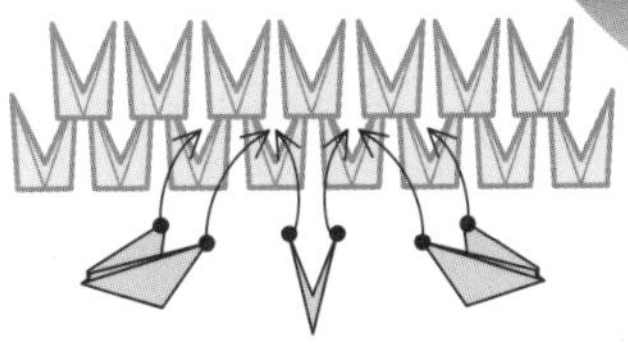

⑦仕上げ。

お好みで目玉シールをはったり、
首にリボンを結んで出来上がりです。

※この作り方は、ショウワグリム株式会社の「ユニット・ホビーキット白鳥（たびだち）」についている「作り方説明図」を参考に構成しています。

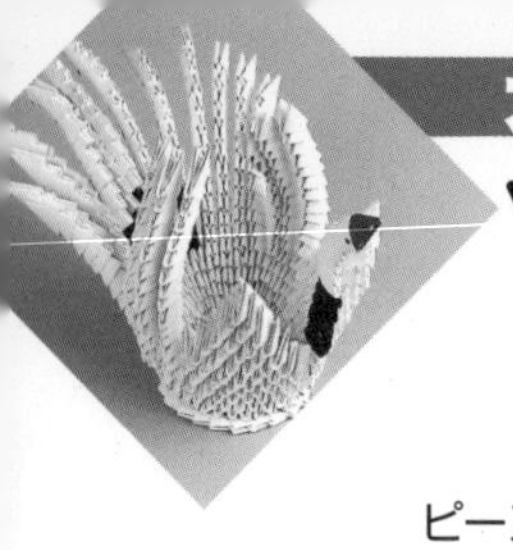

ツル(大)の作り方〈6ページ〉

用意する紙の大きさ

縦：4.5cm／横：9.5cm

用意するピースの数

白：524個

黒：36個

赤：1個

出来上がりのおよその大きさ

台座／内周直径：約7.5cm

本体／高さ：約20cm

幅　：約23cm

長さ：約34cm(くちばしから尾まで)

ピースの方向

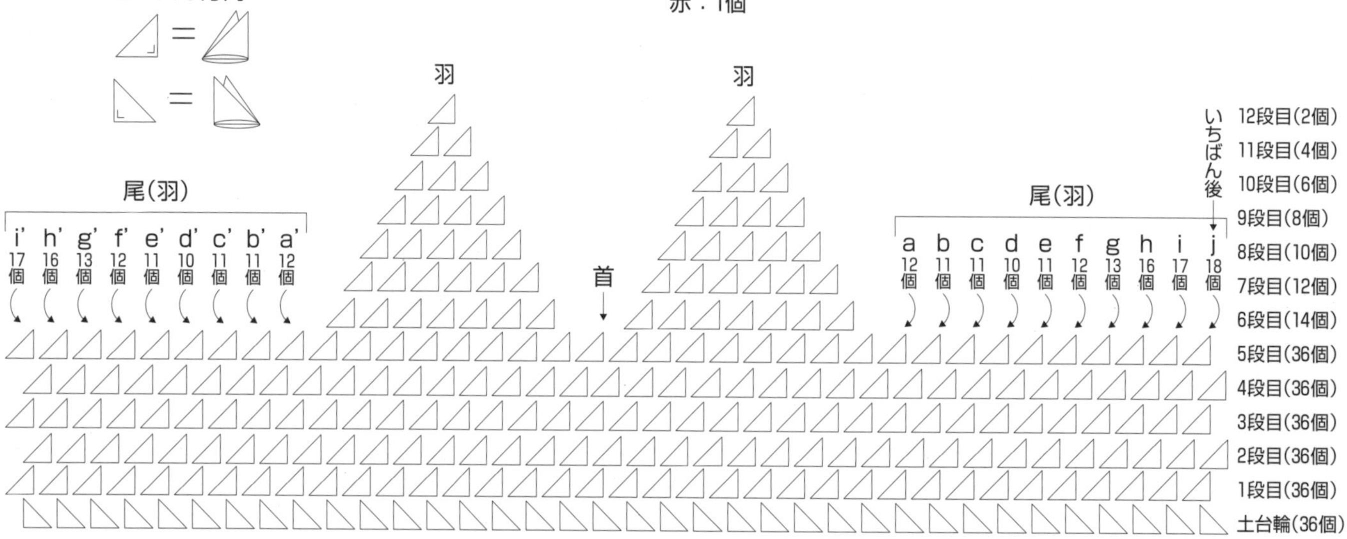
羽
羽
尾(羽)
i' h' g' f' e' d' c' b' a'
17個 16個 13個 12個 11個 10個 11個 11個 12個
首
尾(羽)
a b c d e f g h i j
12個 11個 11個 10個 11個 12個 13個 16個 17個 18個
いちばん後
12段目(2個)
11段目(4個)
10段目(6個)
9段目(8個)
8段目(10個)
7段目(12個)
6段目(14個)
5段目(36個)
4段目(36個)
3段目(36個)
2段目(36個)
1段目(36個)
土台輪(36個)

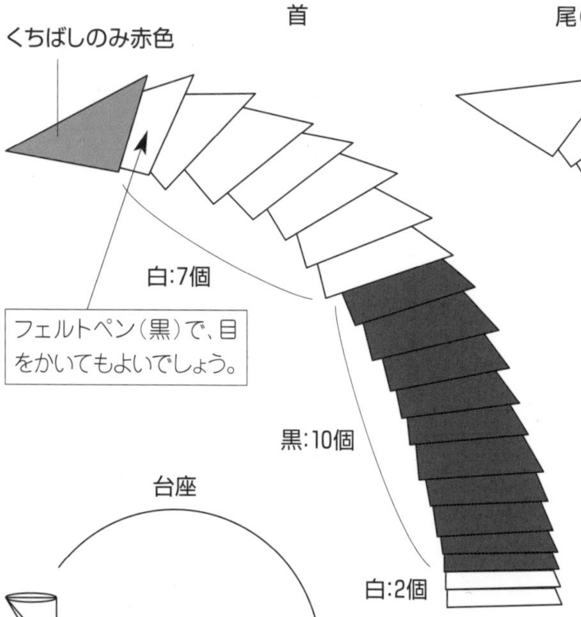
首
くちばしのみ赤色
白:7個
フェルトペン(黒)で、目をかいてもよいでしょう。
黒:10個
白:2個

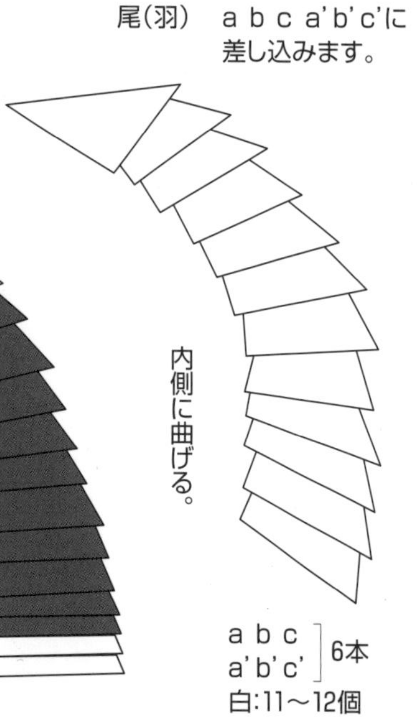
尾(羽)　a b c a'b'c'に差し込みます。
内側に曲げる。
a b c
a'b'c'
6本
白:11〜12個

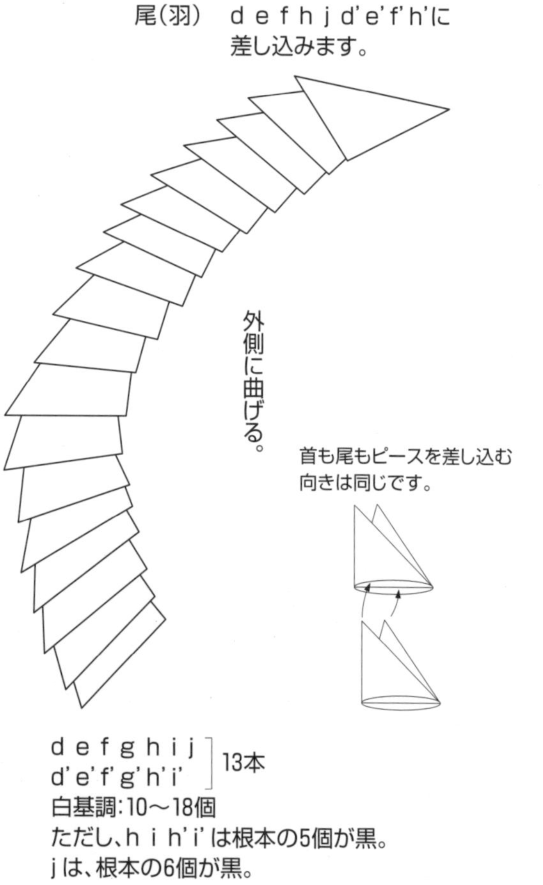
尾(羽)　d e f h j d'e'f'h'に差し込みます。
外側に曲げる。
首も尾もピースを差し込む向きは同じです。
d e f g h i j
d'e'f'g'h'i'
13本
白基調:10〜18個
ただし、h i h'i'は根本の5個が黒。
j は、根本の6個が黒。

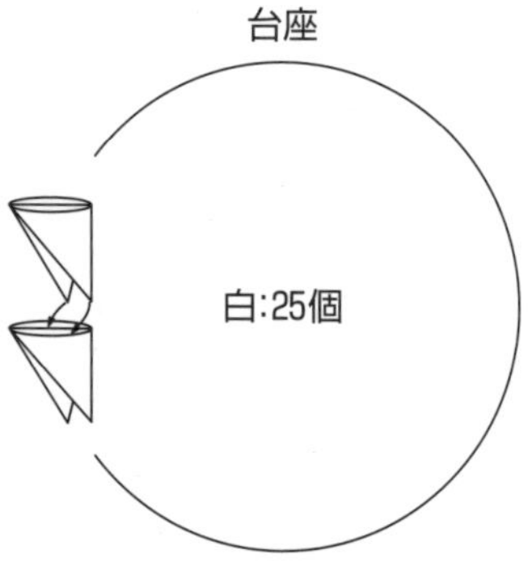
台座
白:25個

この作品では、台座を土台とほぼ同じ大きさに作って、接着させています。

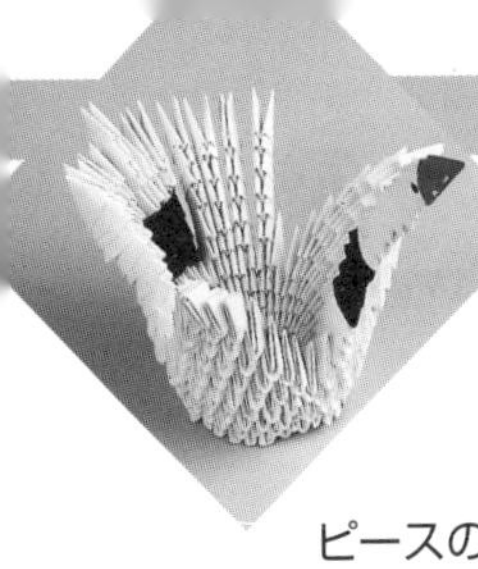

ツル(小)の作り方〈6ページ〉

用意する紙の大きさ
縦：4㎝／横：7㎝

用意するピースの数
白：294個
黒：16個
赤：1個

出来上がりのおよその大きさ
高さ：約15㎝
幅　：約13.5㎝
長さ：約17㎝

ピースの方向

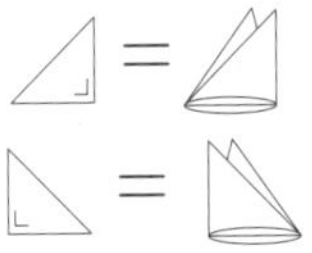

尾：10本
★＝根本の3個が黒

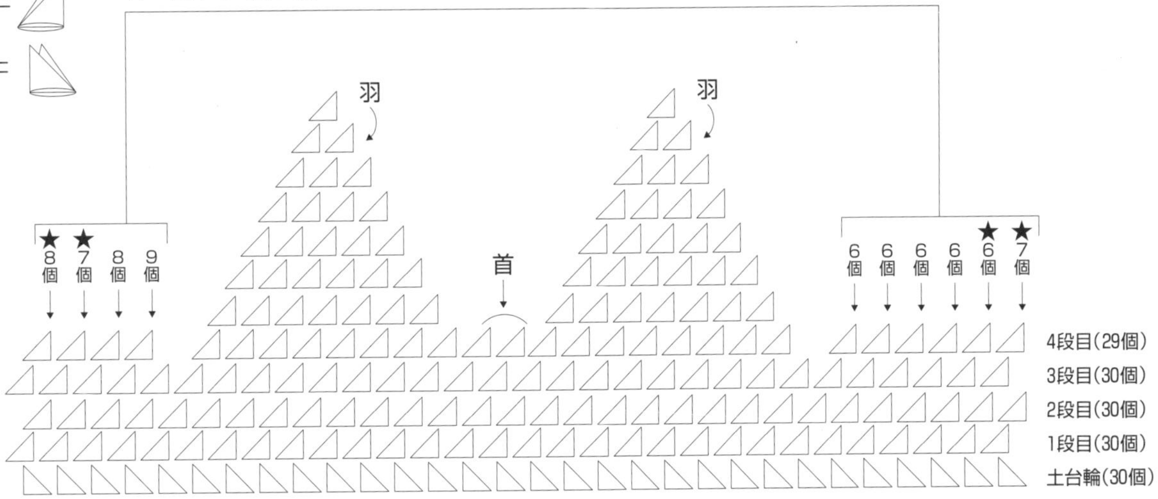
羽
羽
首
★8個
★7個
8個
9個
6個
6個
6個
6個
★6個
★7個
4段目(29個)
3段目(30個)
2段目(30個)
1段目(30個)
土台輪(30個)

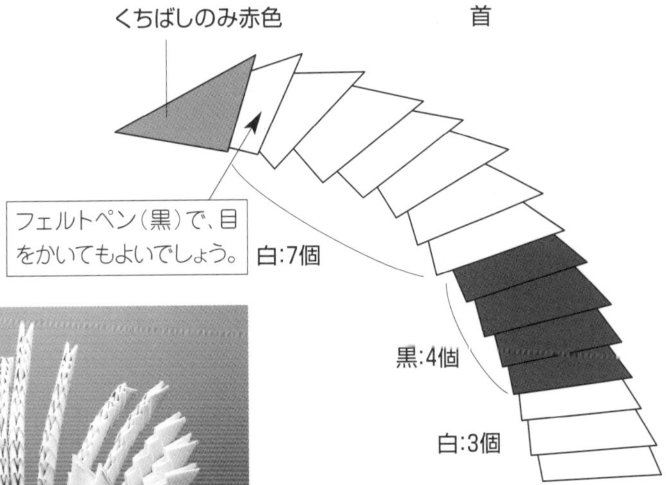
くちばしのみ赤色
首
フェルトペン(黒)で、目をかいてもよいでしょう。
白:7個
黒:4個
白:3個

尾(羽)

この向きで6〜9個を、
黒も混ぜながらつないで
いきます(外側に曲げる)。

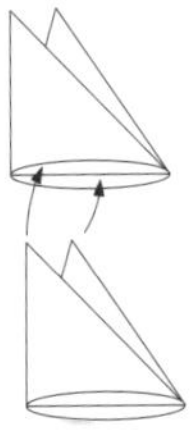

正面から見たツル(大)

※14ページのツル(大)の作り方も参照しながら進めてください。

カメ(大)の作り方〈7ページ〉

用意する紙の大きさ
縦：5㎝／横：9㎝

用意するピースの数
浅黄：73個
白：41個
銀：14個

出来上がりのおよそその大きさ
高さ：約4㎝
(甲羅の部分を反らせるように組み上げます)
幅　：約8㎝
長さ：約20.5㎝

ピースの方向

＝浅黄
＝白
＝銀

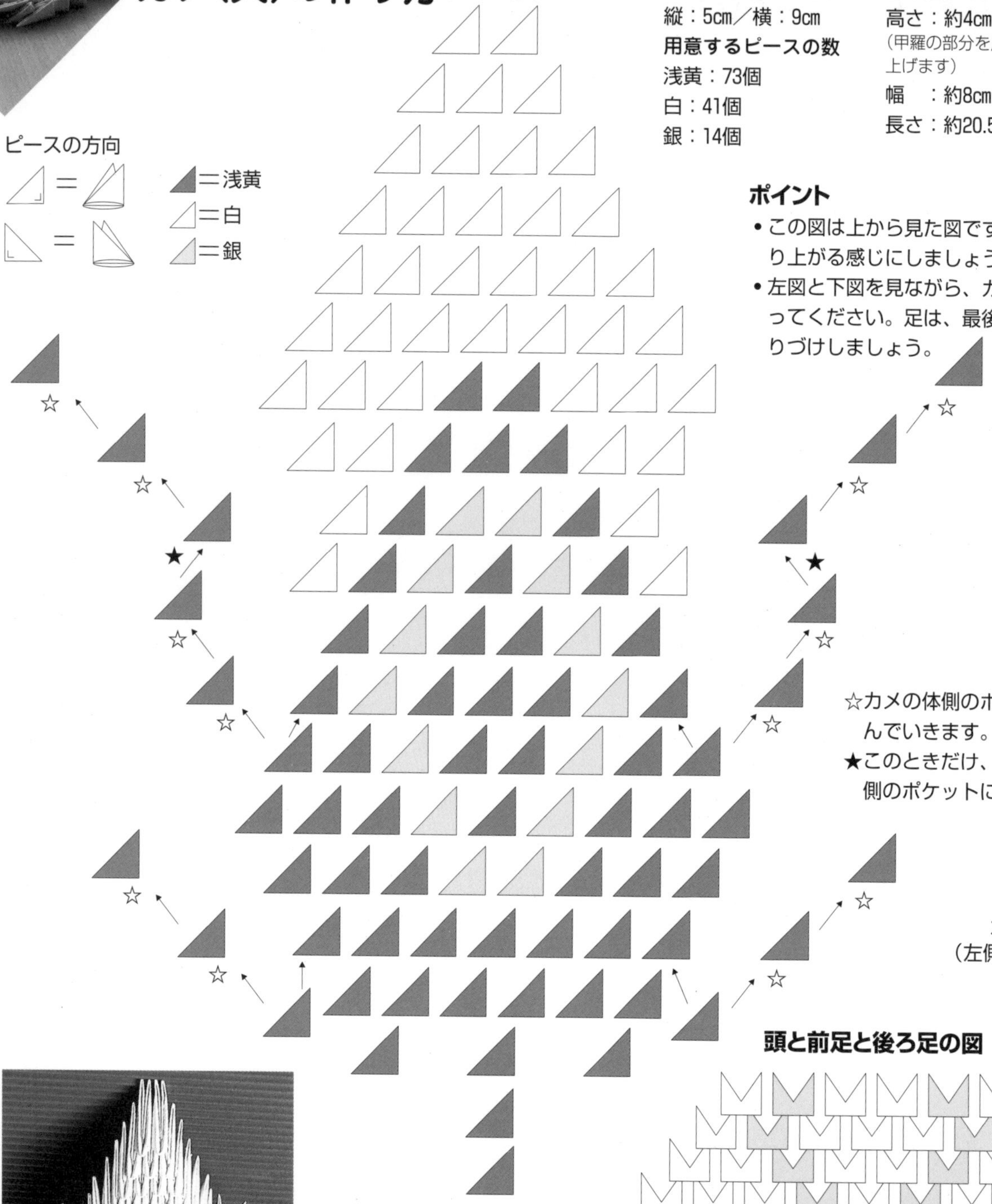

ポイント

- この図は上から見た図です。中央が少し盛り上がる感じにしましょう。
- 左図と下図を見ながら、カメの体と足を作ってください。足は、最後にカメの体にのりづけしましょう。

☆カメの体側のポケットに差し込んでいきます。
★このときだけ、カメの体の反対側のポケットに差し込みます。

頭と前足と後ろ足の図

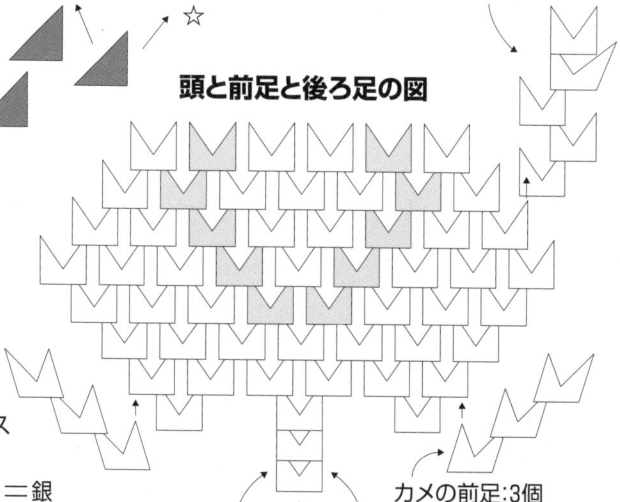
カメの後ろ足:5個
(左側もこれと対称に)
頭
目をつける
カメの前足:3個
カメの体に近い方のポケットに、ピースの右の足のみを差し込みます（左側もこれと対称に)。

上から見たピース

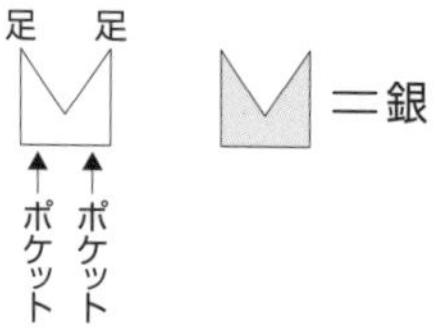
足
足
ポケット
ポケット
＝銀

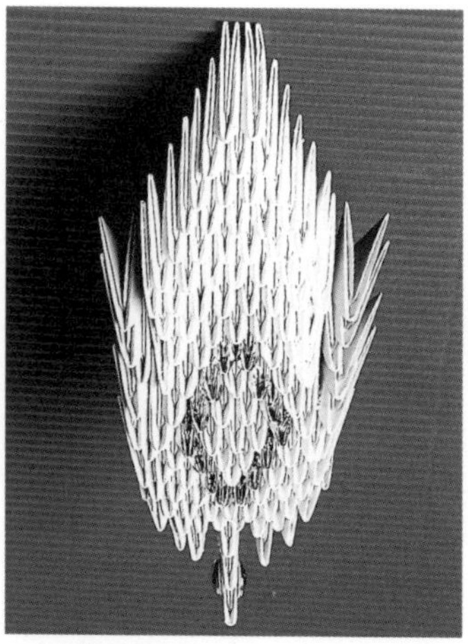

上から見たカメ(大)

カメ(小)の作り方〈7ページ〉

用意する紙の大きさ
縦：5cm／横：9cm

用意するピースの数
薄青：66個
黄：9個
水色：6個

出来上がりのおよその大きさ
高さ：約4.5cm
(頭がいちばん高くなります)
幅　：約8.5cm
長さ：約15.5cm

ピースの方向

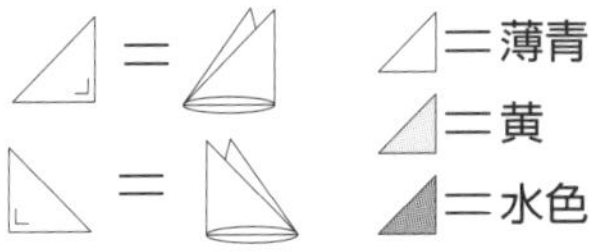

ポイント
- この図は上から見た図です。カメ(大)の作り方、左下の写真を見ながら進めてください。
- 足はどうしても広がってしまうので、体にのりづけしましょう。

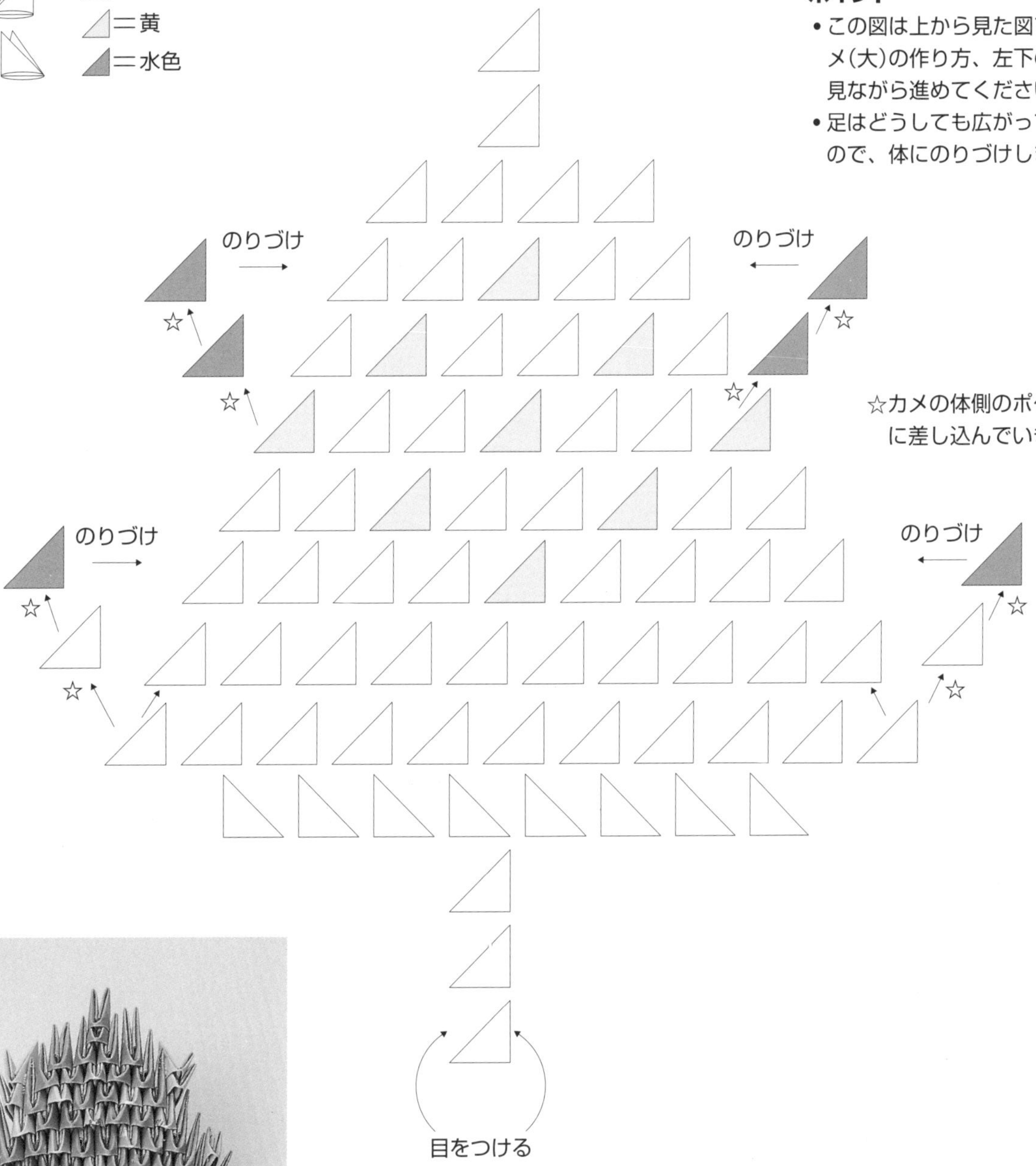

☆カメの体側のポケットに差し込んでいきます。

※目は、かいてもよいですし、なくてもよいでしょう。

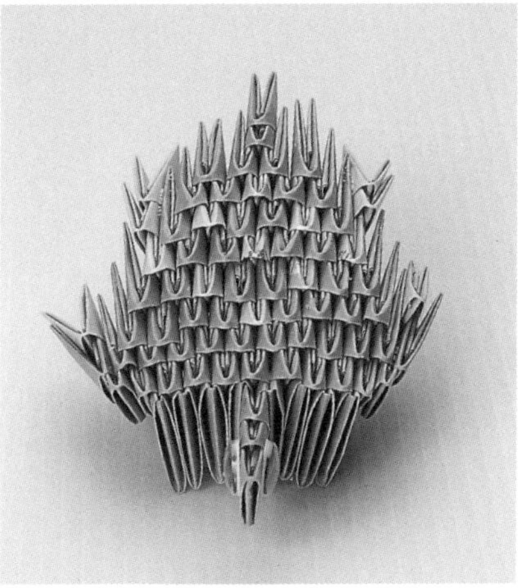

上から見たカメ(小)

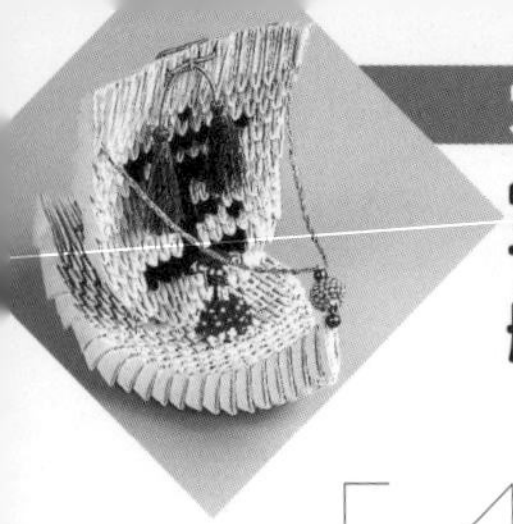

宝船の作り方〈7ページ〉原案：水谷株式会社「宝船」

船体の作り方

用意する紙の大きさ
縦：5cm／横：9cm
用意するピースの数
白：253個

船尾(やや上へ反らせる)

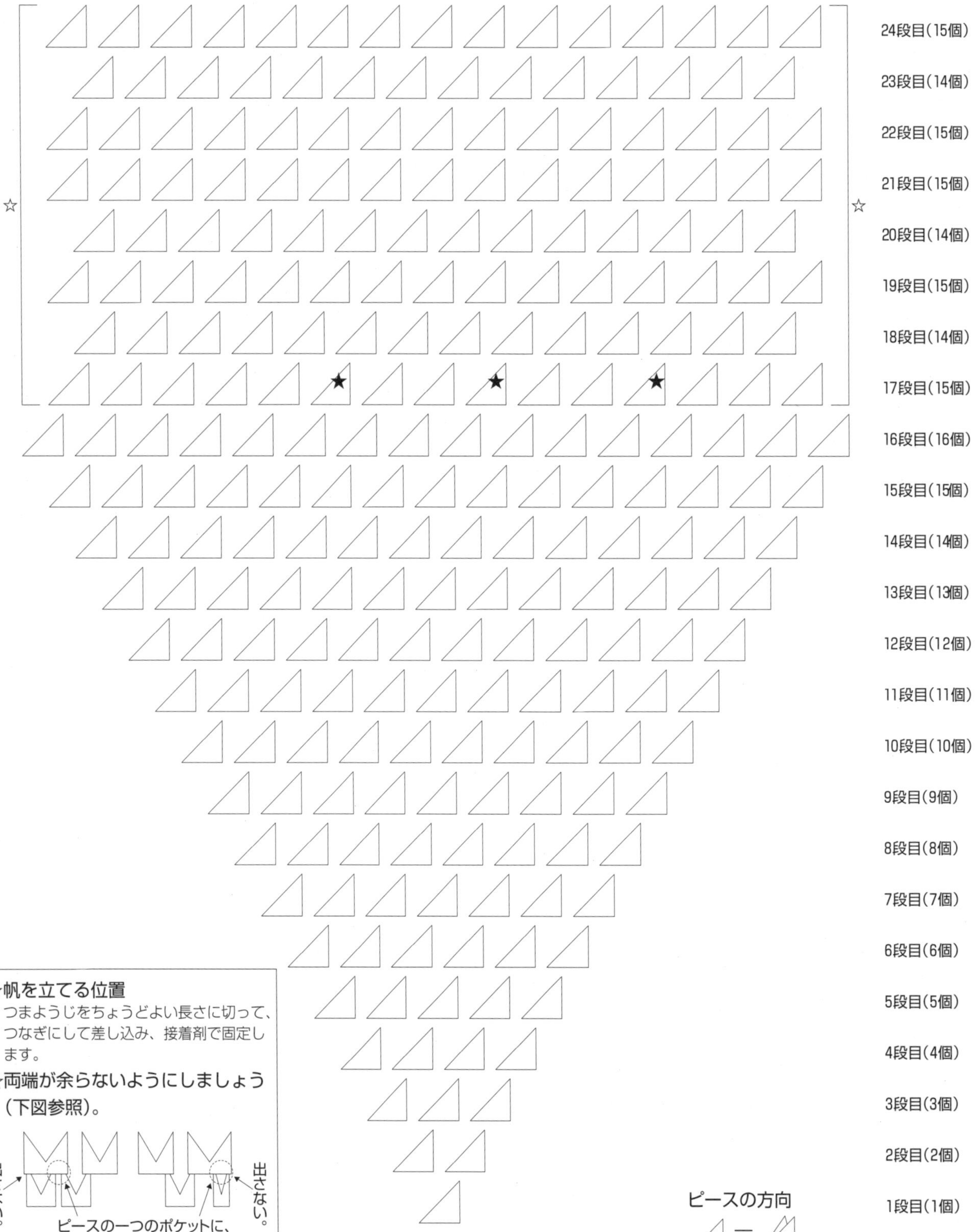
☆
☆
★
★
★
24段目(15個)
23段目(14個)
22段目(15個)
21段目(15個)
20段目(14個)
19段目(15個)
18段目(14個)
17段目(15個)
16段目(16個)
15段目(15個)
14段目(14個)
13段目(13個)
12段目(12個)
11段目(11個)
10段目(10個)
9段目(9個)
8段目(8個)
7段目(7個)
6段目(6個)
5段目(5個)
4段目(4個)
3段目(3個)
2段目(2個)
1段目(1個)

船首(上へ反らせる)

★帆を立てる位置
つまようじをちょうどよい長さに切って、つなぎにして差し込み、接着剤で固定します。

☆両端が余らないようにしましょう(下図参照)。
出さない。
出さない。
ピースの一つのポケットに、
足を二つ入れます。

ピースの方向

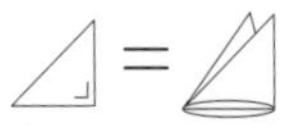

帆の作り方

両端が余らないようにしましょう（下図参照）。

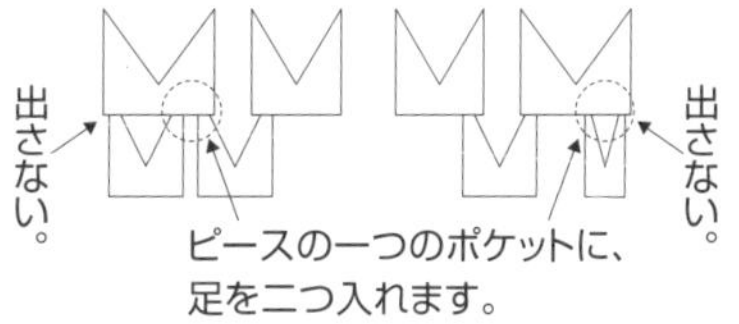
出さない。
ピースの一つのポケットに、足を二つ入れます。
出さない。

用意する紙の大きさ
縦：5cm／横：9cm

用意するピースの数
白：161個
黒：36個

出来上がりのおよその大きさ
高さ：約16cm
幅　：約11cm
長さ：約19.5cm

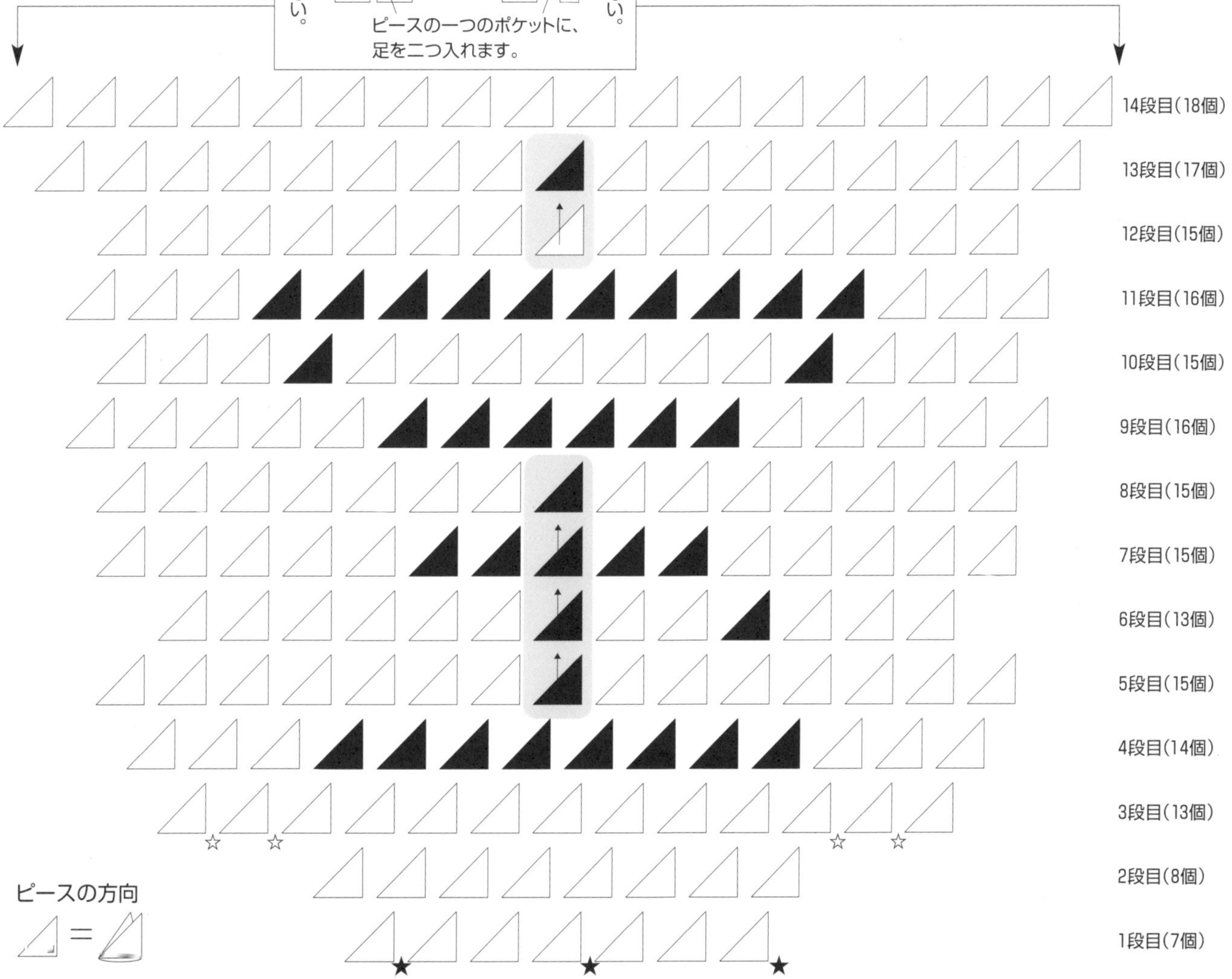
14段目(18個)
13段目(17個)
12段目(15個)
11段目(16個)
10段目(15個)
9段目(16個)
8段目(15個)
7段目(15個)
6段目(13個)
5段目(15個)
4段目(14個)
3段目(13個)
2段目(8個)
1段目(7個)

ピースの方向

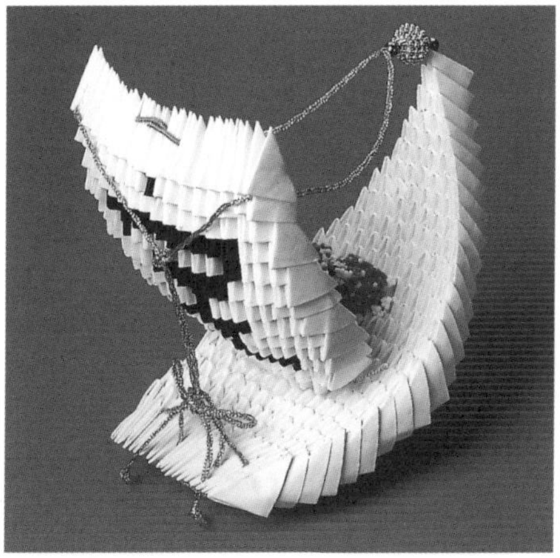

後ろから見た宝船

★は、船体に立てたつまようじを切ったものを差し込む位置です。差し込んで、接着剤で固定します。
☆の所は、接着剤で留めます。
↑の所は、右図のようにまっすぐに差し込みます。

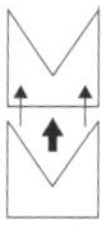

※写真の宝船には、ビーズ、飾りひもなどの付属品がありますが、そのとおりに作らなければいけないというものではありません。飾りをつけることで、より完成度の高い作品になります。お好みに合わせて工夫してみてください。

スワン(小)の作り方〈7ページ〉

原案：株式会社まきの商店「ミニ白鳥」

用意する紙の大きさ
縦：3.5cm／横：7cm

用意するピースの数
白：52個
赤：186個
（赤っぽいチラシ使用）

出来上がりのおよその大きさ
高さ：約17cm
幅　：約12.5cm
長さ：約13cm
（台座なしです）

ピースの方向

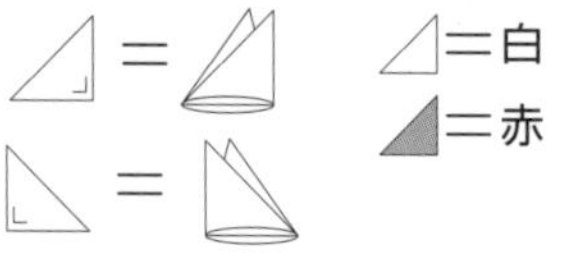

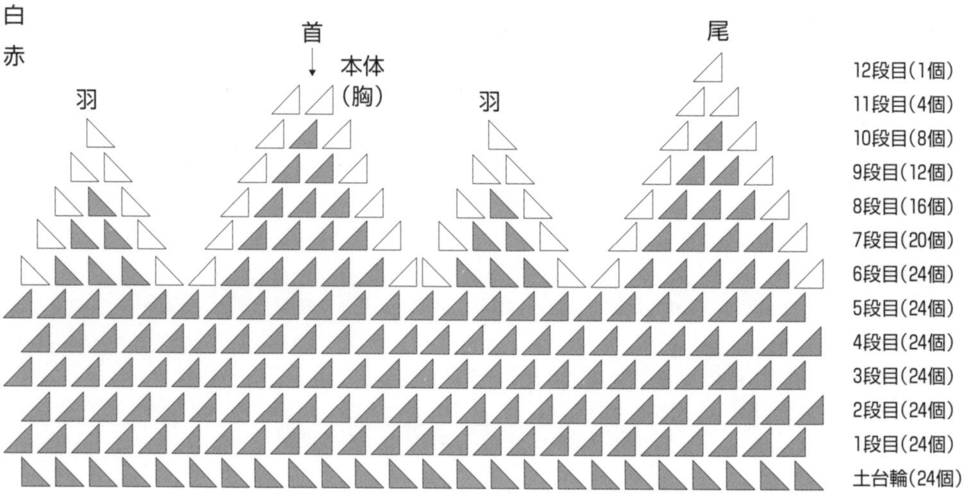

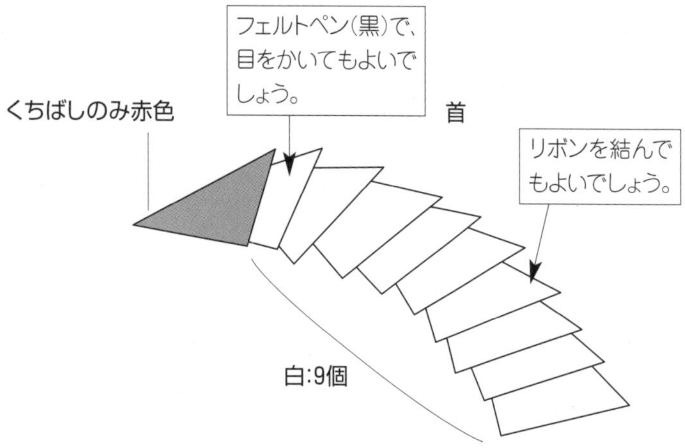

首の部分のピースの向き

この向きで左図のように曲げます。

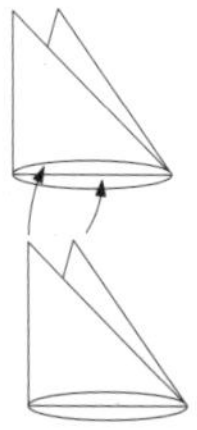

※土台の作り方は、11ページを参照にしてください。
※その他、12〜13ページをご参照ください。

水鳥のひなの作り方〈7ページ〉

ショウワグリム株式会社提供

※土台は作りません。

用意する紙の大きさ
縦：3.75cm／横：7.5cm
用意するピースの数
オレンジ：90個
黄色：1個

出来上がりのおよその大きさ
高さ：約6cm
横幅：約9cm

①胴を作る。

下図の組み方で、一周15個、４段作ります。

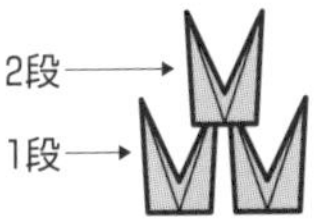

左足を右のポケットに、
右足を左のポケットに
差し込みます。

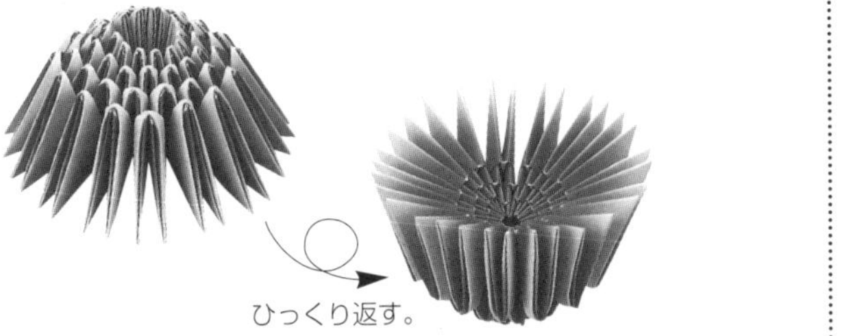

②胸を作る。

できた胴の上に４個差し込みます。

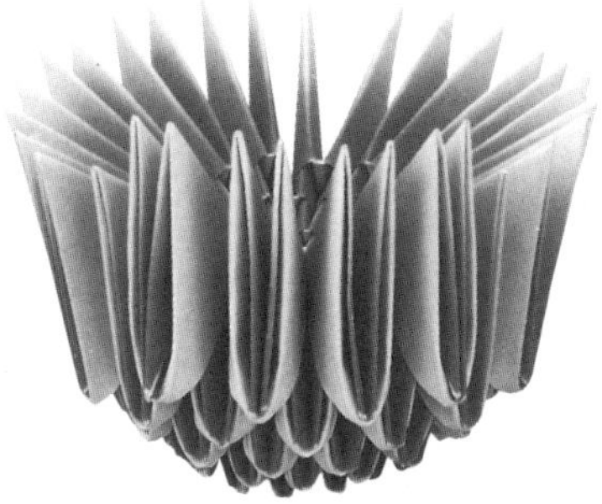

③羽を作る。

図１の組み方で、胸の隣から４個差し込み、
１個ずつ減らしながら計４段作ります（下図参照）。
反対側の羽も同様に作ります。

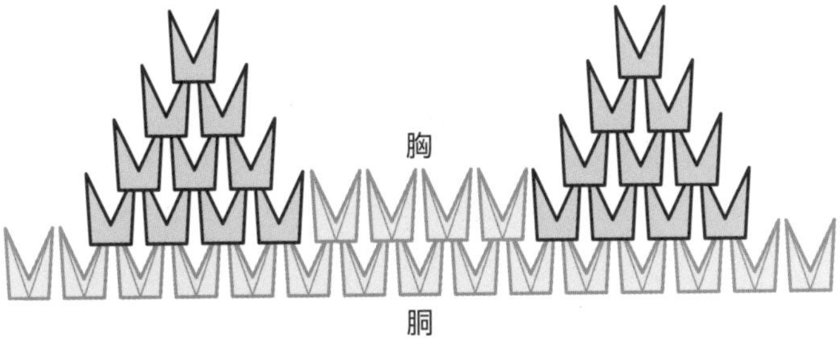

図1

羽は外側に反らせるように
差し込んでいきましょう。

④首を作る。

11ページ・基本ピースの差し込み方①の組み方で６個組み、
胸に差し込んで形を整えます。
くちばし用に黄色の色紙でピースを１個作り、
首の先端に差し込みます。

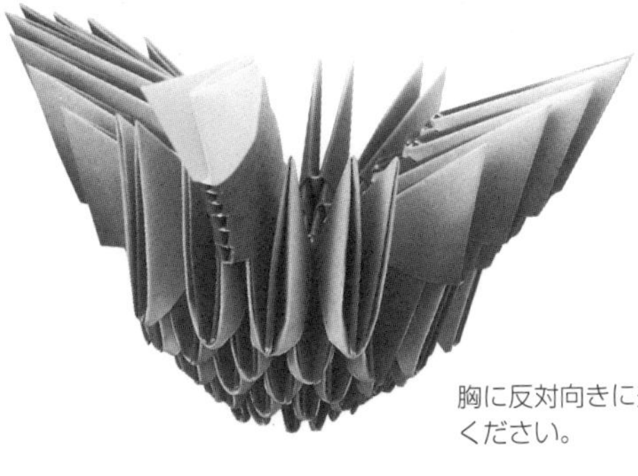

胸に反対向きに差し込んで
ください。

⑤仕上げ。

お好みで目玉シールをはったり、
首にリボンを結んで出来上がりです。

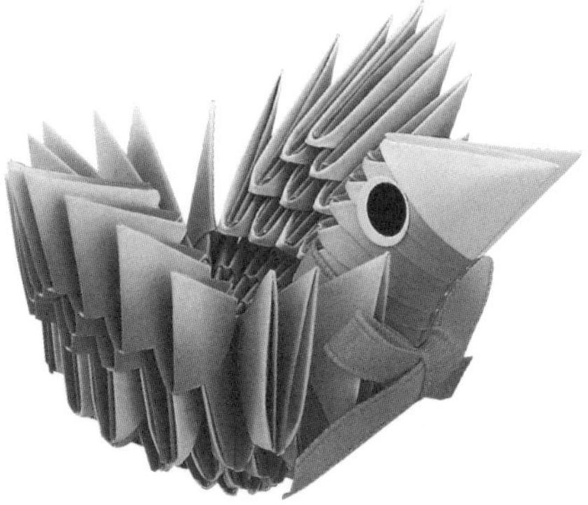

基本ピースの折り方②〈くす玉人形・くす玉〉

（この部分を作品に必要な数だけ折っていきます）

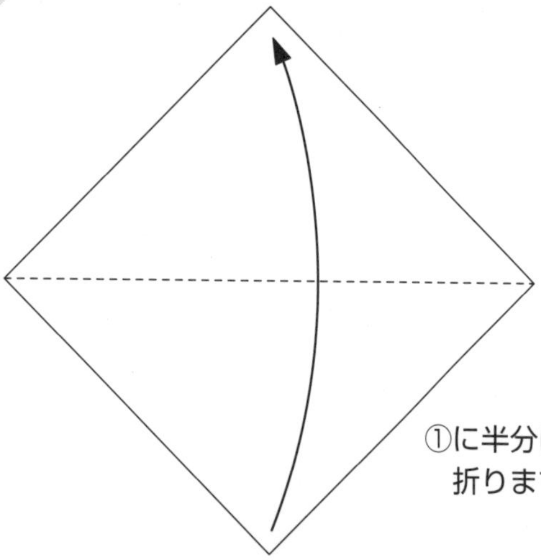

①に半分に
折ります。

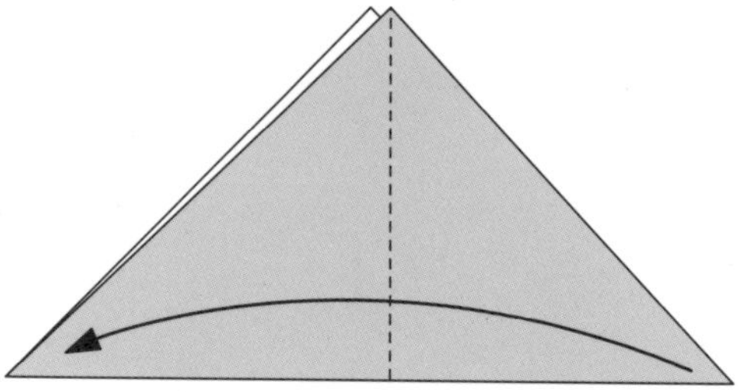

②もう一度半分に折ります。

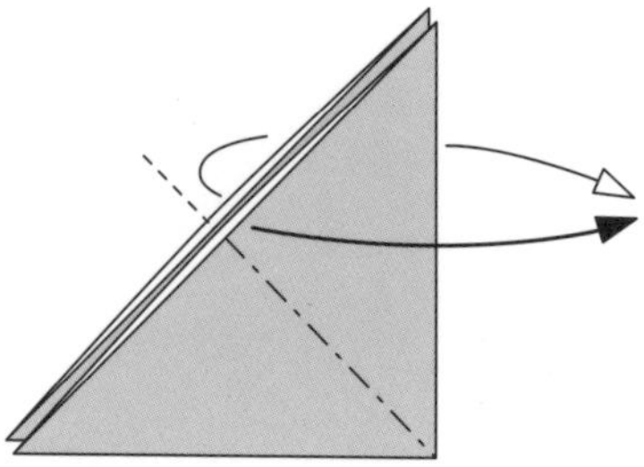

③袋になっている所
を開きます（両側）。

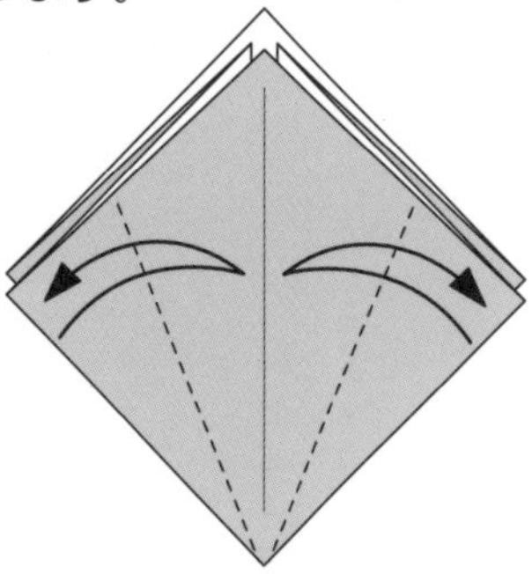

④真ん中に合わせて折り
目をつけます。

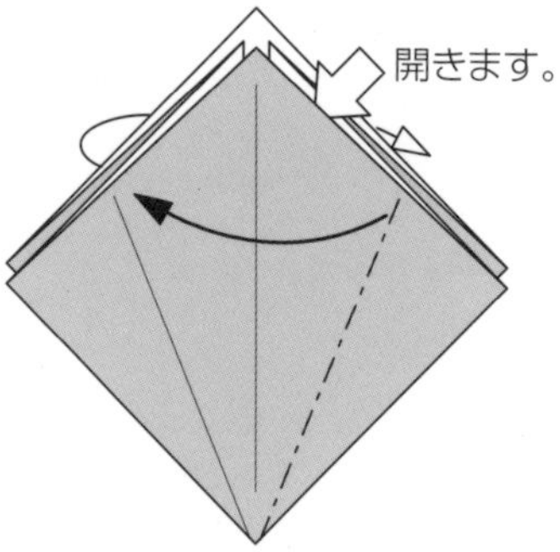

⑤袋を開くように折りま
す（両側）。

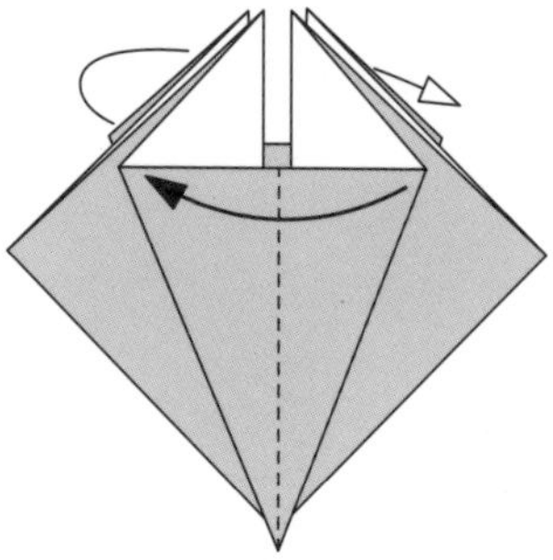

⑥１枚ずつ、真ん中で左へ
折ります（両側）。

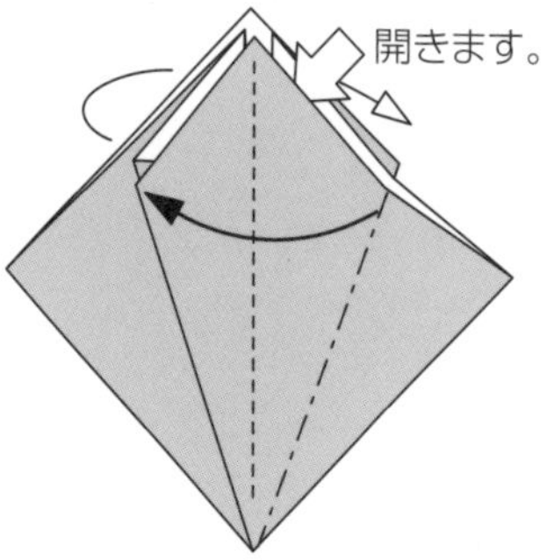

⑦袋を開くように折りま
す（両側）。

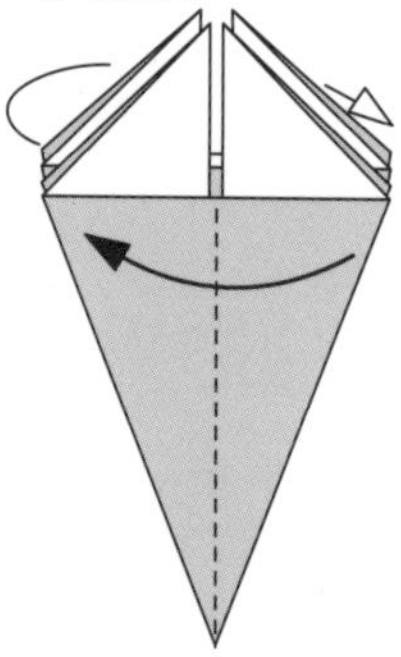

⑧１枚ずつ、真ん中に合わ
せて左へ折ります（両側）。

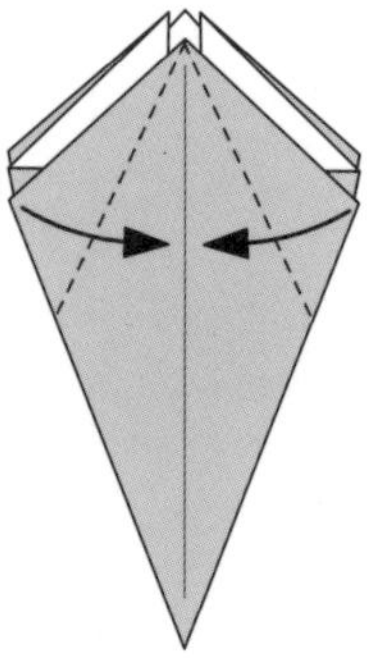

⑨真ん中に合わせて
折ります。

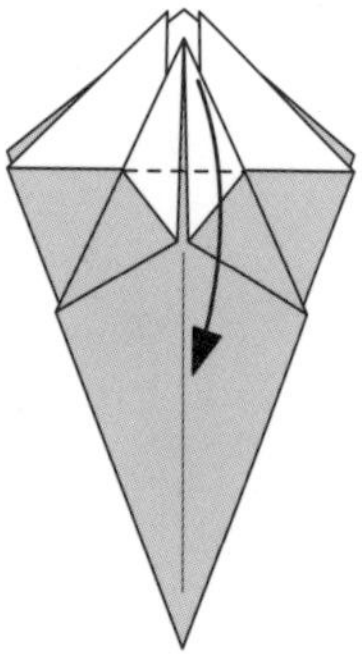

⑩折り下げます。

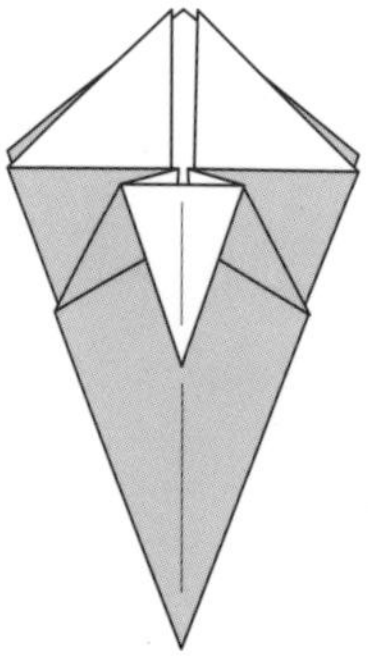

⑪折れたところです。ほかの3か所
も、⑨〜⑪のように折ります。

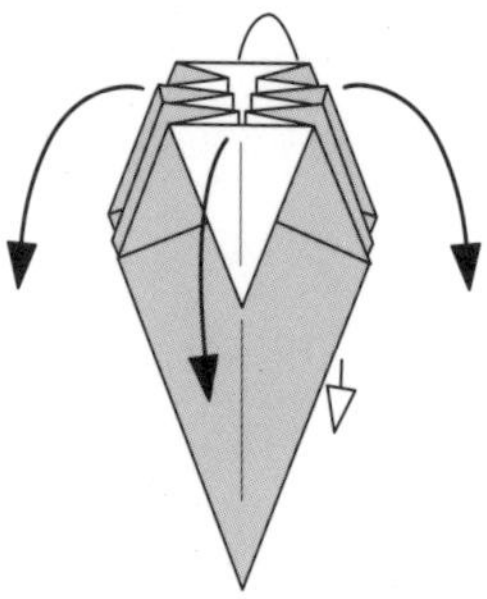

⑫全部広げます。

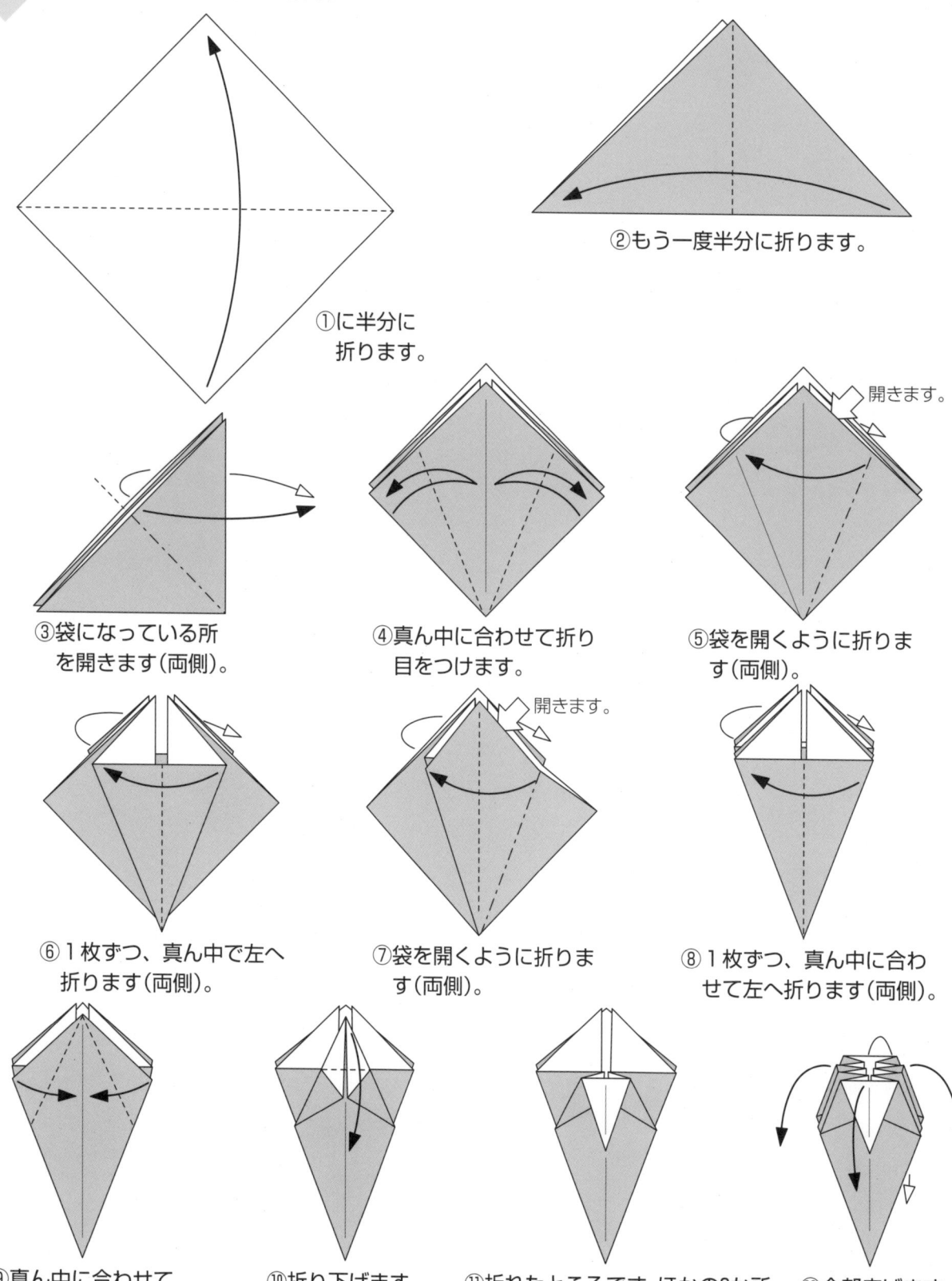

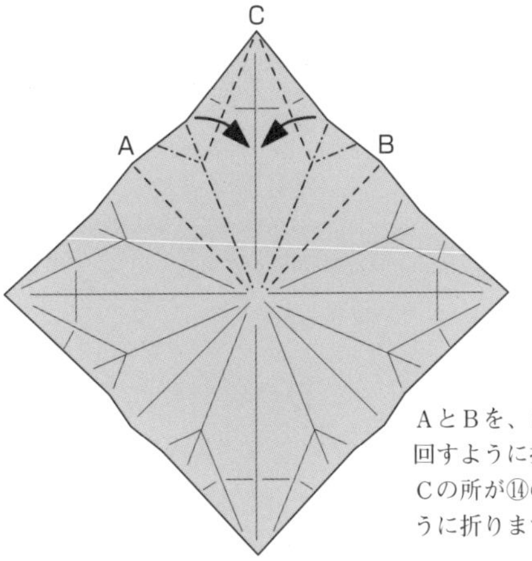

AとBを、Cの向こう側へ回すように折り畳みながら、Cの所が⑭のようになるように折ります。

⑬四角形の角の一つずつを折り畳んでいきます（写真⑬'参照）。

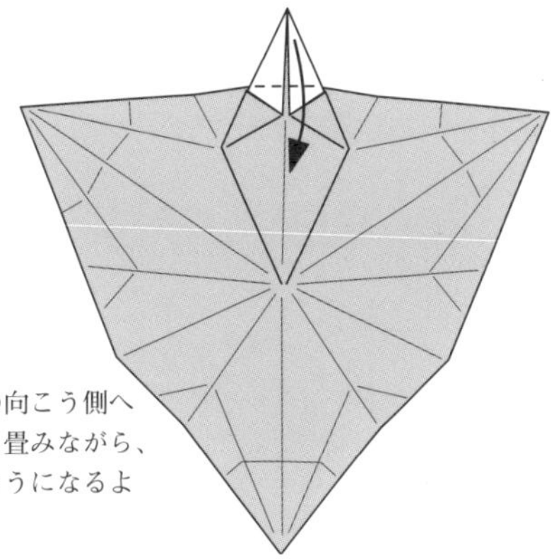

⑭三角の角を折り下げます（写真⑭'参照）。

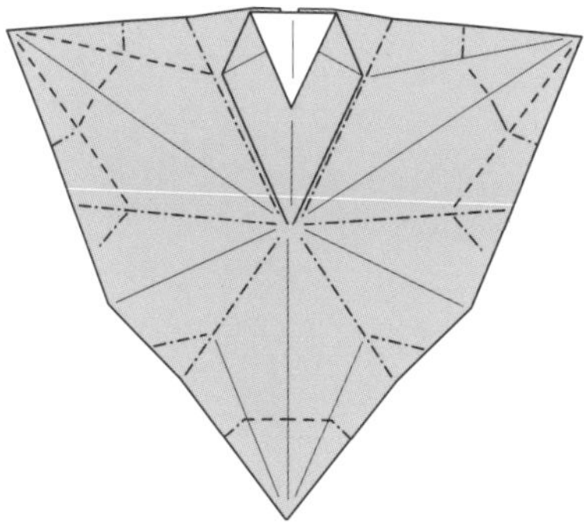

⑮折れたところです（写真⑮'参照）。ほかの角も同じように折ります（写真⑯⑰参照）。

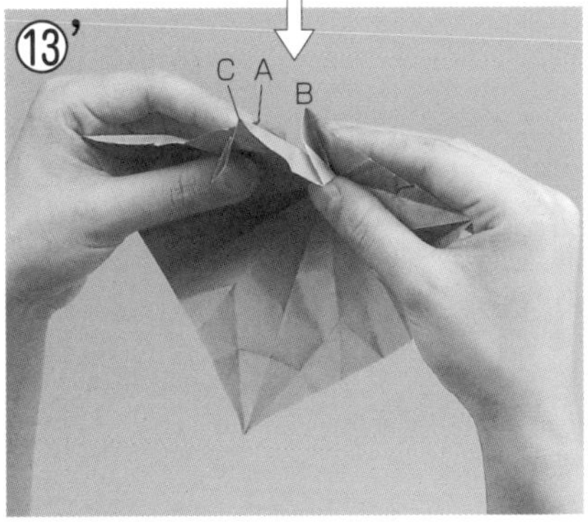

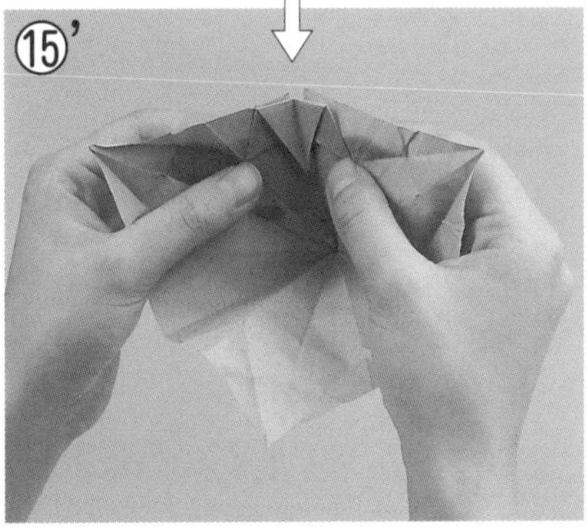

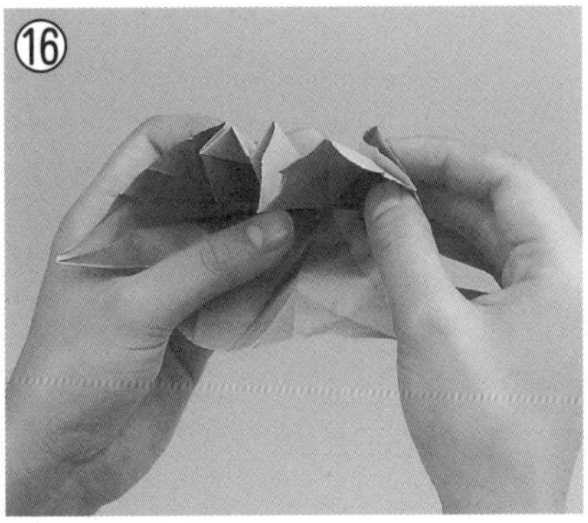

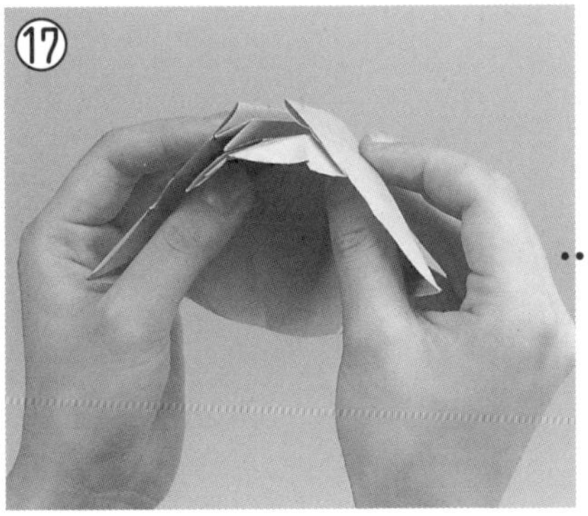

最後の角です。

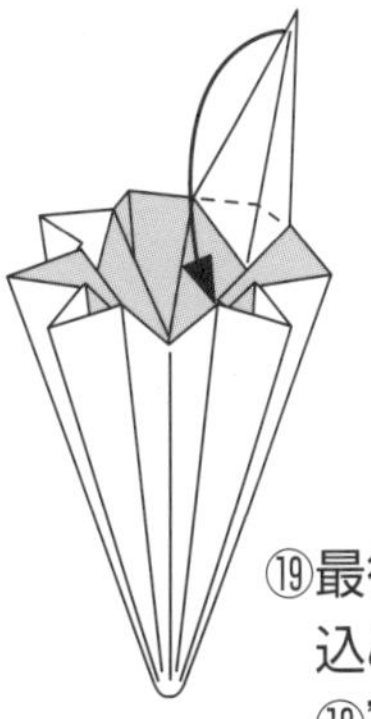

⑲最後の角を折り込みます（写真⑲'参照）。

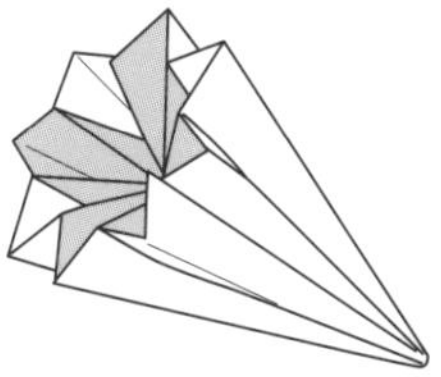

⑳くす玉ピースの出来上がりです。

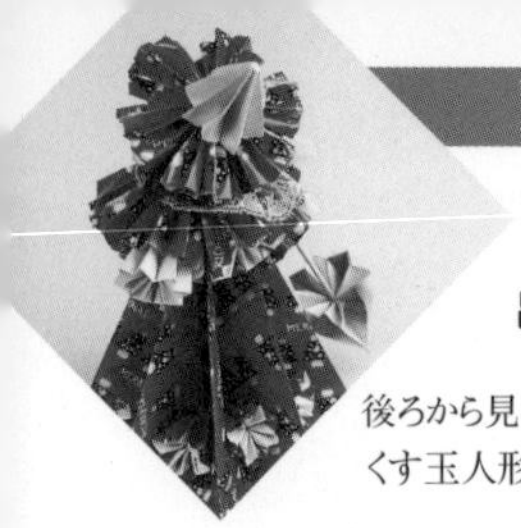

後ろから見たくす玉人形

くす玉人形の作り方〈8ページ〉原案：水谷株式会社「ペーパーレディ」

出来上がりのおよその大きさ／高さ：約24.5cm　幅：約16cm（パラソル入り）

長さ：約14cm（パラソル入れず）

各パーツの数と大きさ

Ⓐ：1枚（35×35cm）

Ⓑ：1枚（24×24cm）

Ⓒ：1枚（11×11cm）

Ⓓ：10枚（10×10cm）

Ⓔ：14枚（8×8cm）

Ⓓは、10枚中3枚（帽子の上と手の部分）の色を変えています。

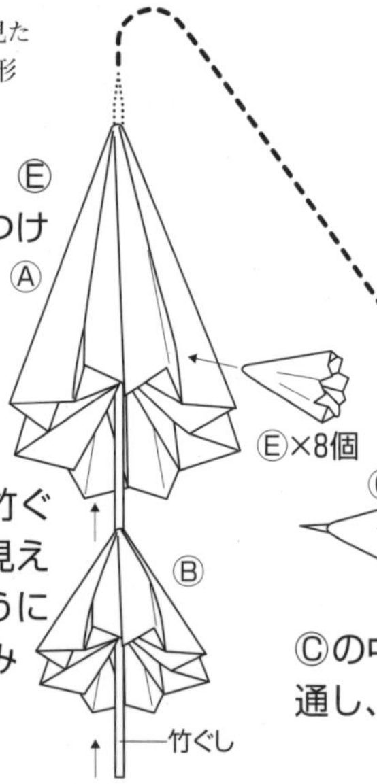
Ⓐ
Ⓔ×8個
Ⓑ
竹ぐし

Ⓐの谷間に、Ⓔを8枚はりつけます。

Ⓑの中心に竹ぐしを通し、見えなくなるようにⒶにはめ込みます。

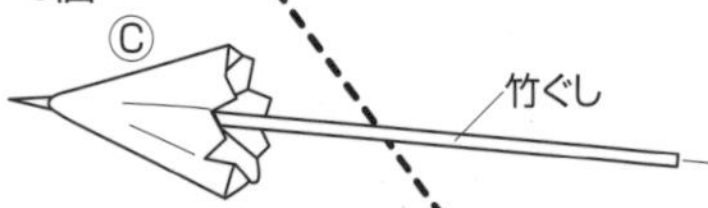
Ⓒ
竹ぐし

Ⓒの中心に竹ぐしを通し、Ⓓに差します。

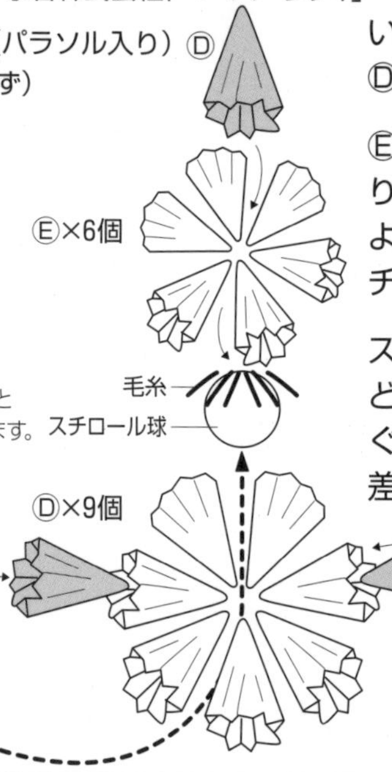
Ⓓ
Ⓔ×6個
毛糸
スチロール球
Ⓓ×9個

いちばん上の中央に、Ⓓをはりつけます。

Ⓔ 6個を図のようにはり合わせ、顔が見えるように、少し斜めにスチロール球にはります。

スチロール球に毛糸などで髪の毛をつけ、竹ぐしが見えないように差し込みます。

Ⓓ 7個に糸を通してからⒶの頂上にはります。上からレースを巻いてもよいでしょう。

くす玉の作り方〈8ページ〉15cm角の紙で作ると、直径約15cmになります。

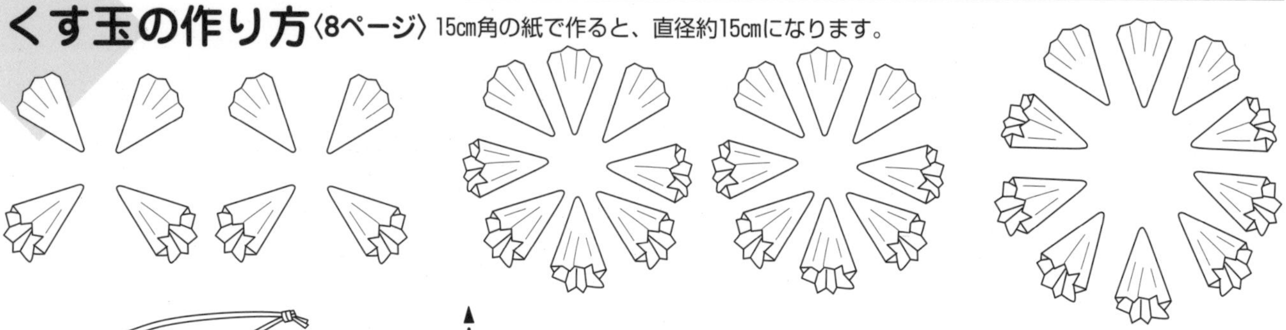

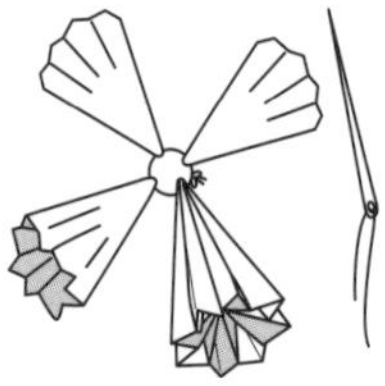

①くす玉ピース4個を2組、8個を2組、10個を1組に分け、それぞれの先を左図のように、糸で少し緩めに束ねます。

※36個を6個ずつ束ねたり、4個を2組の所を6個を2組にしたりする場合もあります。ご存じの高齢者の方がいらしたら、その方の意見も尊重しましょう。

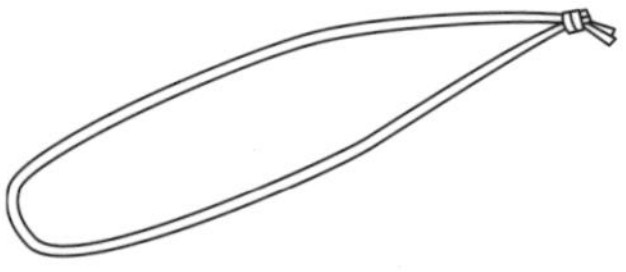

②長めのひもを「わ」にします。

③ひもの束に、「わ」にしたひもを通します。

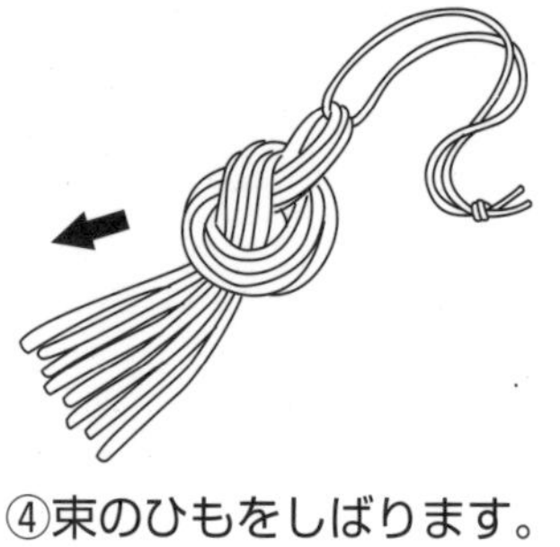

④束のひもをしばります。

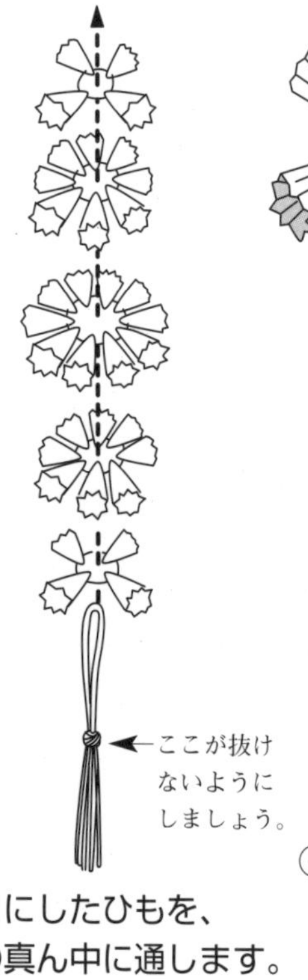
ここが抜けないようにしましょう。

⑤「わ」にしたひもを、①の真ん中に通します。

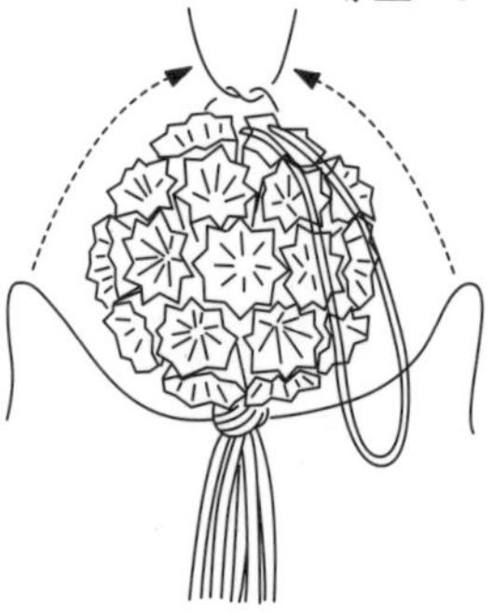

⑥下から糸を通し、真ん中でしっかりしばりながら、ほかの部分の形も整えます。

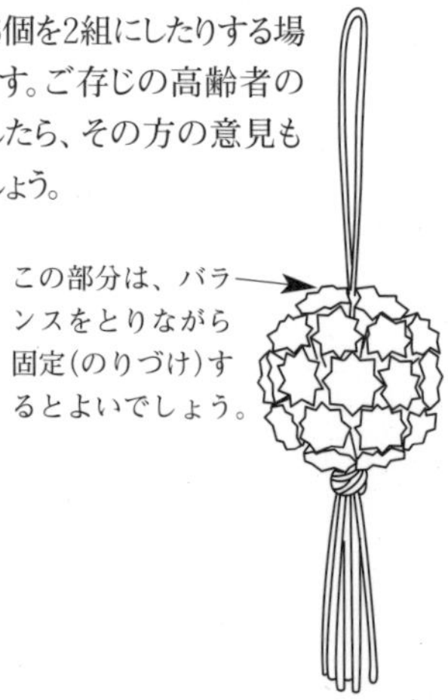
この部分は、バランスをとりながら固定（のりづけ）するとよいでしょう。

⑦余った糸は切ります。もう一度形を整えて出来上がりです。

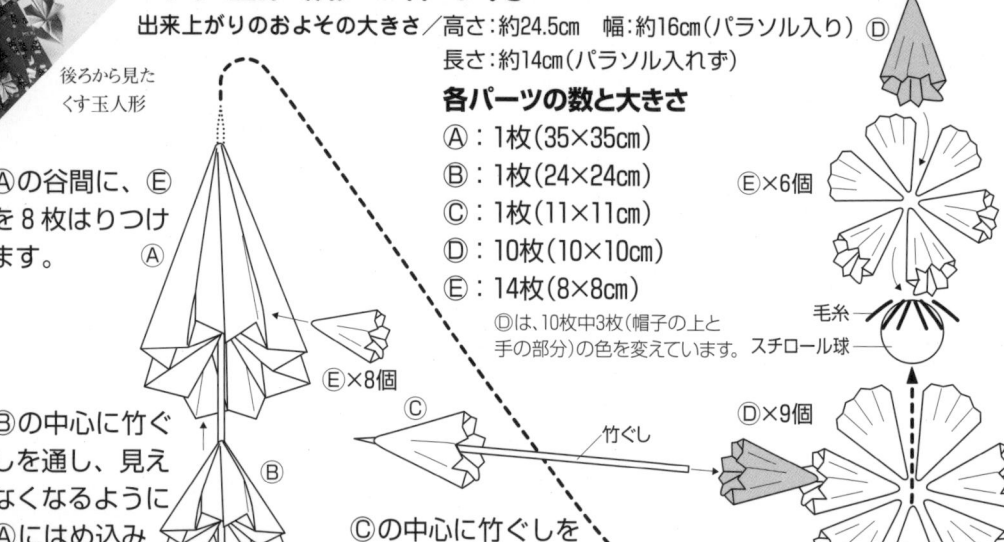

美しい色や形を組み合わせて

折り紙パズル2種

キラキラ光る色紙などで同じ形をたくさん作り、パズル・ブロックのようにしていろんな形を作ってみましょう。

花火

折り方は30ページ。

三角のオブジェ

折り方は31ページ。

美しい色や形を組み合わせて

壁飾り6種(リース・コースター・花瓶敷きなどにも)

美しい色や輝く紙など、いろんな色紙で作った同じ形を組み合わせ、きれいなオブジェを作りましょう。

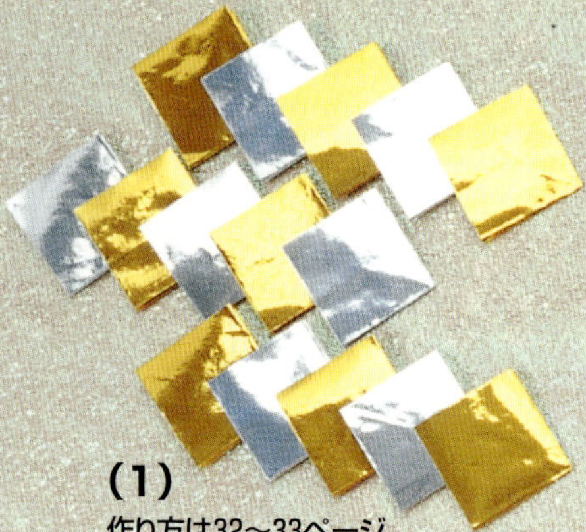

(1)
作り方は32～33ページ。

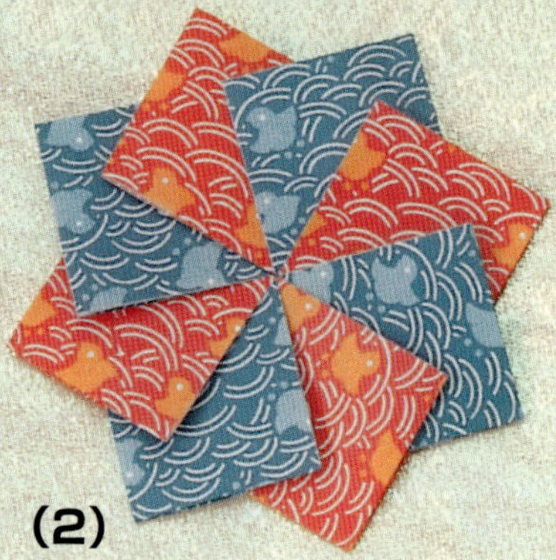

(2)
作り方は32～33ページ。

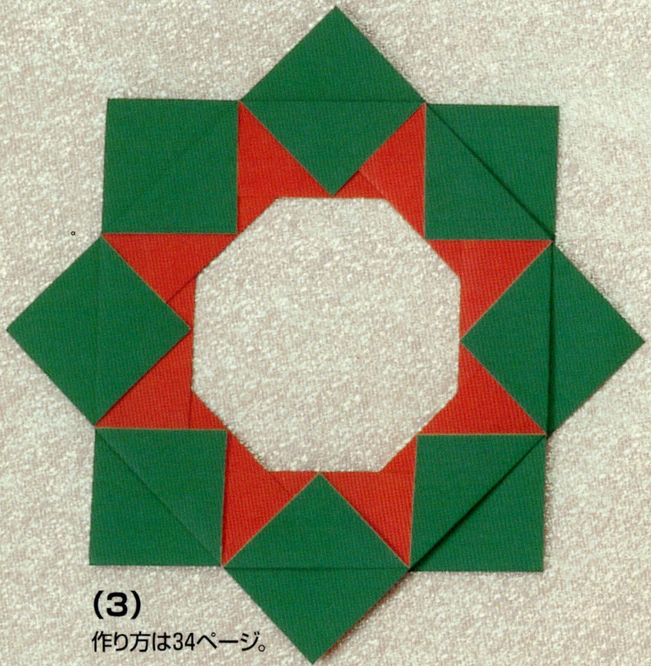

(3)
作り方は34ページ。

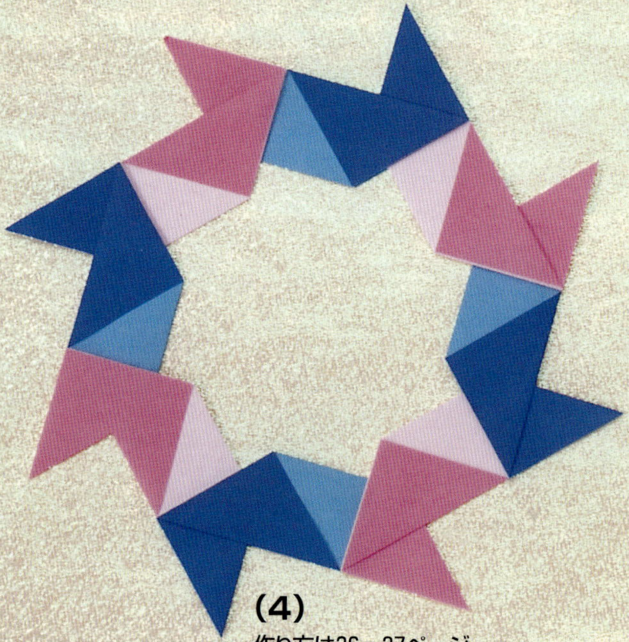

(4)
作り方は36～37ページ。

(5)
作り方は38〜39ページ。

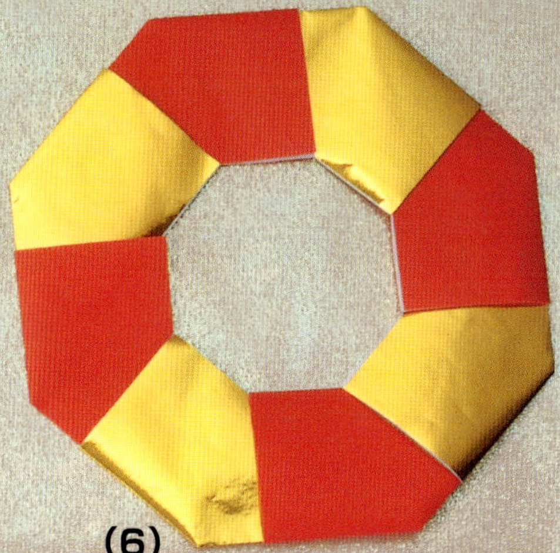

(6)
作り方は35ページ。

(7)
作り方は40〜41ページ。

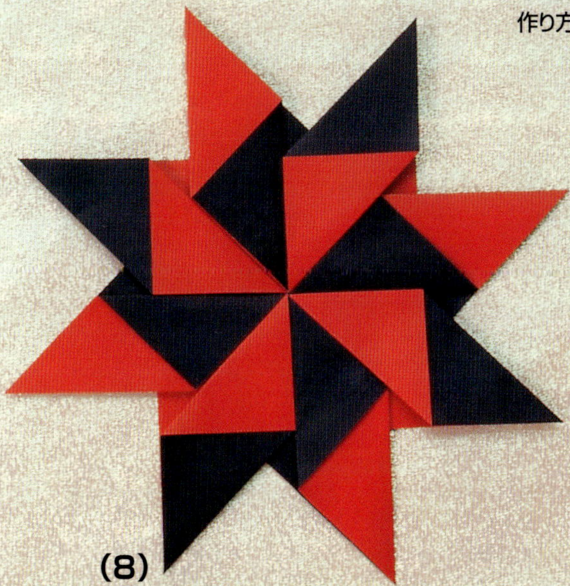

(8)
作り方は40〜41ページ。

(9)
手裏剣を組み合わせています。
手裏剣の折り方は42ページ。

美しい色や形を組み合わせて

不思議なコースター

同じ形を組み合わせてできるコースターですが、ちょこっと引っ張っていくとあら不思議。こんな風に形が変わります。オーロラ折り紙を使用しています。

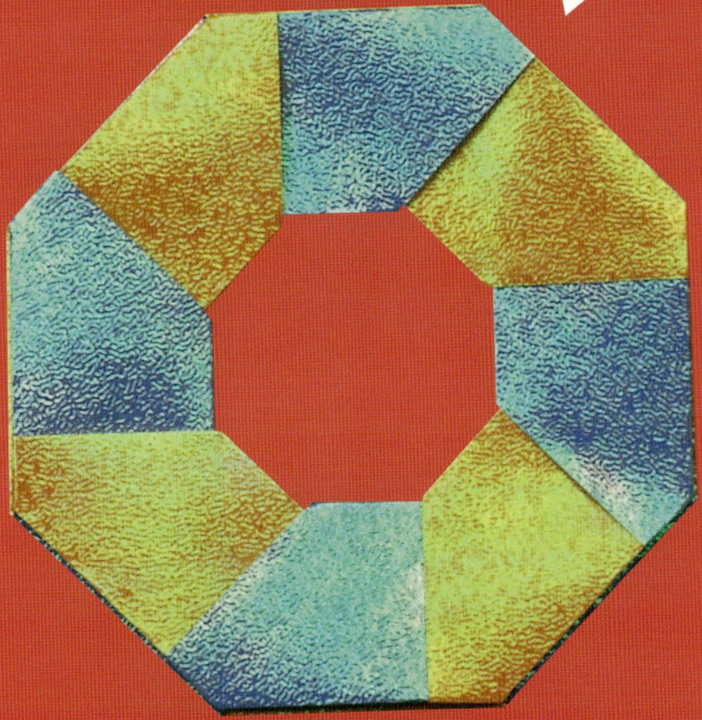

作り方は43〜44ページ。

美しい色や形を組み合わせて

高齢者の方とのコミュニケーションのヒントと 注意事項

この単元の意図・高齢者の方の好まれる傾向

●高齢者の方は、より美しいもの、より色鮮やかなものを好まれる傾向があります。さまざまな色調の美しい紙を使って同じ形を作り、それをいわばブロック・パズル的に組み合わせて楽しんでみてはどうでしょう。キラキラ光るホログラム、オーロラのように輝くもの、きれいな千代紙、両面に色があるものなど、いろんな色紙を用意しておくと喜ばれますし、作品としてもきれいです。

●同じ形のものをたくさん作るところは、前の単元と同じです。指先を動かすことの有意義さを伝えながら、リラックスして進めましょう。また、その場におられる方々の状態に応じた活動になるようにしましょう。ピースの形がいろいろなので、スタッフが折って用意しておいてもよいでしょう。

コミュニケーションのヒント

●25〜28ページの写真を高齢者の方といっしょに見て、「花火みたいできれいですね」「あっ、これ、“手裏剣”を組み合わせてあるんですね。ご存じですよね」「形が変わるんですって、作ってみましょうか。この部品を組み合わせるんです」などとお誘いしてみましょう。折り紙がお好きな方、よくご存じの方に、「教えてくださいますか」という感じで入っていくのもよいでしょう。その場合、この本に書いてある折り方・作り方とは違うこともありますが、高齢者の方の覚えてらっしゃる折り方、思い出そうとしていらっしゃる方法を否定せずに進めましょう。

注意点
- 必ず準備をしましょう。いろんな種類のきれいな色紙をそろえ、折ってみて、やってみてからでないと、いきなりできるものではありません。
- 高齢者の方が紙の端と端をうまく合わせられなくても、あまり気にしすぎないようにしましょう。

具体例

- 25ページの三角形の折り紙パズルで、写真のように丸くしたり、三つを重ねて大きな三角形を作ったり、ほかにもいろいろできるでしょう。「ここに載っていないものができるんじゃないでしょうか」と、いっしょにチャレンジしてみましょう。いろんな色で折ってみて、「どの色がいちばんお好きですか？」と選んでいただき、「お花にも見えるんじゃないでしょうか」などと並べるお手伝いをしてもよいでしょう。
- 26〜27ページをいっしょに見ながら、どれが好きか、何の形に似ているかについて話してみるのもよいでしょう。色によっては、いろんな種類の花にも見えるでしょう。
- 「わたし小さいとき、兄によく“手裏剣”を折ってもらったんです。だからこれ、なんだか懐かしいんですよ」(27ページ(9)の、“手裏剣”を組み合わせたものを見ながら)

「わたしもよく折ったわ。息子にね、折らされたのよ。小学校一年生くらいのときだったかしら。そうそう、忍者ごっこがはやってましてね。なにしろたくさん折るんだとか言って、息子とわたしで百個くらい折ったことがありました。背中に刀をしょってね、おもしろかったわ、あの子のかっこう」

「そうですか。わたしの兄も“忍者”でしたね。だから折り紙なんていつもはしないくせに、“手裏剣”だけはじょうずでした。兄に、『このいろのくみあわせいいじゃん』って言ったら、いくつもプレゼントしてくれたんです」

「これをこうやると、“鍋敷き”みたいね。“手裏剣”が“鍋敷き”か…。当時の息子なら、『ちがうよ。“だいしゅりけん”だよ！』とか言ったでしょうね」

「うちの兄も、きっとそう言ったと思います」

「男の子って、ほんとにそういうのが好きねー。そう言えばCさんにも“手裏剣”折りましょって誘えば？元“男の子”だし」

「そうですね、お誘いしてみましょうか」

などと、この本からおしゃべりや、あそびの輪が広がればいいですね。

- 「28ページのコースターは、手品にも使えます。ほら見てください。まったく形が違うでしょ」と、持って見せながら形を変えてください。まず作ってみて、自分が納得しましょう。それから高齢者の方とのレクリエーションに使いましょう。色紙を選ぶところから、部品を作り、組み合わせるまで、いっしょにやってみてもよいでしょう。

折り紙パズル

ピースAの折り方

〈25ページの「花火」など〉

色柄豊富に、たくさんのピースを作ってみましょう。ほかにもいろんなイメージで組み合わせてみましょう。次のページのピースBと混合してもよいでしょう。

自由に組み合わせを楽しむ中で、お気に入りのものができたら、デジタルカメラやカメラつき携帯電話で撮っておき、後で「○○さんの作品です」と言ってプリントアウトしたものをお渡ししてもよいでしょう。

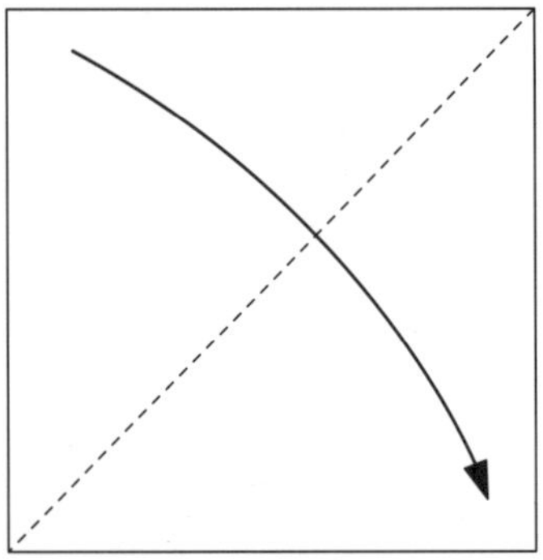

①三角に折ります。

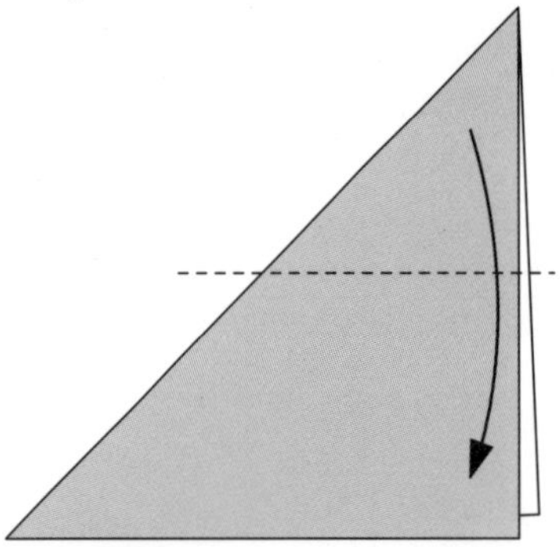

②角を合わせて、半分の所で折ります。

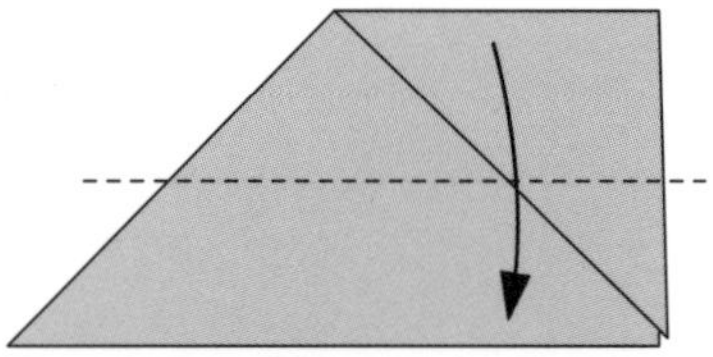

③もう一度半分に折ります。

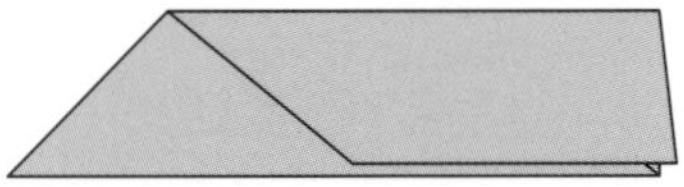

④しっかり折り筋をつけます。

⑤開きます。

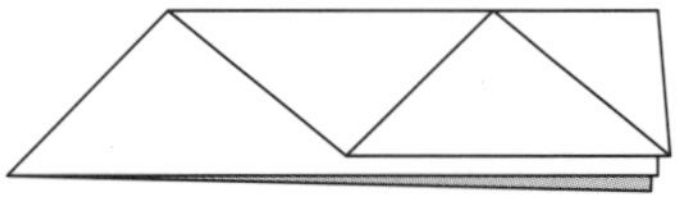

⑥裏返して三角に折り、折り筋に合わせてじゃばら折りにしながら、しっかり折り筋をつけます。

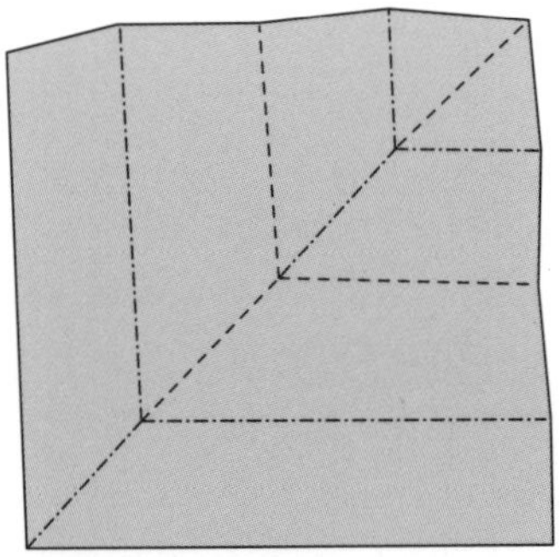

⑦開いて表を向け、山折り→谷折りと交互になるように折り畳みます。

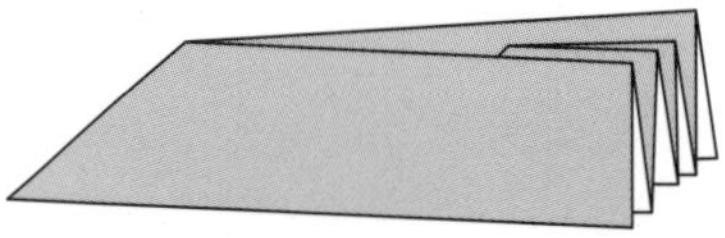

⑧交互に折り畳んだところです。

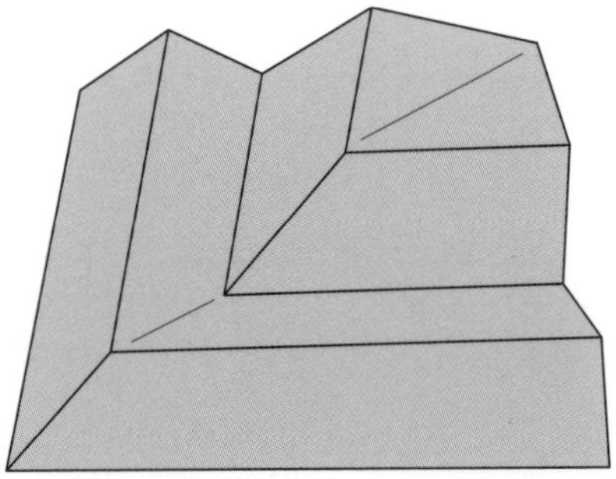

⑨少し開いて出来上がりです。開き具合、角度は、自由に調整してください。

折り紙パズル

ピースBの折り方

〈25ページの「三角のオブジェ」など〉

色柄豊富に、たくさんのピースを作ってみましょう。ほかにもいろんなイメージで組み合わせてみましょう。前のページのピースＡと混合してもよいでしょう。

自由に組み合わせを楽しむ中で、お気に入りのものができたら、おしゃれな台紙にのりづけして、作品として展示してもよいでしょう。

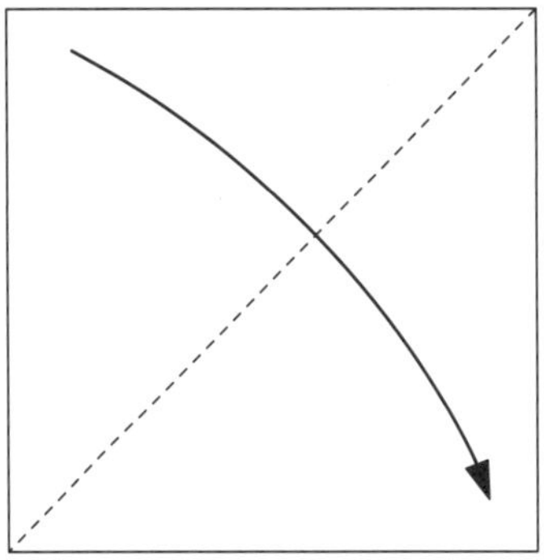

①三角に折ります。

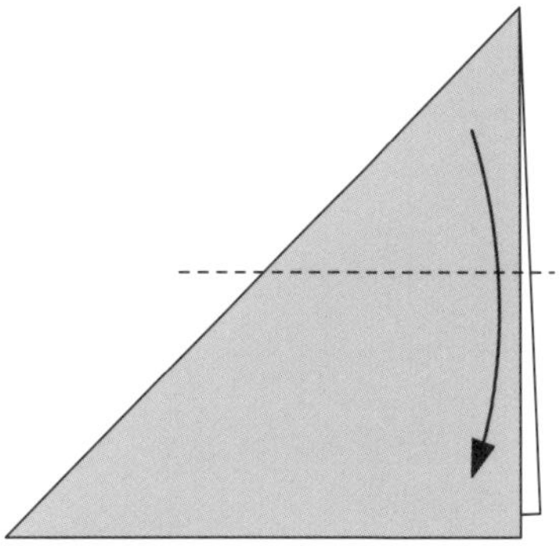

②角を合わせて、半分の所で折ります。

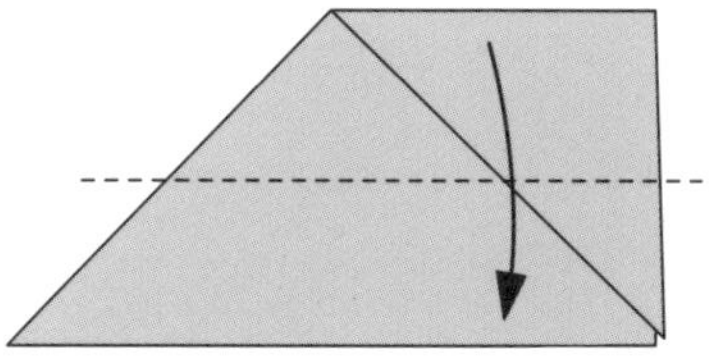

③もう一度半分に折ります。

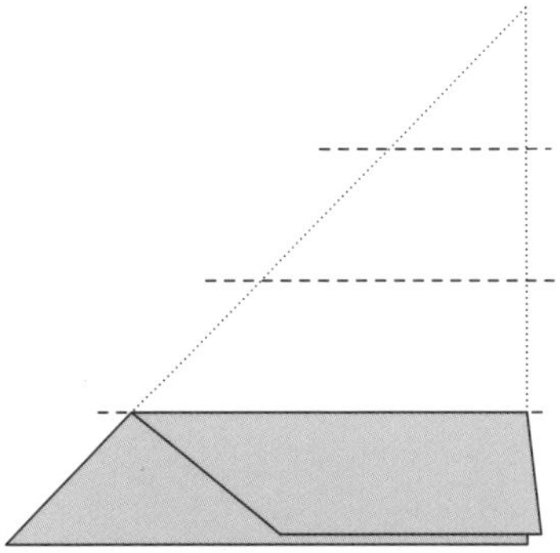

④しっかり折り筋をつけ、開きます。

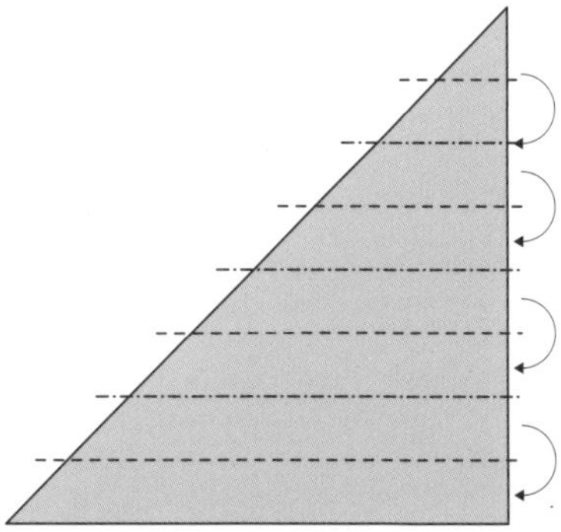

⑤おのおのの半分で折り筋をつけてじゃばらに折り畳みます。

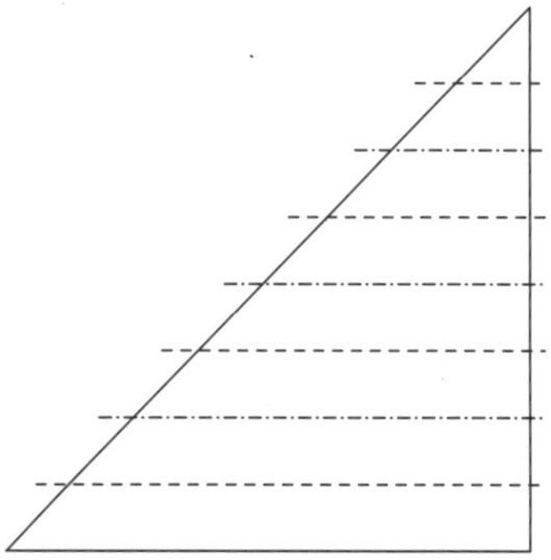

⑥一度開いて裏返し、半分に折ってからじゃばらに折り畳みます。

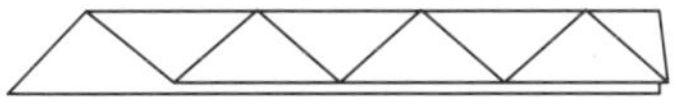

⑦このようになります。しっかり折り筋をつけます。

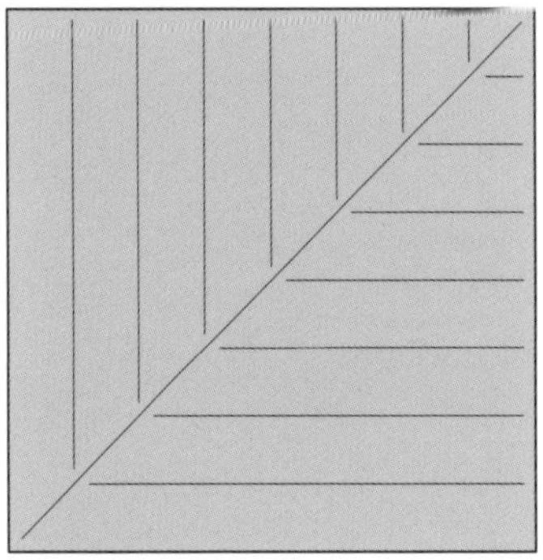

⑧開きます。

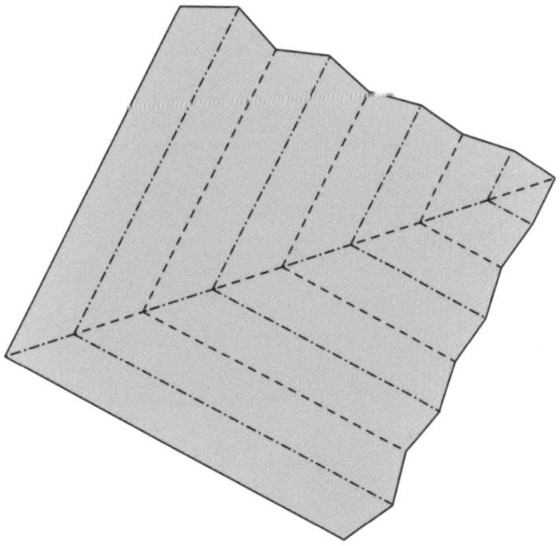

⑨山折り→谷折りと交互になるように折り、30ページの⑧のように畳みます。

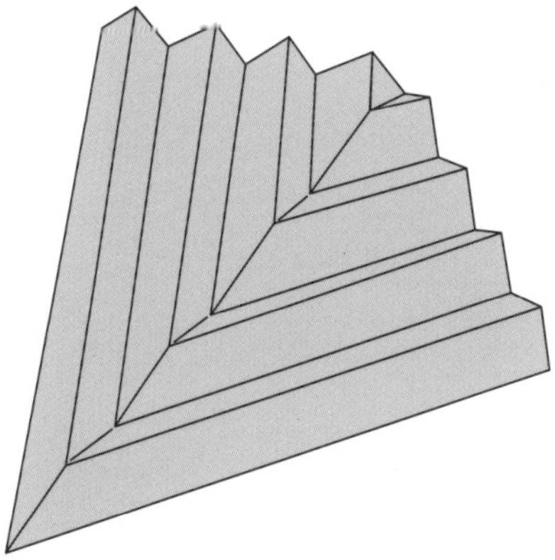

⑩少し開いて出来上がりです。開き具合、角度は、自由に調整してください。

壁飾りなど

(1)・(2)共通の ピースCの折り方

〈26ページの(1)と(2)〉

25ページの「折り紙パズル」の要素も含まれています。このほかにもいろいろな組み合わせ方があるでしょう。さまざまな色柄の紙でピースをたくさん折ってから、どんな組み合わせがよいか、高齢者の方ご自身のお好みで、自由に選んでやっていただいてみてはどうでしょう。

初めはのりづけせずにいろんな組み合わせを楽しんで、これがいいというときにのりづけをお手伝いするのがよいでしょう。

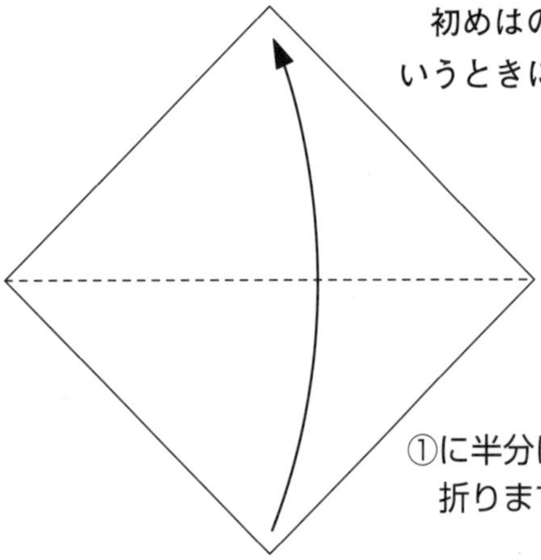

①に半分に折ります。

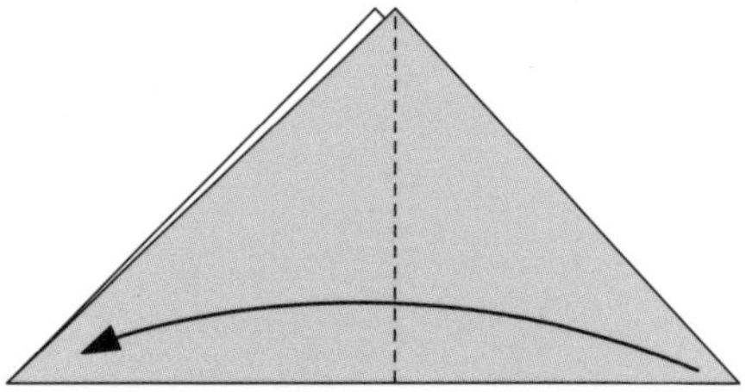

②もう一度半分に折ります。

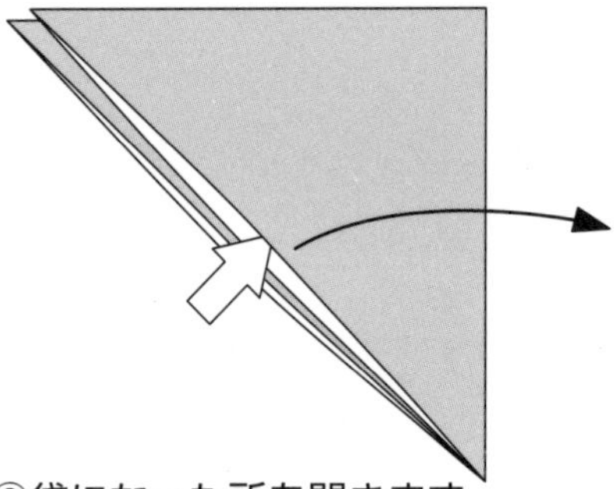

③袋になった所を開きます。

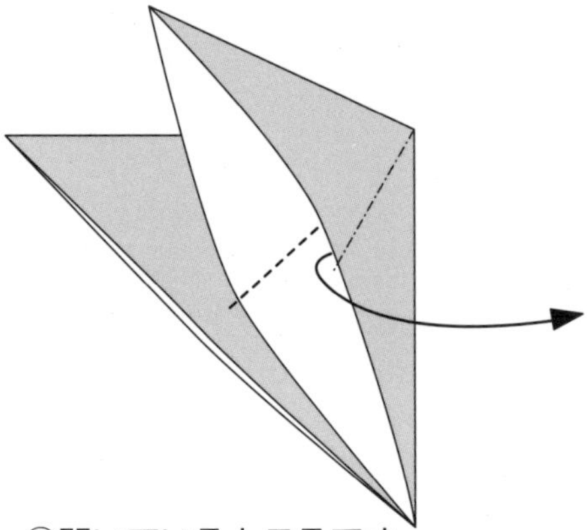

④開いているところです。

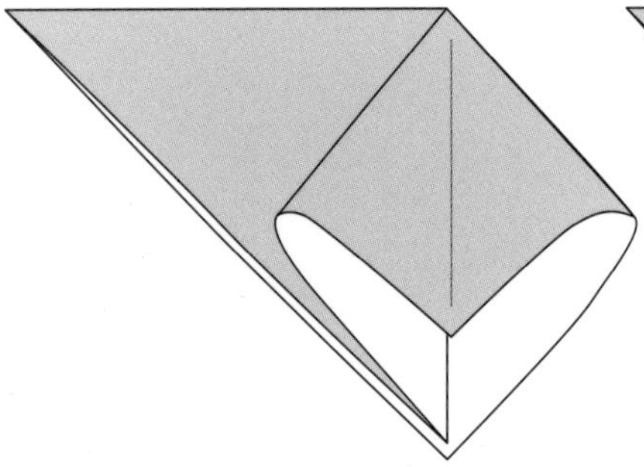

⑤角に合わせて折ります。

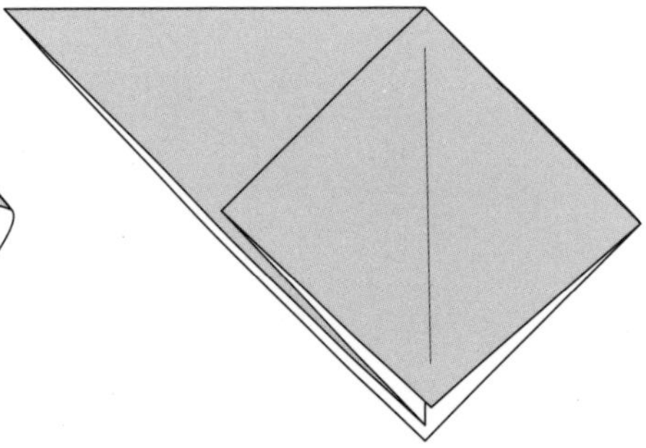

⑥裏も同様に開きます。

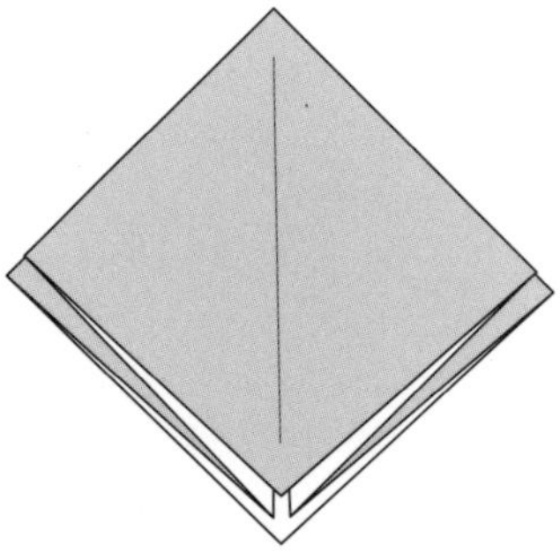

⑦ピースCの出来上がりです。

※これを「四角折り」と言います。いろんなところで使います。

壁飾りなど

(1)の作り方〈26ページ〉

ピースCを下のように組み合わせていきます。いろんな色の組み合わせを考えましょう。何枚でも、イメージに合わせて重ねていってください。

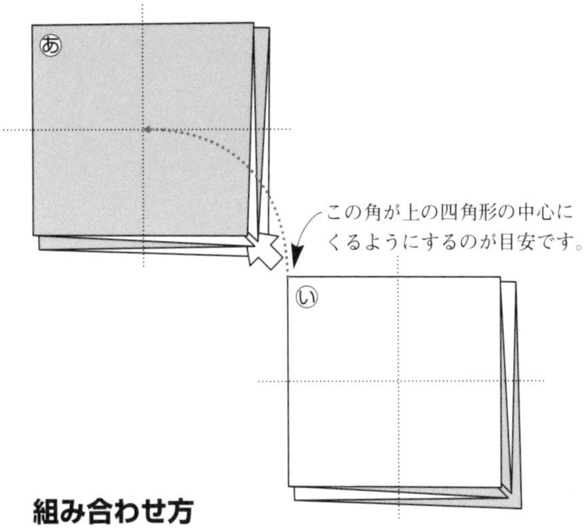
(あ)
この角が上の四角形の中心にくるようにするのが目安です。
(い)

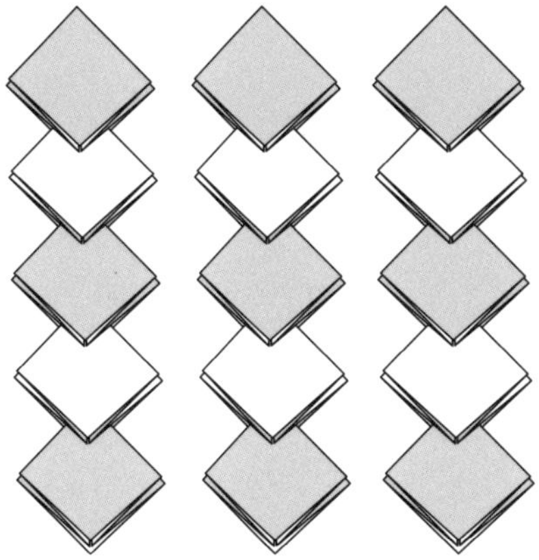

組み合わせ方

図のように、(あ)のピースの開いている角に(い)のピースの閉じている角を差し込み、のりづけしていきます。

壁飾りなど

(2)の作り方〈26ページ〉

ピースCを下のように組み合わせます。8枚で完成です。色を交互に組み合わせるなど、いろいろ試してみましょう。

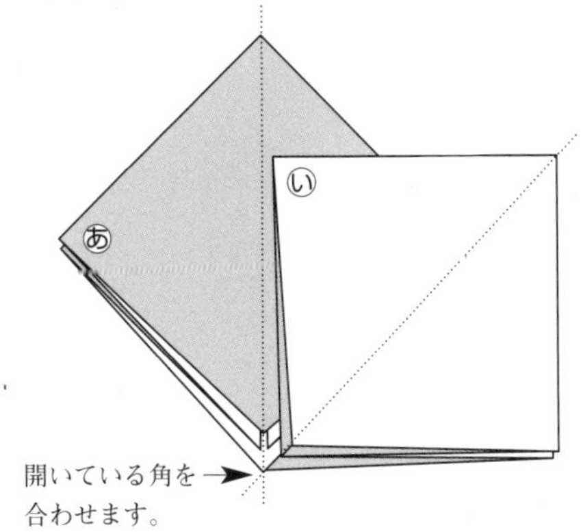
(い)
(あ)
開いている角を合わせます。

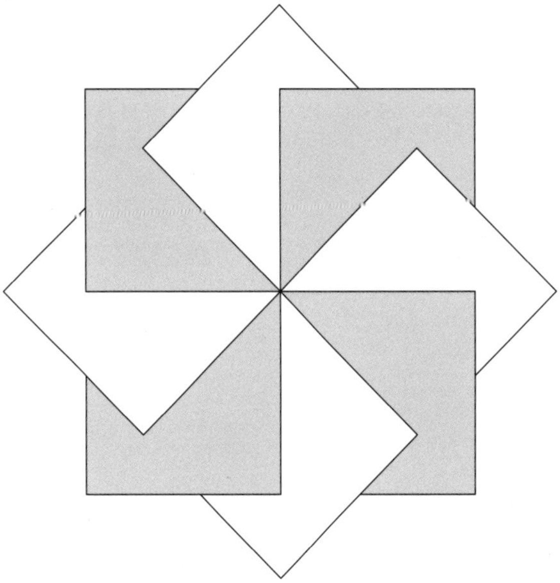

組み合わせ方

図のように、(あ)のピースで(い)のピースを挟み込むようにして、両方の開いている角を合わせてのりづけしていきます。

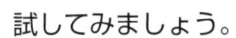

壁飾りなど

ピースDの折り方(3)の作り方

〈26ページの(3)〉

このピースも、さまざまな色柄の紙をたくさん折っておき、美しい組み合わせを楽しみましょう。組み合わせ方も、いろいろ発見できるでしょう。

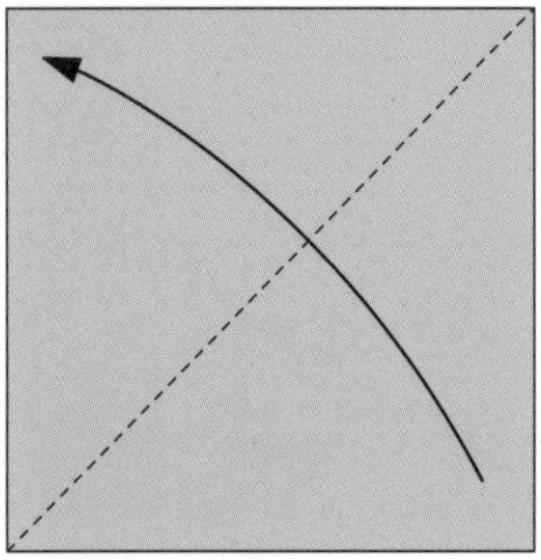

①三角に折ります。

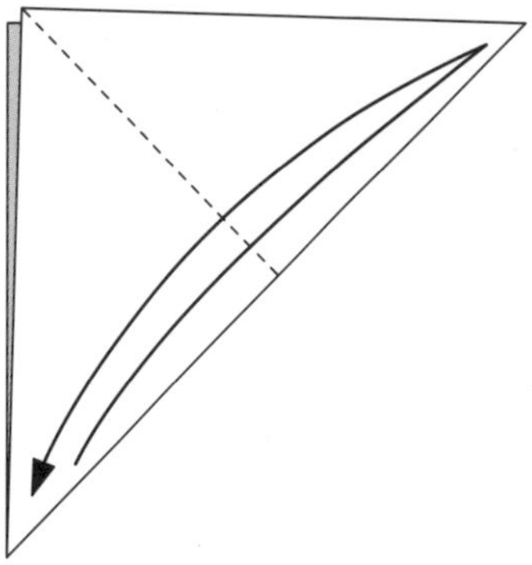

②三角形の中心がわかるように軽く折り目をつけ、元に戻します。

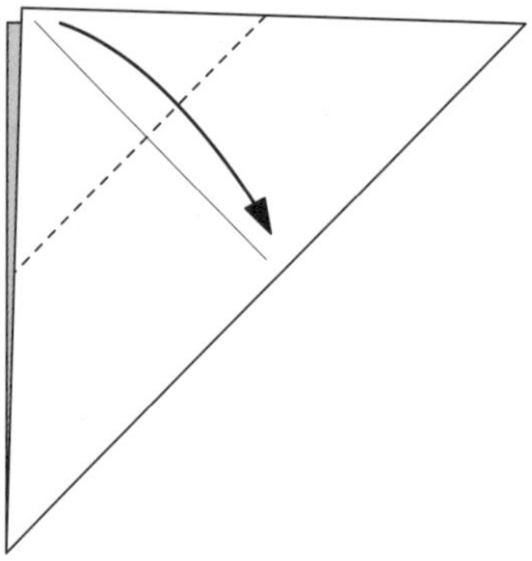

③角が中心と重なるように折ります。

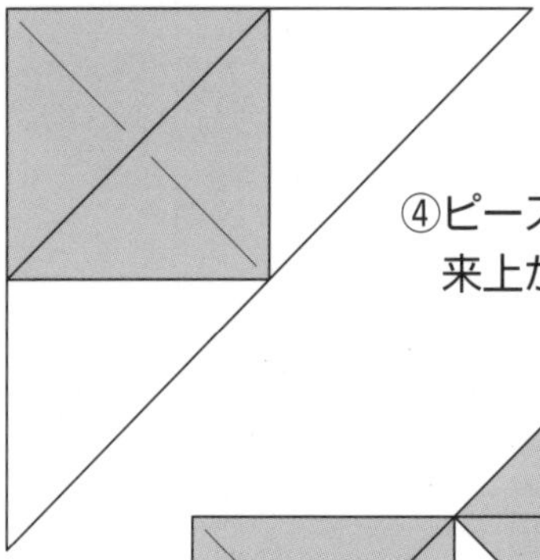

④ピースDの出来上がりです。

⑤ピースDを、右図のように組み合わせていきます。8枚組み合わせると、一周します。

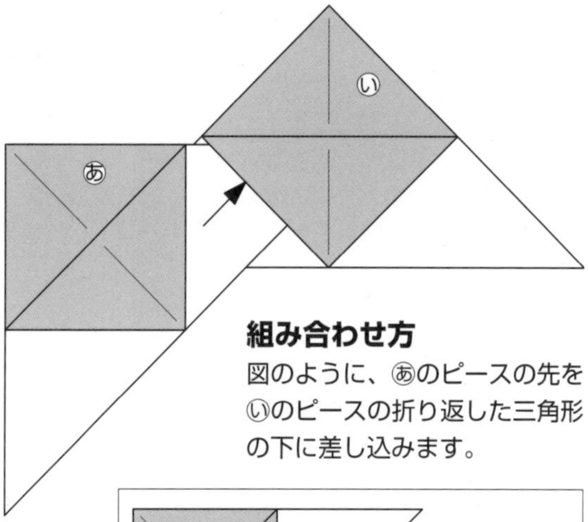

組み合わせ方

図のように、ⓐのピースの先をⓘのピースの折り返した三角形の下に差し込みます。

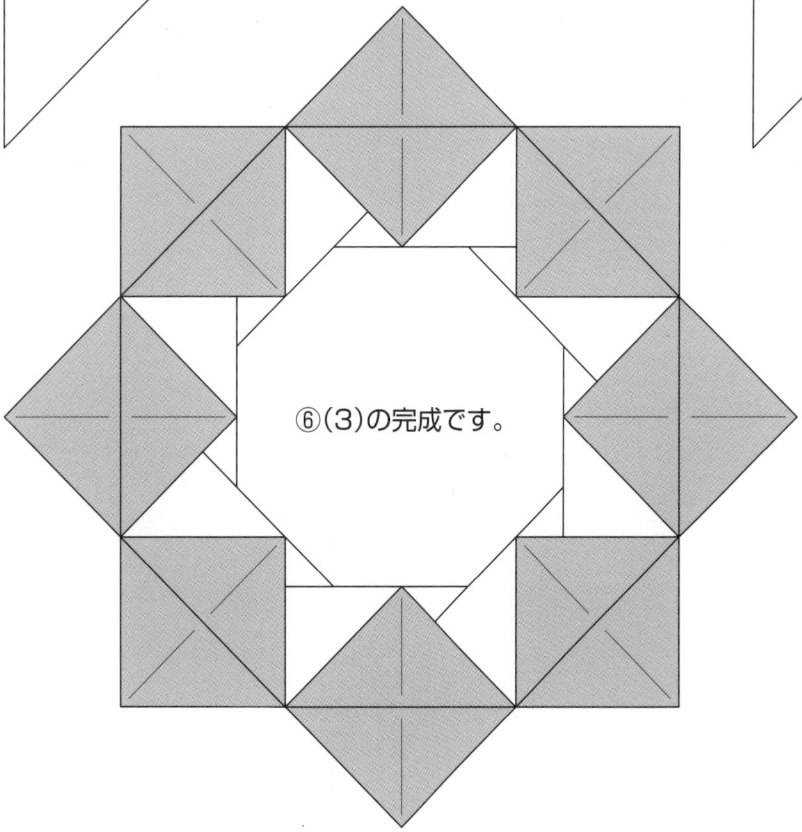

⑥(3)の完成です。

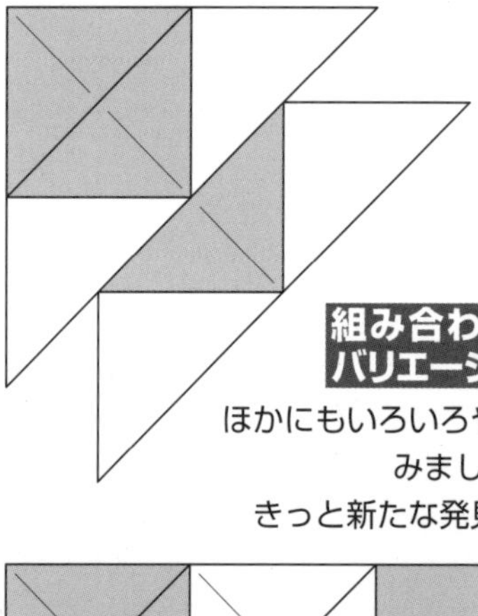

組み合わせ方バリエーション

ほかにもいろいろやってみましょう。きっと新たな発見が！

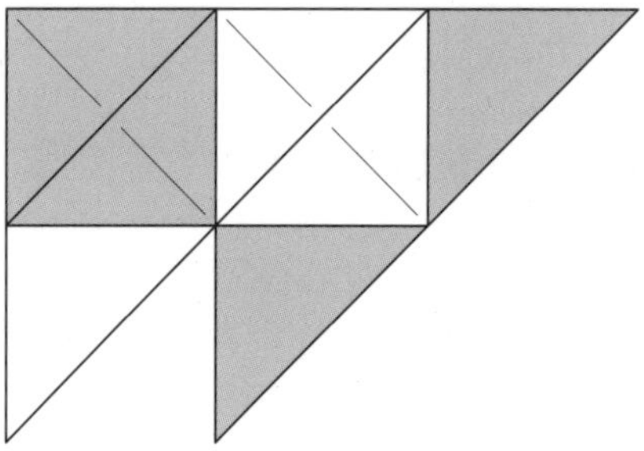

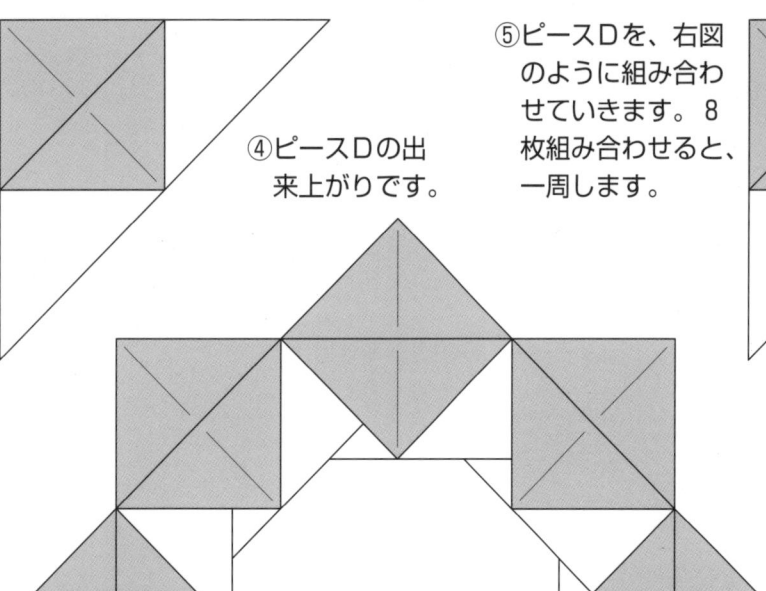

壁飾りなど

ピースEの折り方(6)の作り方

〈27ページの(6)〉

どのピースもそうですが、いろんな組み合わせ方が発見できるでしょう。色柄豊富にピースを用意すれば、きれいな形が無数に広がります。

気に入ったものができたらのりづけして、作品、オブジェとして完成させましょう。

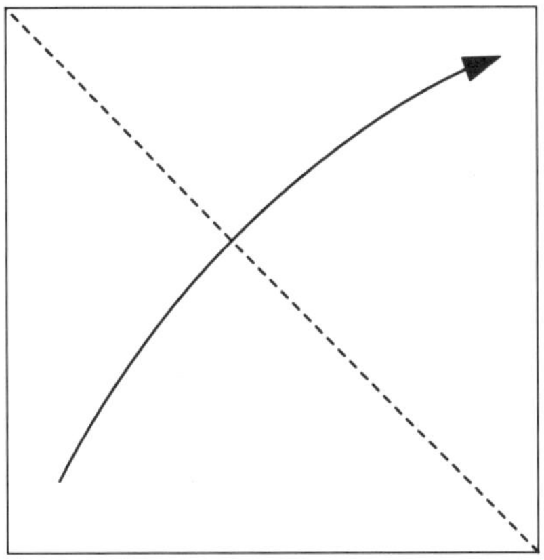

①三角に折ります。

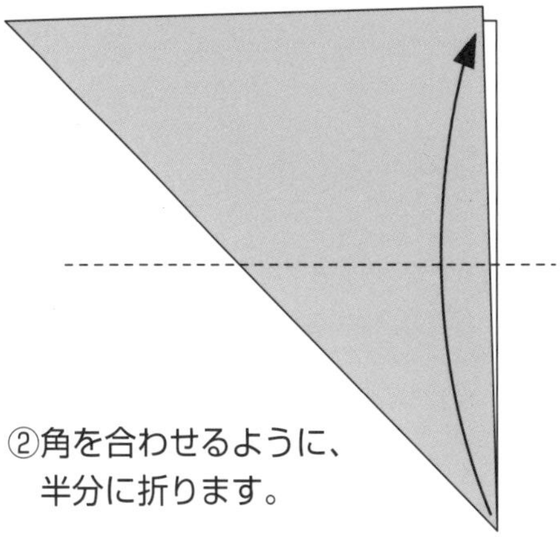

②角を合わせるように、半分に折ります。

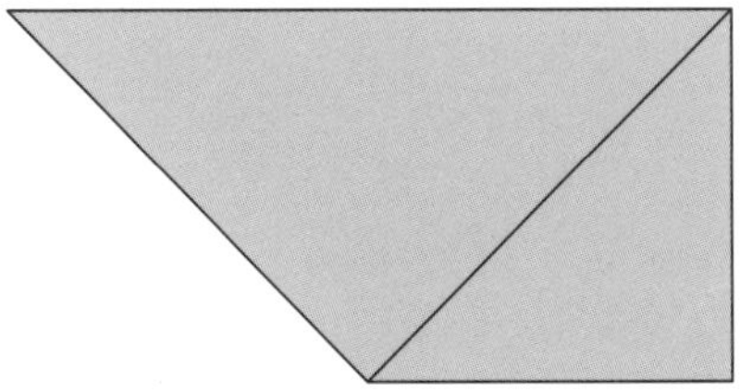

③ピースEの出来上がりです。

④ピースEを、下図のように組み合わせてのりづけしていき、8枚組み合わせてひっくり返します。

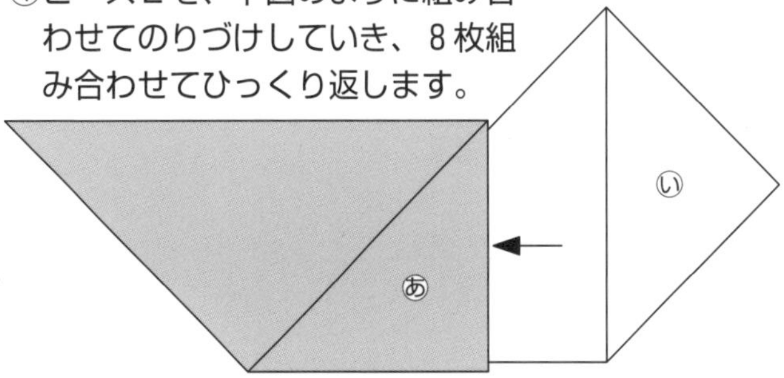

組み合わせ方

図のように、㋐のピースの三角形の袋になった部分に、㋑のピースのとがった部分を差し込みます。

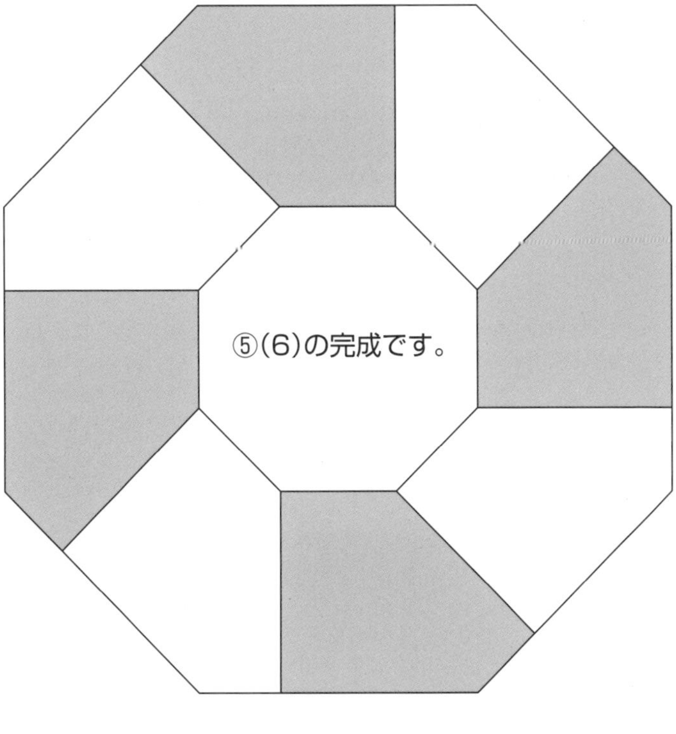

⑤(6)の完成です。

ピースFの折り方・(4)の作り方〈26ページの(4)〉

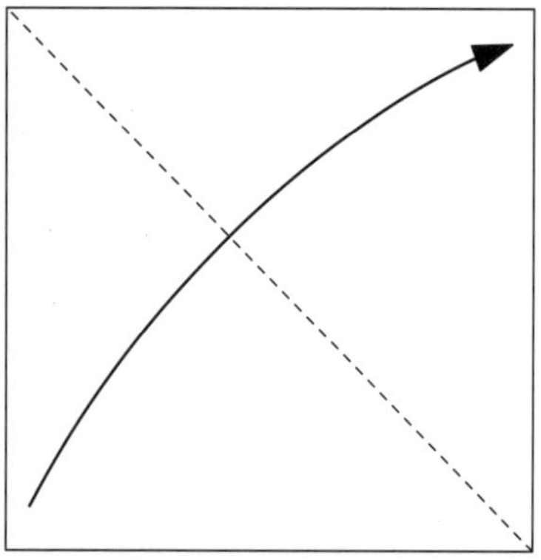

①三角に折ります。

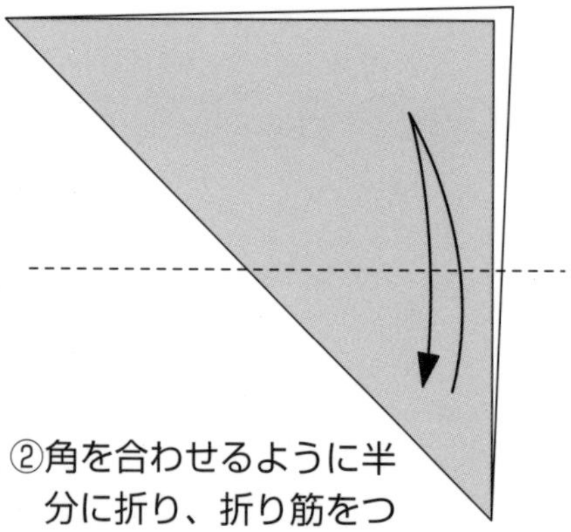

②角を合わせるように半分に折り、折り筋をつけて元に戻します。

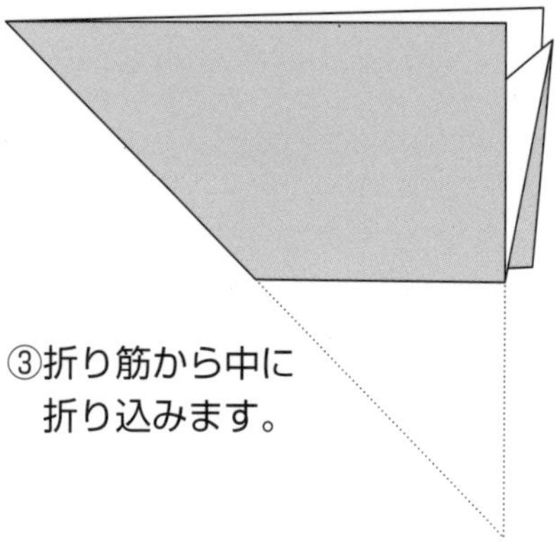

③折り筋から中に折り込みます。

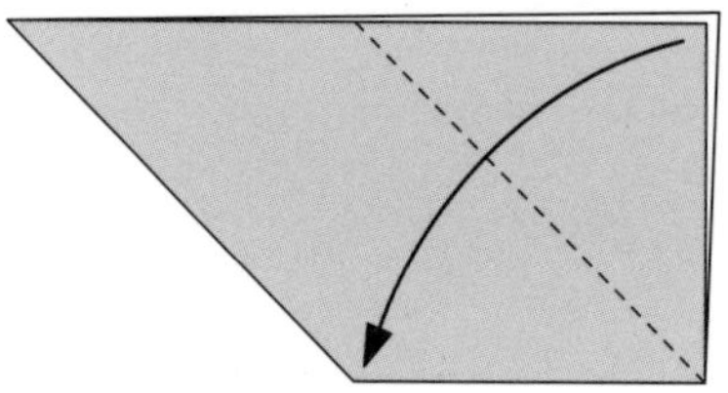

④角が合うように、三角に折り下げます。裏側も折り下げます。

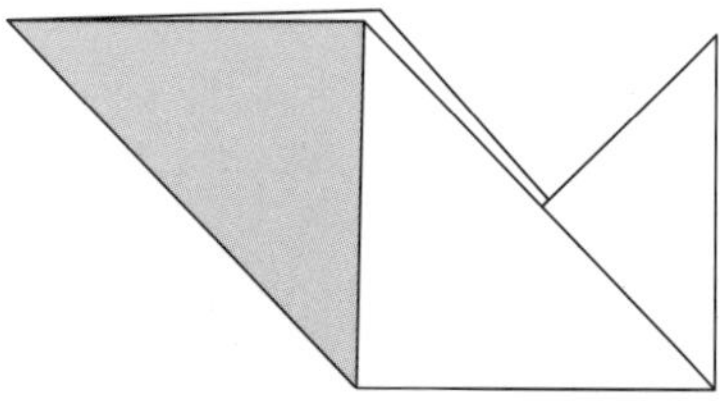

③ピースFの出来上がりです。

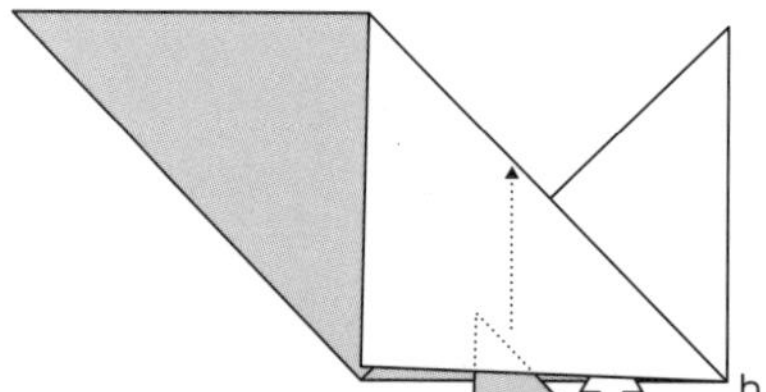

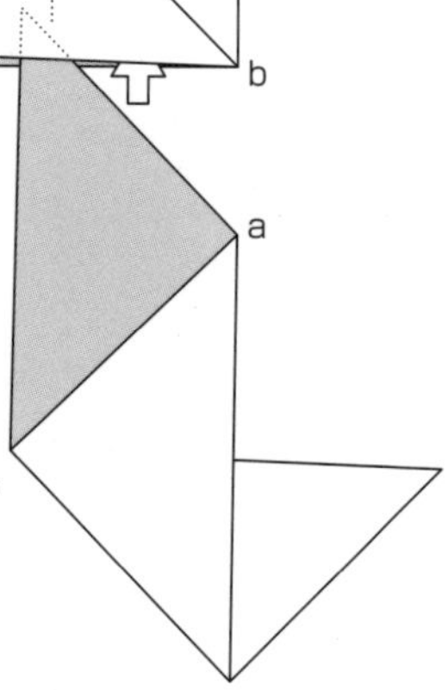

④ピースFを、右図のように組み合わせてのりづけしていき、８枚組み合わせます。

組み合わせ方

図のように、aとbが一致する所まで差し込みます。

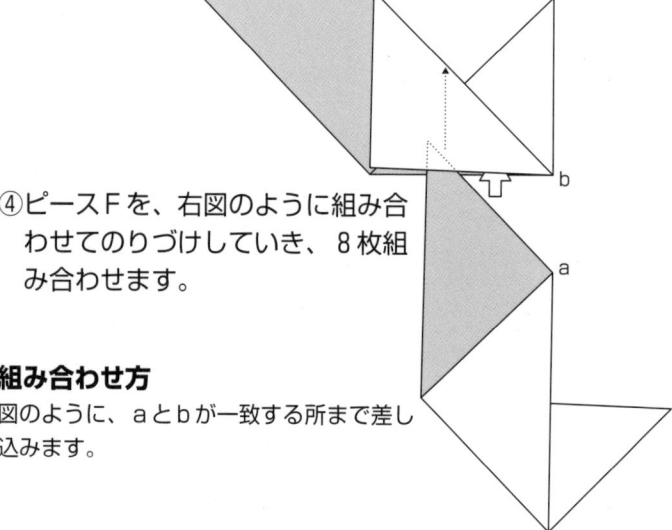

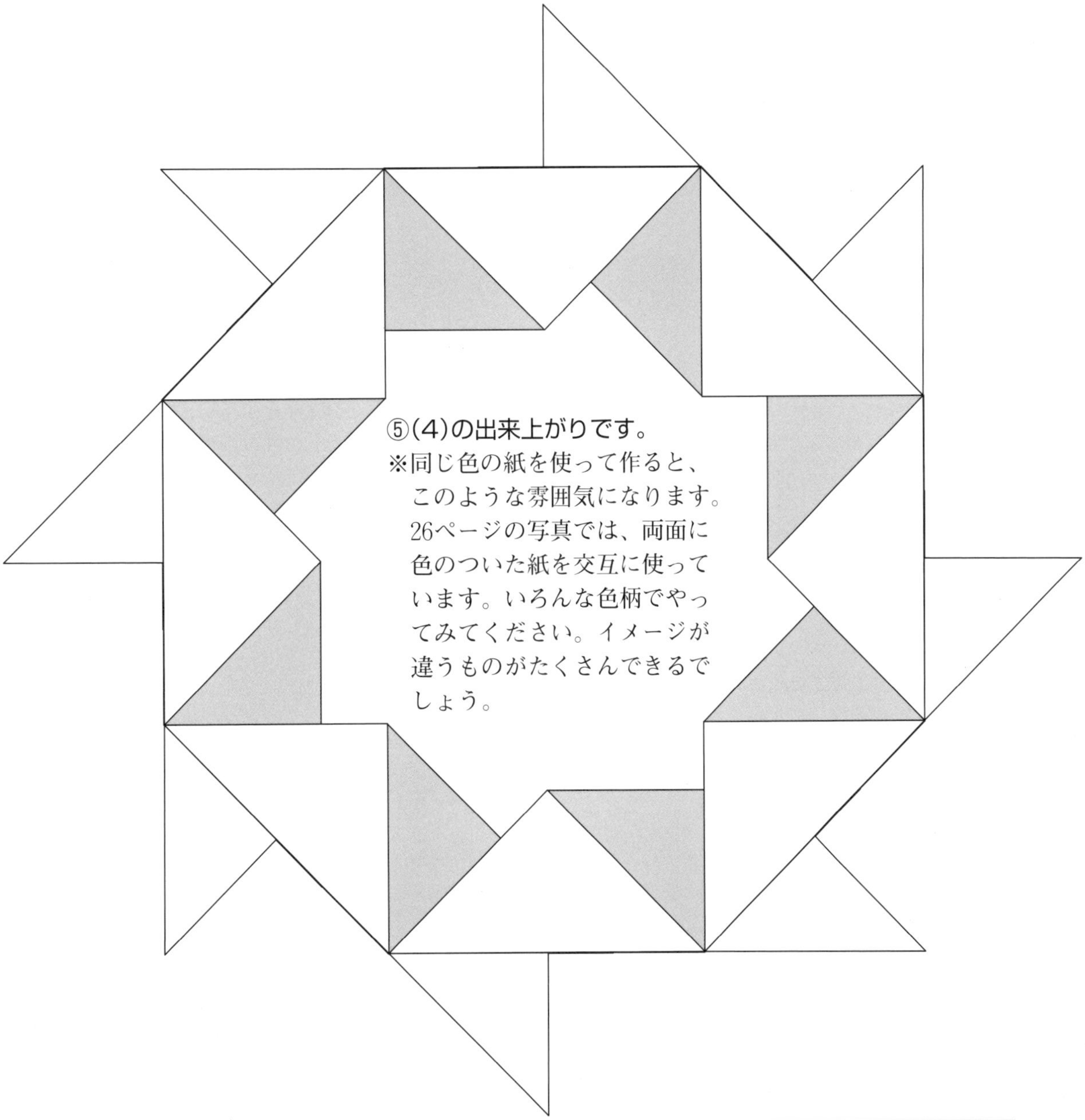

⑤(4)の出来上がりです。
※同じ色の紙を使って作ると、このような雰囲気になります。26ページの写真では、両面に色のついた紙を交互に使っています。いろんな色柄でやってみてください。イメージが違うものがたくさんできるでしょう。

組み合わせ方バリエーション

ここからどんな形のものができるでしょう？

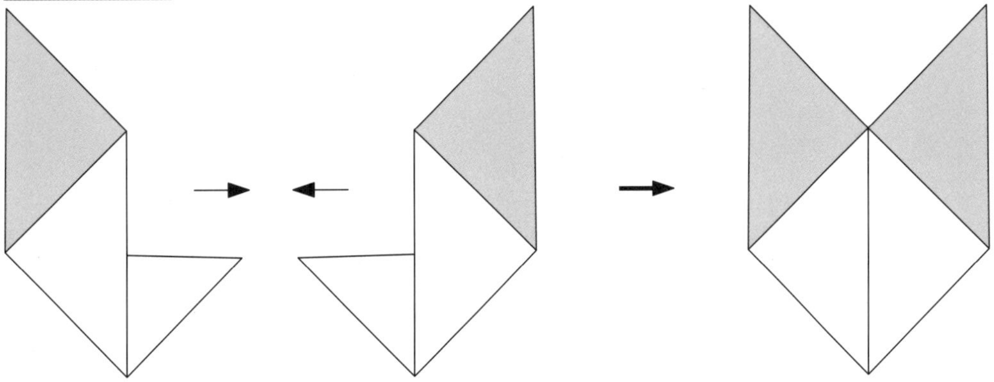

ピースGの折り方・(5)の作り方〈27ページの(5)〉

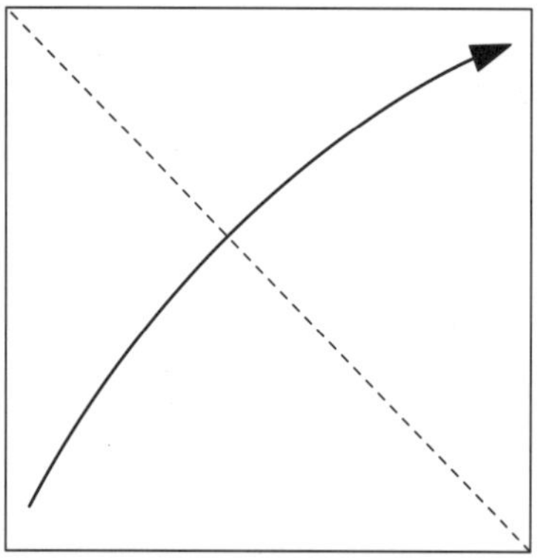

①三角に折ります。

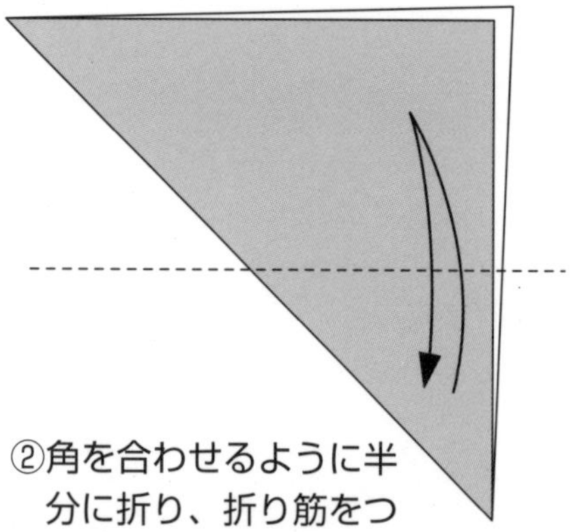

②角を合わせるように半分に折り、折り筋をつけて元に戻します。

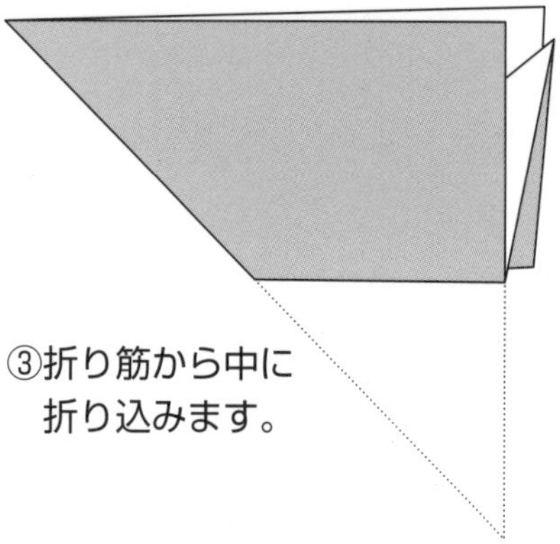

③折り筋から中に折り込みます。

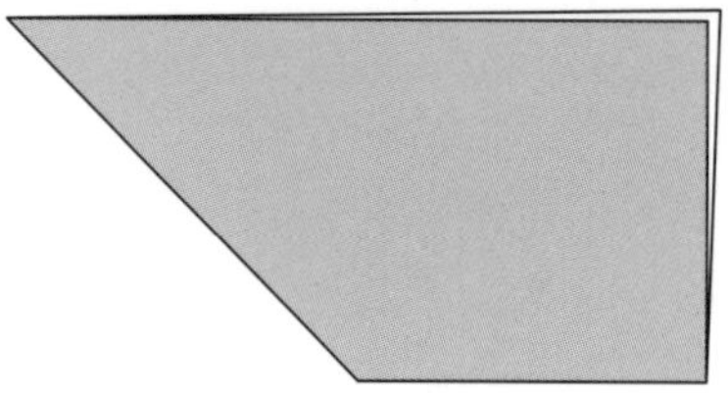

④ピースGの出来上がりです。

⑤ピースGを、図のように組み合わせてのりづけしていき、8枚組み合わせます。

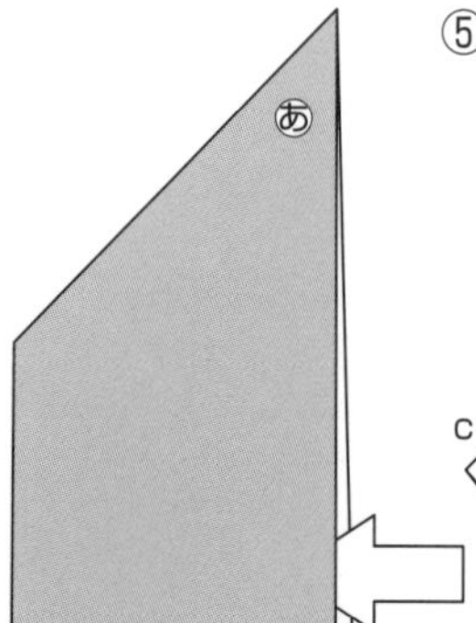

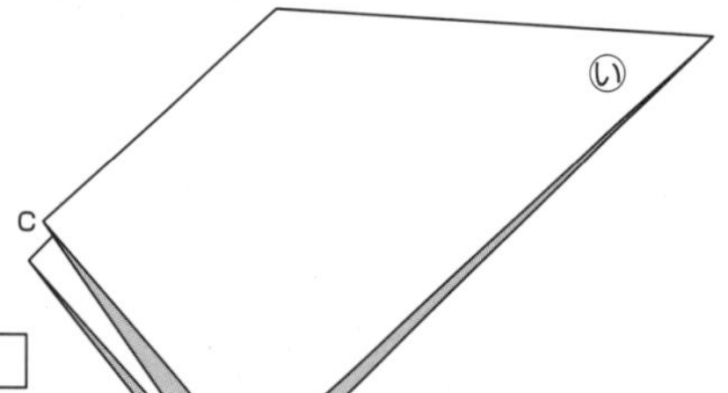

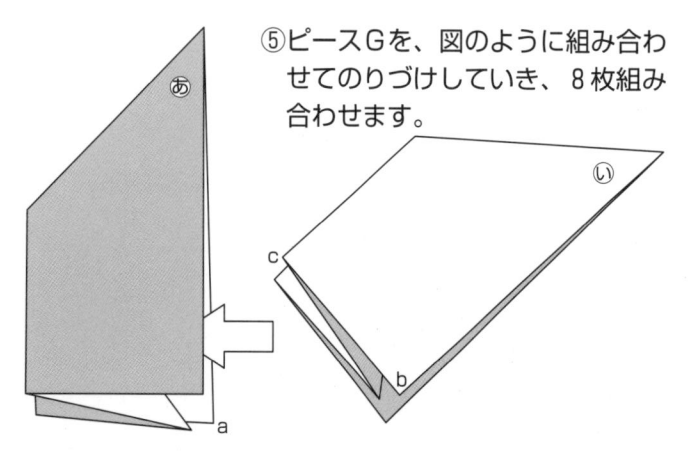

組み合わせ方

図のように、aとbが一致する所まで差し込みます。あのピースの折り込んだ部分に、いのピースの辺bcを合わせるようにするとよいでしょう。

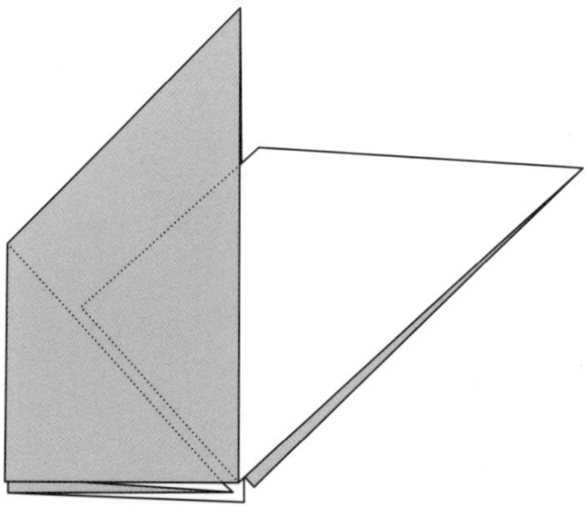

差し込んでいるところです。

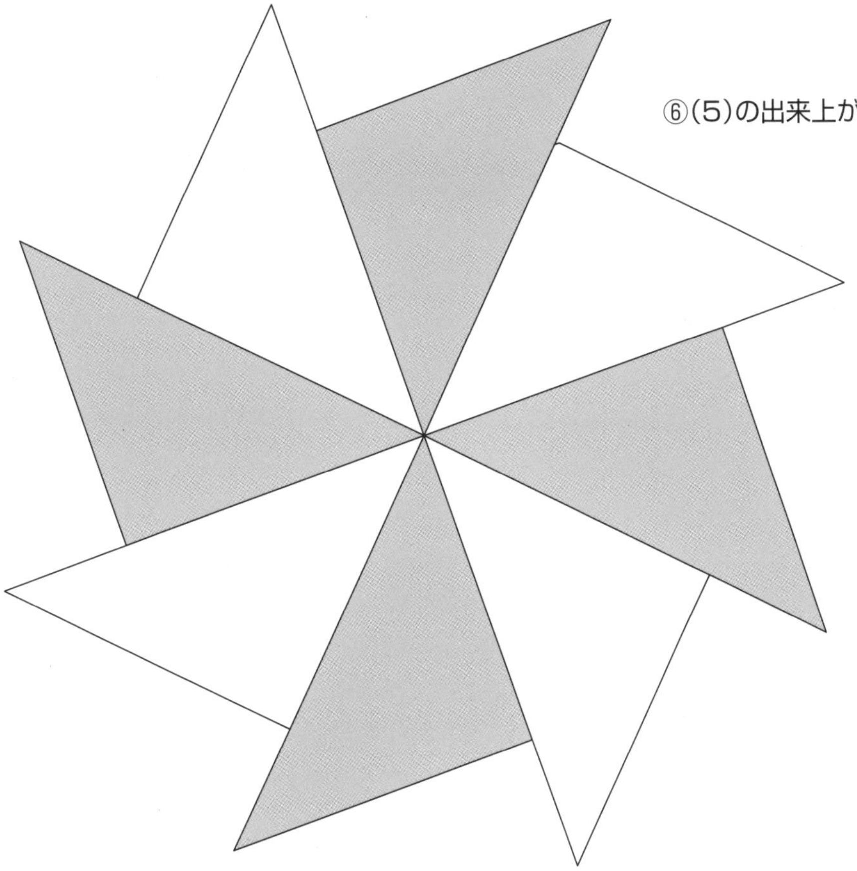

⑥(5)の出来上がりです。

組み合わせ方
バリエーション

こんな形も作ってみましょう。
8枚で作れます。

(7)・(8)共通の
ピースHの折り方

〈27ページの(7)と(8)〉

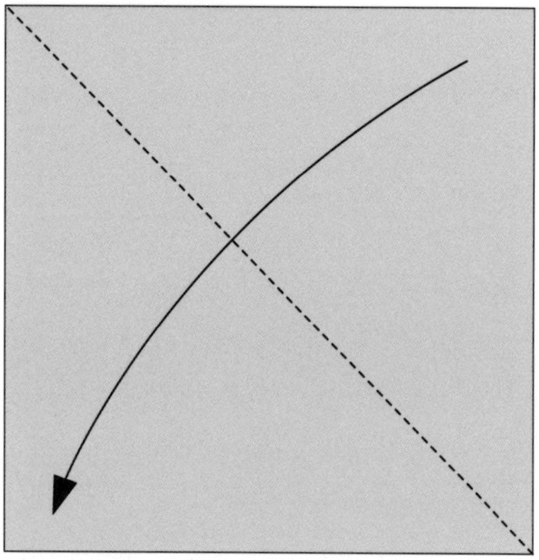

①見せたい色が内側になるように、
三角に折ります。

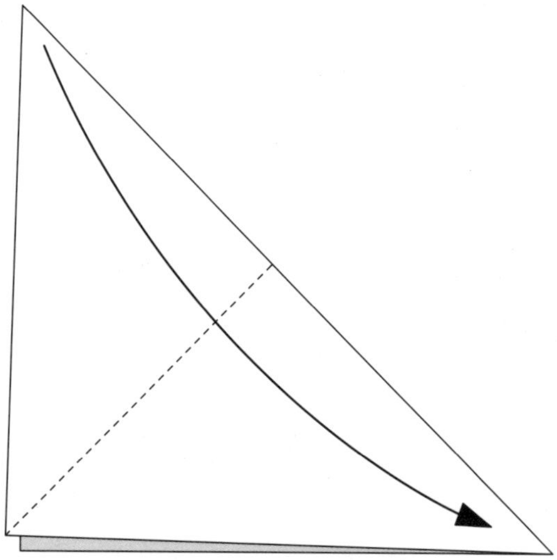

②もう一度三角に折ります。

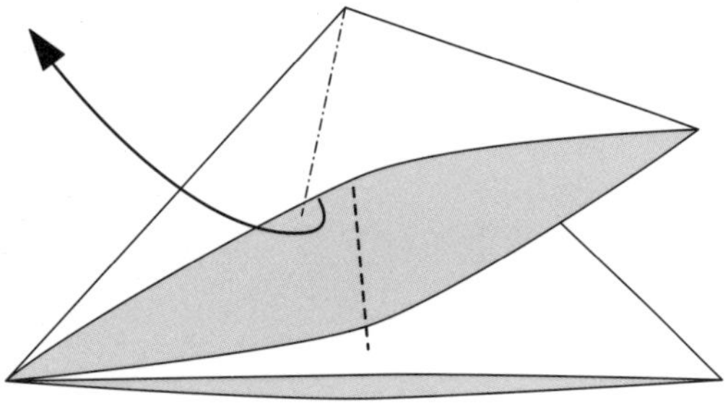

③片方を開きます。

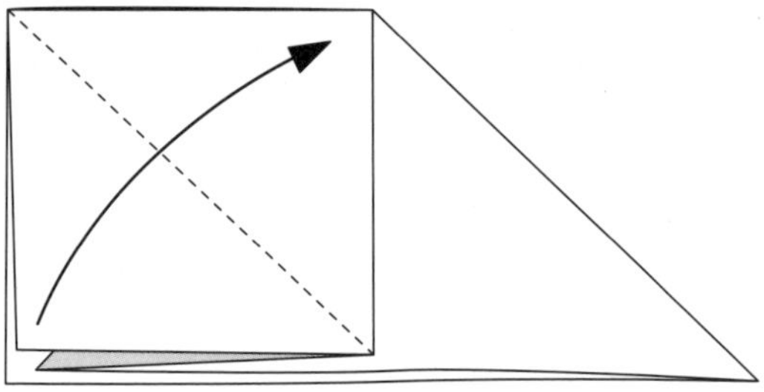

④開いた部分を三角形に折り上げます。

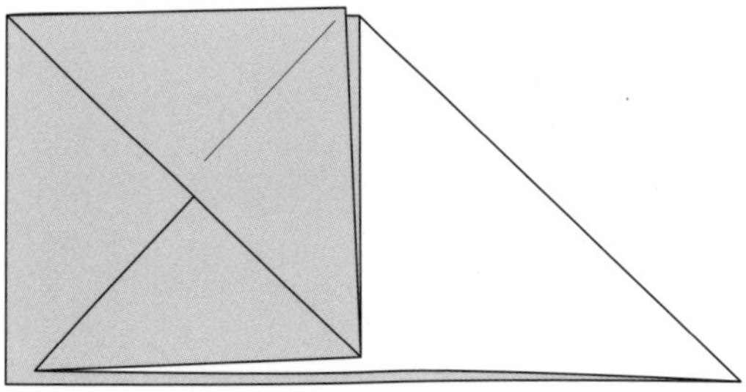

⑤見せたい色が正方形になって広くなりました。
ピースHの出来上がりです。

壁飾りなど

(7)の作り方

ピースHを下図のように組み合わせていきます。
8枚を組み合わせていくと、一周して出来上がりです。

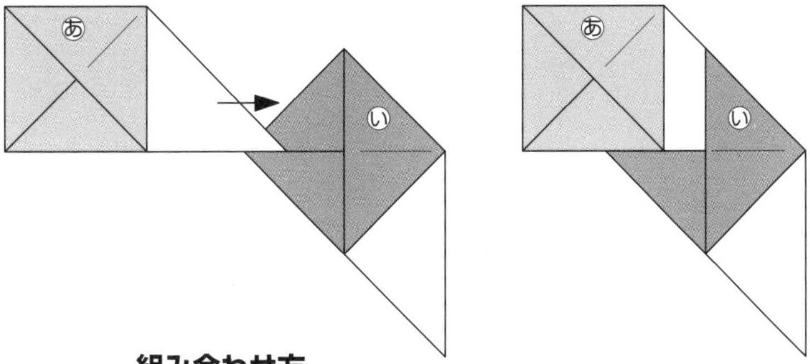

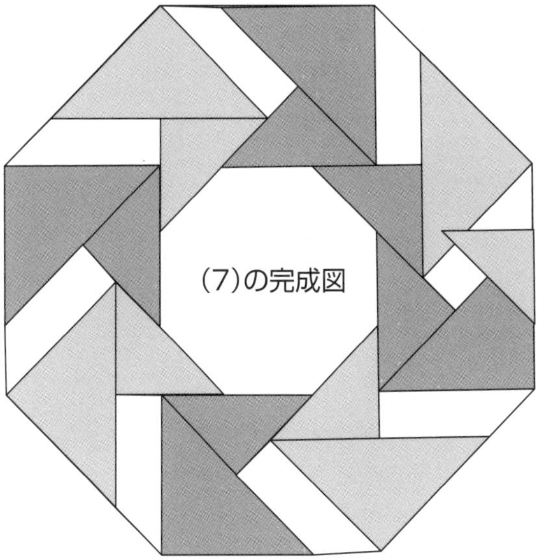

組み合わせ方

図のようにあのピースの三角形の部分を、いのピースの四角形の部分に差し込んでいきます。

※いろんな色の組み合わせでやってみましょう。
27ページの写真は、ホログラムキラキラ折り紙とオーロラ折り紙の組み合わせです。

壁飾りなど

(8)の作り方

ピースHを下図のように組み合わせていきます。
8枚で出来上がりです。

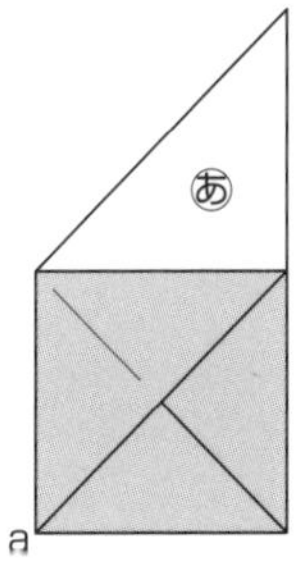

組み合わせ方

あのピースのaと、いのピースのbが一点で重なるように組み合わせていきます。

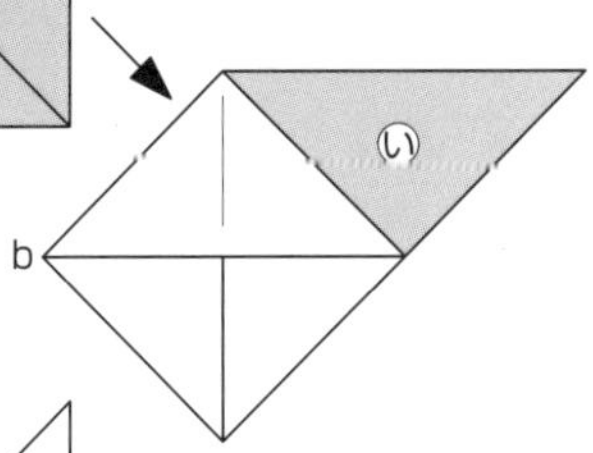

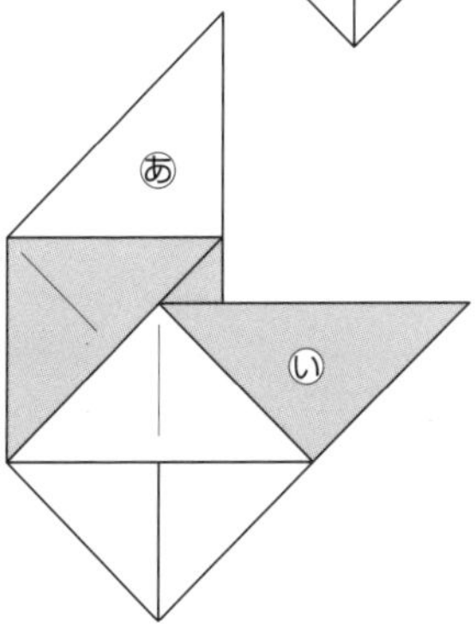

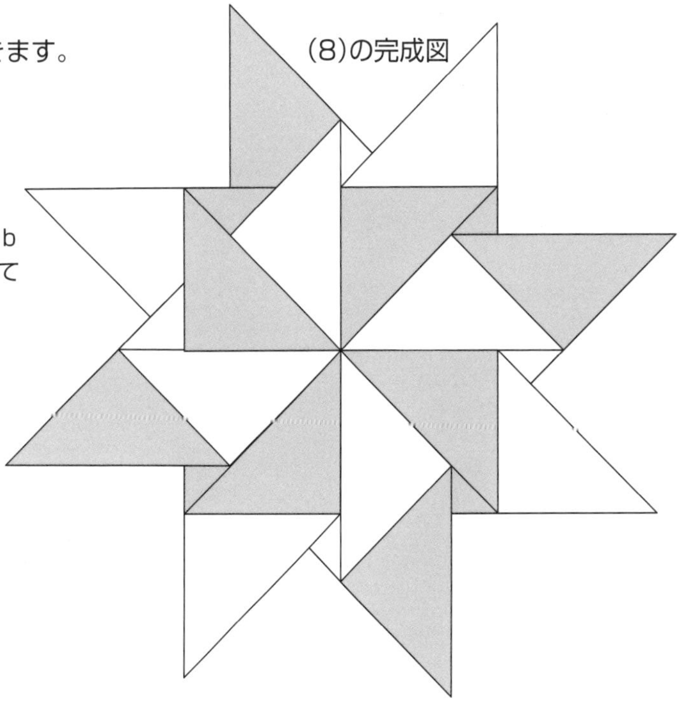

※いろんな色の組み合わせでやってみましょう。
27ページの写真は、赤と黒の両面創作折り紙を使っています。

壁飾りなど

手裏剣の折り方〈27ページ(9)の部品〉

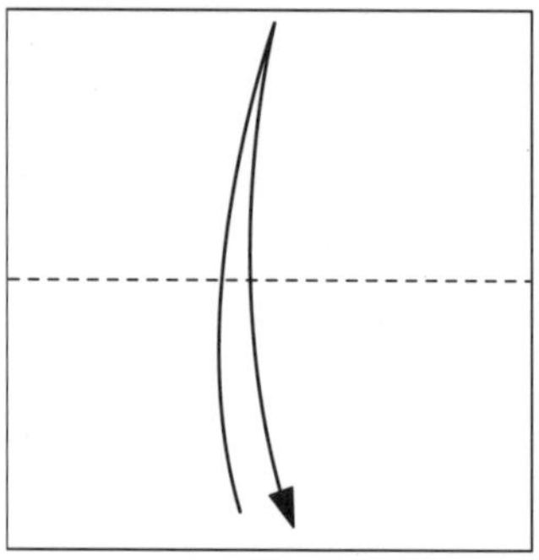

①色の違う紙を２枚用意します。それぞれを半分に折り、折り筋をつけたら元に戻します。

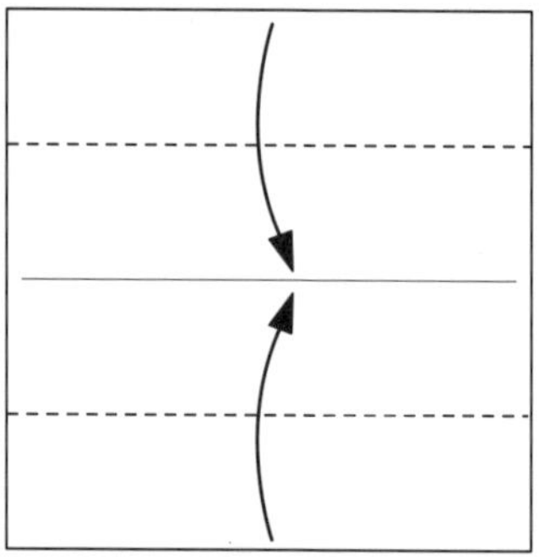

②真ん中の折り筋に合わせて、両端から半分に折ります。

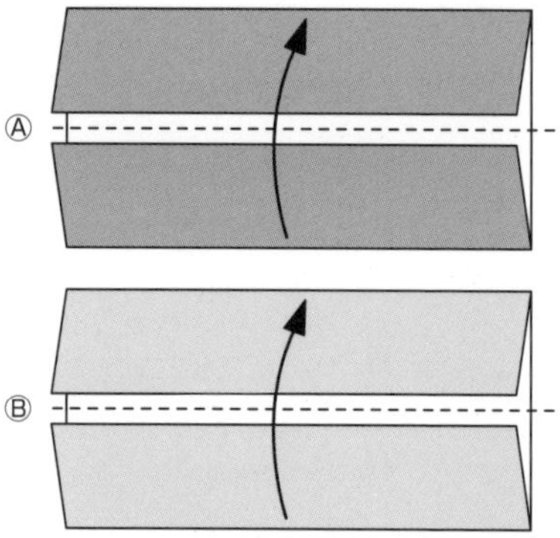

③さらに半分に折り上げます。これをⒶⒷ２色で作ります。

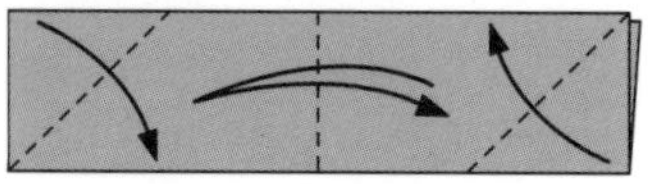

④真ん中で折り筋をつけてから、Ⓐの左角を下に、右角を上に折ります。

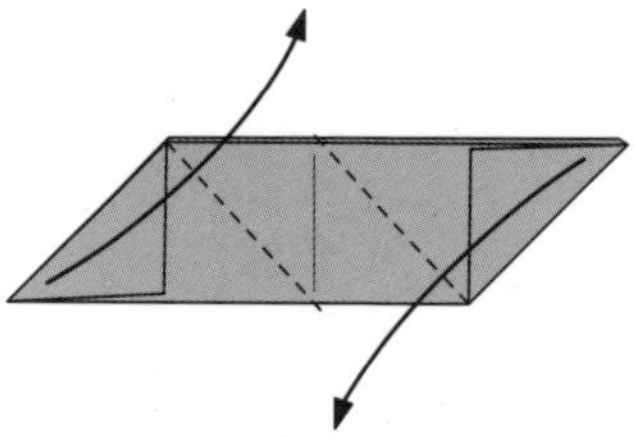

⑤折り筋に沿って、左側を斜め上に、右側を斜め下に折ります。

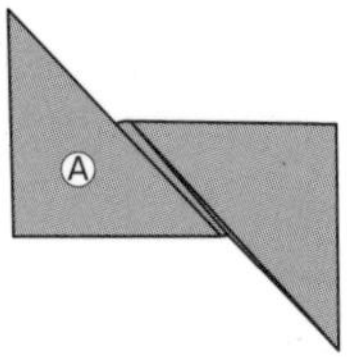

⑥このようになります。Ⓐの出来上がりです。

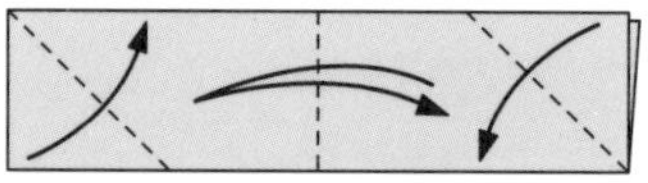

⑦真ん中で折り筋をつけてから、Ⓑの左角を上に、右角を下に折ります。

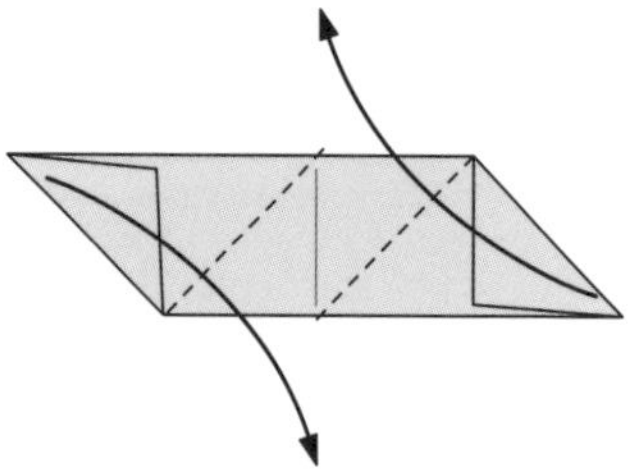

⑧折り筋に沿って、左側を斜め下に、右側を斜め上に折ります。

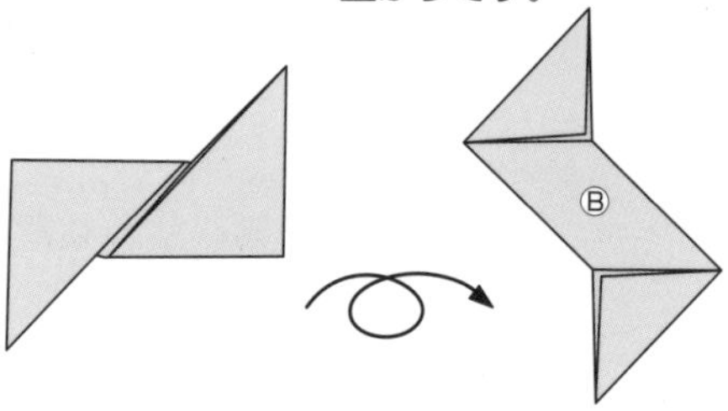

⑨裏返します。Ⓑの出来上がりです。

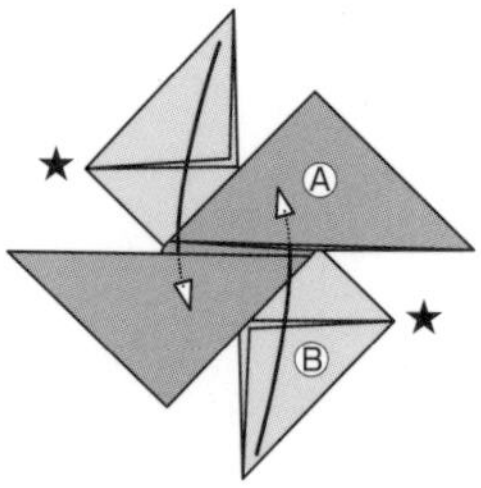

⑩Ⓑの上にⒶを重ね、Ⓑを★印の所で折り、互いにⒶに差し込みます。

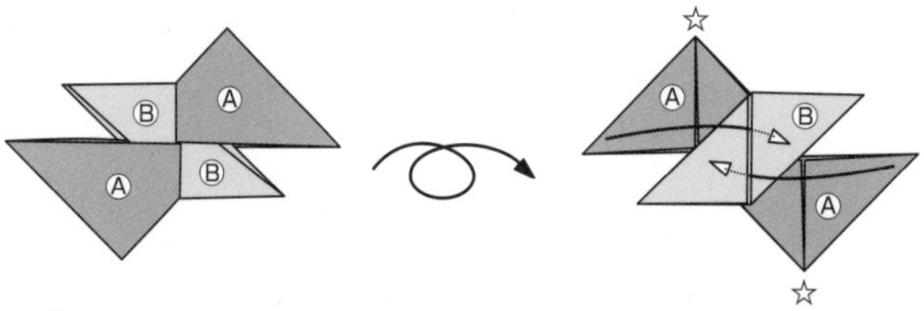

⑪裏返して、Ⓐを☆印の所で折り、互いにⒷに差し込みます。最後は、ぐいっと入れます。

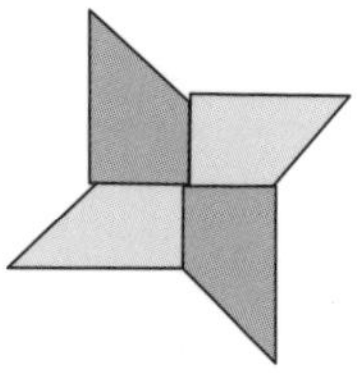

⑨手裏剣の完成です。

※27ページの写真のように組み合わせると、鍋敷きコースターになります。
ほかにももっとおもしろい組み合わせがあるかもしれません。やってみましょう。

不思議なコースターの折り方・作り方〈28ページ〉

原案：ロバート・ニール

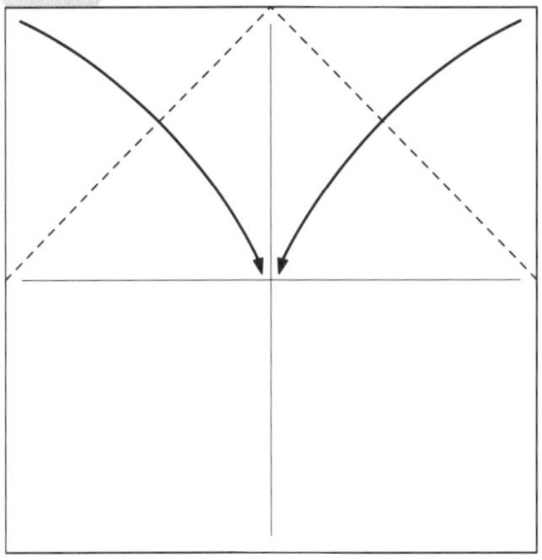

①真ん中に折り筋がつくように折り、元に戻し、上の角二つを折ります。

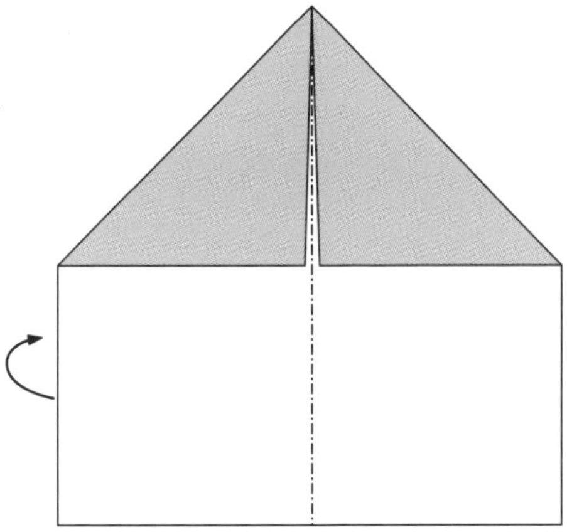

②真ん中で山折りにします。

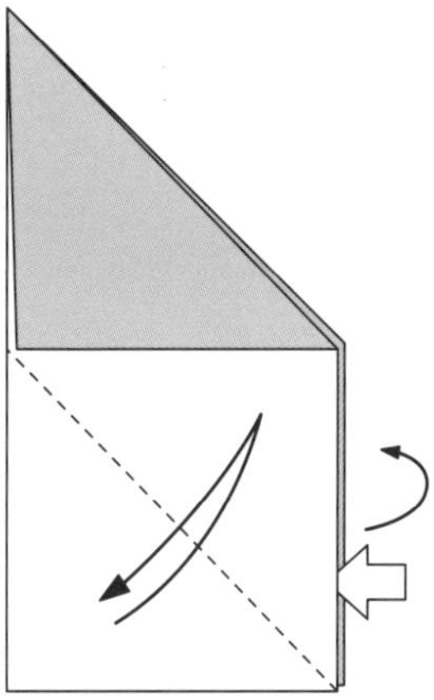

③折り筋をつけ、開きます。

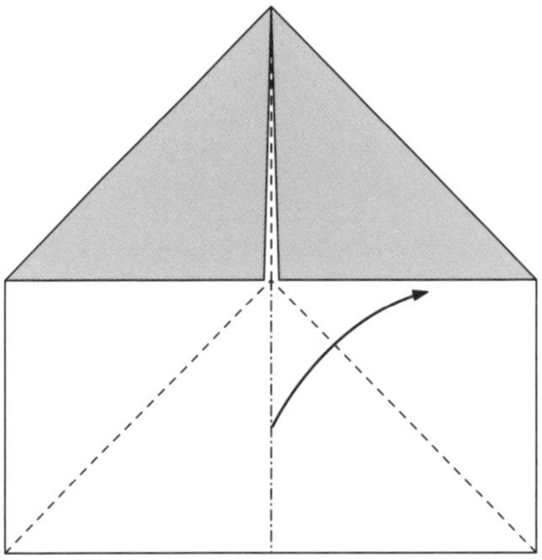

④折り筋に合わせて折り込みます。

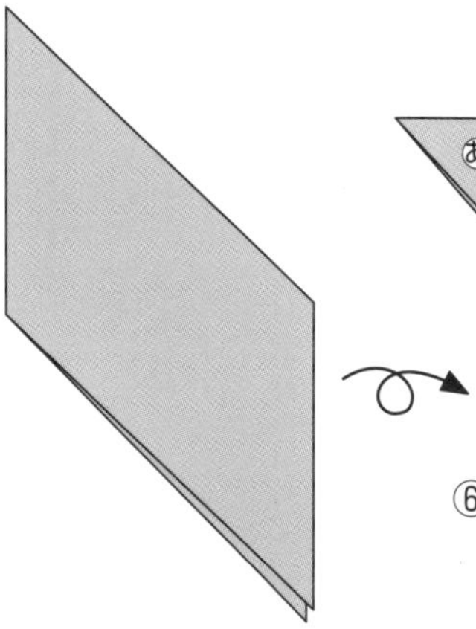

⑤ピースが一つできました。同様にあと７個作ります。

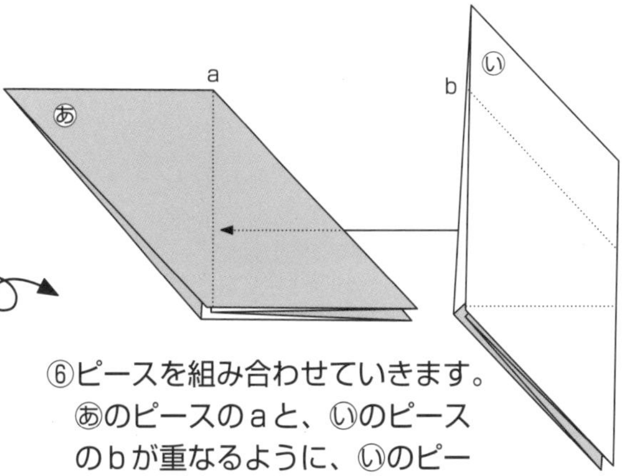

⑥ピースを組み合わせていきます。あのピースのａと、いのピースのｂが重なるように、いのピースをあのピースの間に差し込みます。

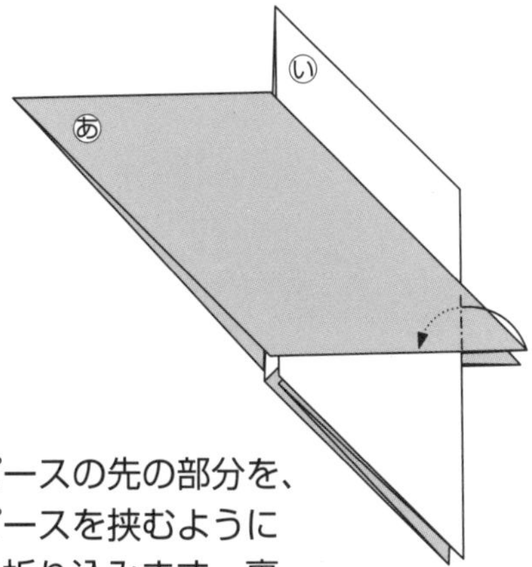

⑦あのピースの先の部分を、いのピースを挟むように内側に折り込みます。裏も同様に折り込みます。

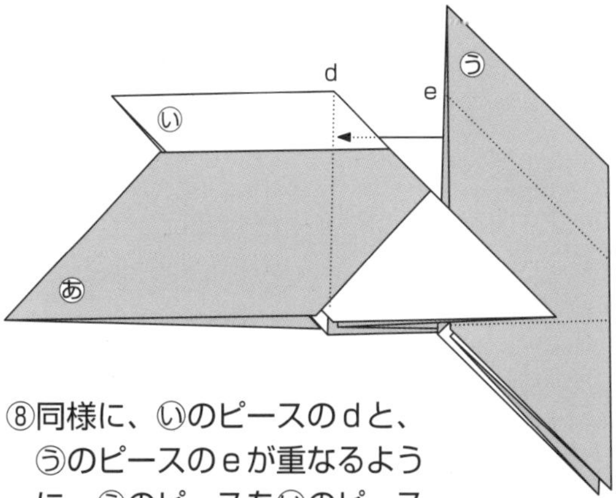

⑧同様に、いのピースのｄと、うのピースのｅが重なるように、うのピースをいのピースの間に差し込みます。

(次のページに続く→)

不思議なコースターの折り方・作り方〈28ページ〉

(→前ページの続き)

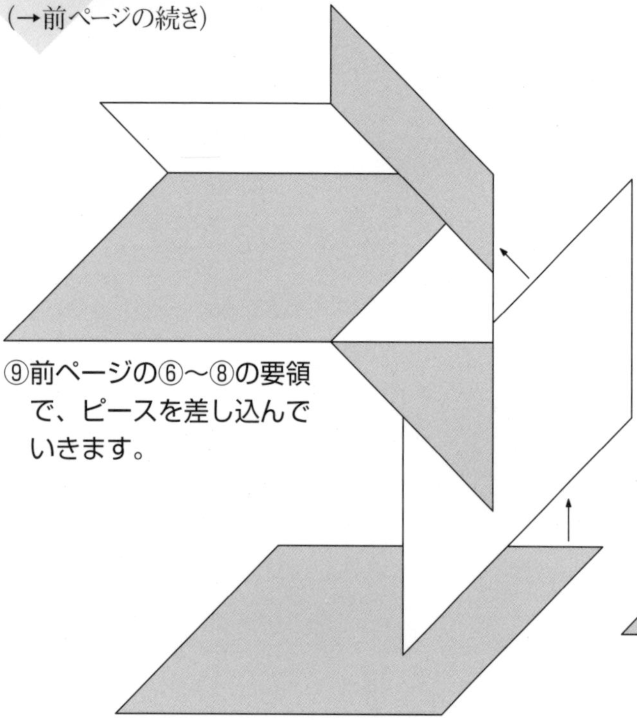

⑨前ページの⑥〜⑧の要領で、ピースを差し込んでいきます。

⑩一周して8個のピースがつながったら、fの部分を折り、差し込みます。裏側も同様にします。

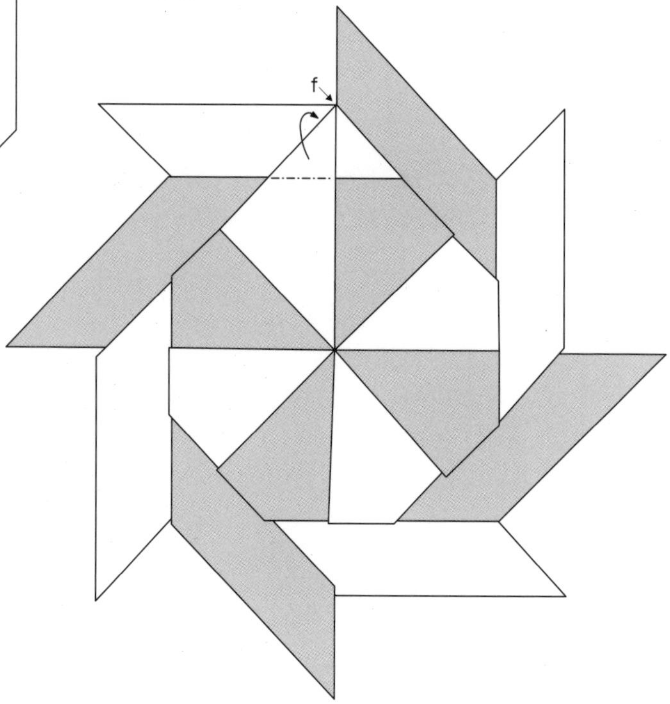

⑪不思議なコースターの完成です。

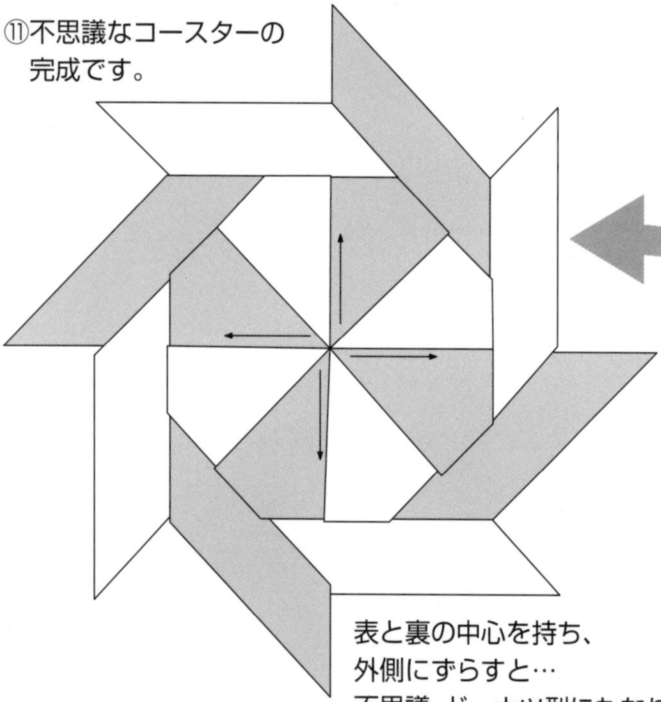

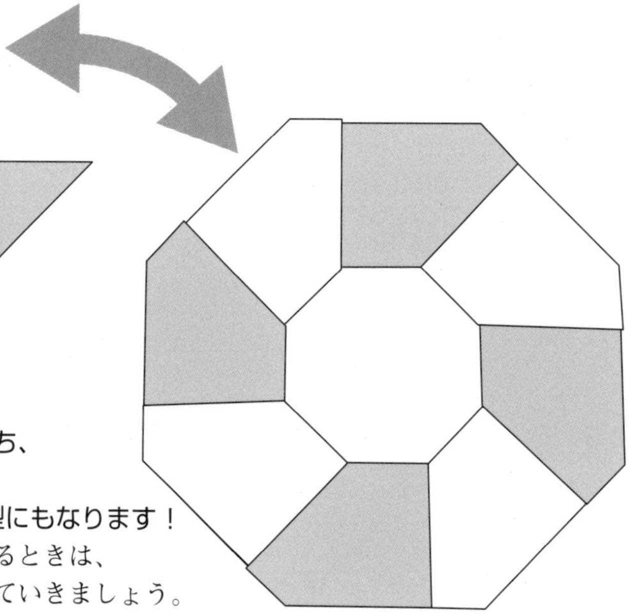

表と裏の中心を持ち、
外側にずらすと…
不思議、ドーナツ型にもなります！
※ドーナツ型にするときは、
少しずつ動かしていきましょう。

ゲームとして楽しめるものを

飛距離累積カエル跳ばしゲーム

踏み切り線を作り、そこからカエルを跳ばして「飛距離」を測定します。3回跳ばしてその合計を各自で計算していただき、優勝者を決めましょう。

まずはスタッフと、担当している高齢者の方のふたりで始めてもよいでしょう。49ページも参考にしてください。

カエルの作り方は
50〜51ページです。

ゲームとして楽しめるものを

頭脳明晰！ 計算魚釣りゲーム

例えば、「キンギョは１点、コイは３点、エンゼルフィッシュは５点です。計算しながら、できるだけたくさん釣ってください。１分間で何点取れるか競争です！　まずＡさんとＢさん、勝負です。よーい、始め！」と、近くにいる方だけで始めてみてはどうでしょうか。単純計算の繰り返しは、頭脳の働きを活発にするそうです。49ページや58〜59ページも参考にしてください。

魚②コイ
折り方は54〜55ページ。

魚①フウセンキンギョ
折り方は52〜53ページ。

魚③エンゼルフィッシュ
折り方は56～57ページ。

スタッフとゲームの参加者で、いろんなルールを作って楽しみましょう。

- 魚の種類以外に、色・柄別で点数を決める。
- 釣った魚を開いたら、ボーナスポイント（点数2倍など）が書いてある。
- 三人 1組にして、チーム対抗戦にする。など…

長いさおも用意するとよいでしょう。
車いすの方は、短いさおの方がよいでしょう。

さお、釣り堀の作り方などは58～59ページです。

ゲームとして楽しめるものを

痴呆防止？ トントンずもうゲーム

トントンという音を聞く＝聴覚、折り紙力士の動きを目で追う＝視覚、土俵をたたく＝触覚など、感覚を刺激する「痴呆防止のゲーム」です。

勝負がついたときに「今の決まり手はなんでしょうね？」などと問いかけて、みなさんで意見を出し合えるようにすれば、結構盛り上がるかもしれません（参考までに、「すもうの決まり手一覧」を64ページに掲載しています）。63ページの番付表や64ページのトーナメント表などを活用しながら、痴呆防止につながるようなルールを考えてみましょう。

折り紙力士の折り方は60～61ページ、
土俵の作り方は62ページです。

ゲームとして楽しめるものを

高齢者の方とのコミュニケーションのヒントと注意事項

この単元の意図

●折り紙をただ折って楽しむ、作品として仕上げる以外に、折ったものを使ってゲームを楽しむこともできます。折ること自体より、こちらの方を好まれる方もいらっしゃるでしょう。また、折る楽しみにプラスアルファの楽しみが加わることも考えられるでしょう。折ることで指先を動かして脳の活性化を図り、さらにゲームで発語を促したり、想像力や集中力を働かせたりすることができるでしょう。

高齢者の方の好まれる傾向

●高齢者の方は、子どもっぽいあそびを敬遠される向きがありますが、ゲームとしてきちんと説明すれば、楽しんでいただけることも多いものです。子ども扱いするのではなく、大人が楽しむゲームとして紹介しましょう。ゲームのネーミングだけでも違ってきますし、ルールを少しつけ加えるのもよいでしょう。

例 **45p カエル幅跳びゲーム**…カエルの跳んだ距離を、メジャーでミリ単位まで計測して競います。

46p 1分間魚釣りゲーム…ストップウォッチで1分間をきちんと計り、時間内に何匹釣れるかを競います。

48p 大ずもう○○○場所…折った力士にしこ名をつけ、トーナメント形式で優勝を決め、その成績により番付表を作ります。

コミュニケーションのヒント

●45ページ…折ったカエルに、父カエル・ひっくりカエル・○○(名字や名前)カエル・若ガエル・見ちガエル・生きカエルなど、ユニークな名前をつけてみましょう。おもしろい名前を発表しあうだけでも、場が明るくなります。

●46ページ…その場の高齢者の方の状況に合わせてルールを作りましょう。さおを長くするとかして、難度を上げることもできるでしょう。また、コイ＝5点・キンギョ＝3点・エンゼルフィッシュ＝7点などと決めておいて、「計算して競うことにしましょうか」などのことばがけもできます。良いアイデアがないか、高齢者の方にお聞きしてみるのもよいでしょう。

●48ページ…ユニークなしこ名をつけて楽しみましょう。キンキラ山《やま》・ピンク錦《にしき》・晩昇竜《ばんしょうりゅう》・金山《きんざん》・銀山《ぎんざん》・赤富士山《やま》・○○(名字や名前)＋山、川、花、竜、海など。スタッフは「行司は○○三太夫《さんだゆう》です」などと言って、「はっけよーい、のこった！　のこった！」と掛け声をかけて盛り上げてください。

注意点
- 必ず準備してから始めましょう。参加される高齢者の方が折るのが難しいようなら、スタッフがいろんな色柄の紙で折っておきましょう。そこからカエルや力士を選んでいただくというのも一つの方法です。また、池や釣りざおや土俵といったものも準備し、一度試しておくことが重要です。
- その他、メジャー、ストップウォッチ、記録表、トーナメント表、番付表なども、できるだけ用意しましょう。

具体例
- 15日間の本場所期間が終わったときに、すもう好きの方にお話しするところから始めましょう。

「この場所は○○○が優勝ですか。強かったですね」
「わたしは○○○は嫌いでね、△△△をいつも応援してるんです」
「そうですか、どうして△△△が好きなんですか？」
「実はわたしの故郷《くに》は△△△と同じ□□でね…」
「へえーっ、そうなんですか。いくつまでいらしたんですか？　□□に」
「十八まででですよ。それからこっちへ出てきたんだ」
「昔からおすもうお好きでした？」
「そう、若いころから好きだったよ。わたしもこう見えて強かったんだ」
「じゃあ、わたしとおすもうしてみませんか？」
「えっ？！　あんたと？」
「そう、折り紙ずもうですよ」
「なんだ、びっくりした」
「はい、Dさんの△△△はこれで、わたしの○○○はこれです」(と言って色違いの折り紙力士を見せます)
「用意がいいねえ。土俵は…」
「これですよ」(缶に丸い紙をはったものを出す)
「よーし、じゃあやるか」
「負けませんからね」
「よし来い。はっけよーい、のこった！」

と、こんな感じで、おひとりをお誘いすることから輪を広げていくのもよいかもしれません。楽しそうな所に、人は集まってきます。

飛距離累積カエル跳ばしゲーム

カエルの折り方〈45ページ〉

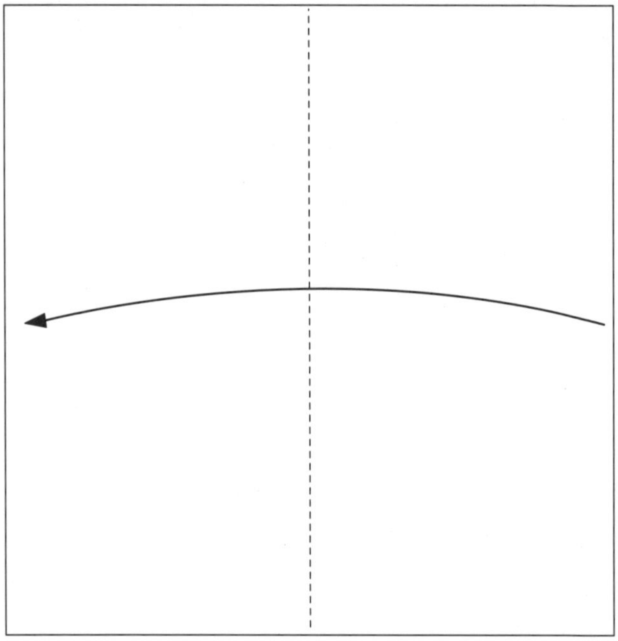

①半分に折ります。

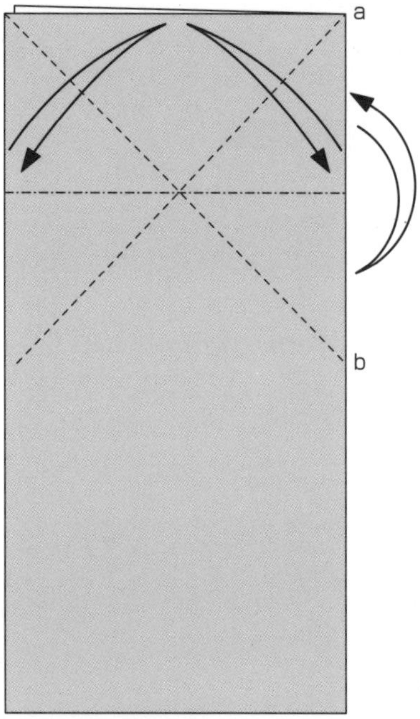

②左右の角を折り、折り筋をつけて元に戻します。
ａとｂが重なるように山折りし、折り筋をつけて元に戻します。

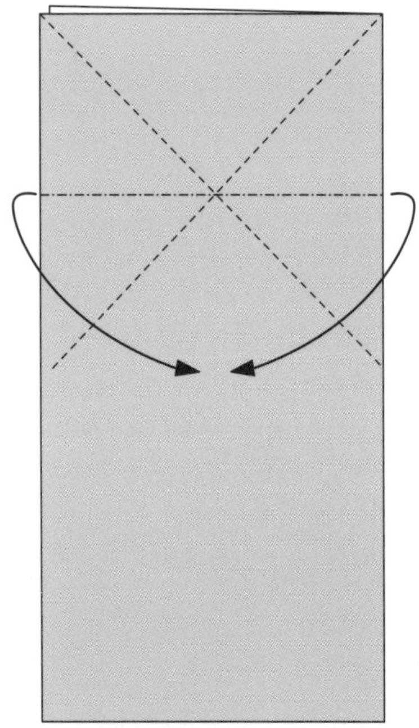

③折り筋に合わせて三角形に折り畳みます。

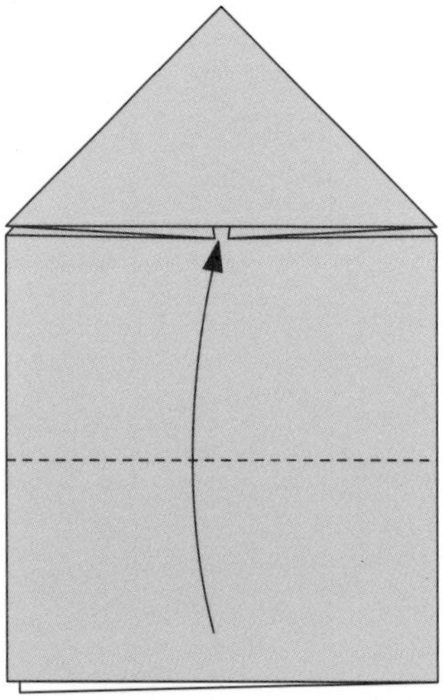

④三角形の下まで折り上げます。

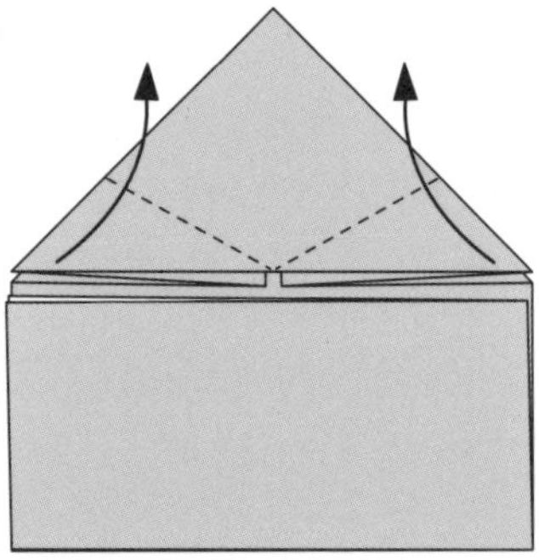

⑤三角形の先を、両方とも斜めに折り上げます。

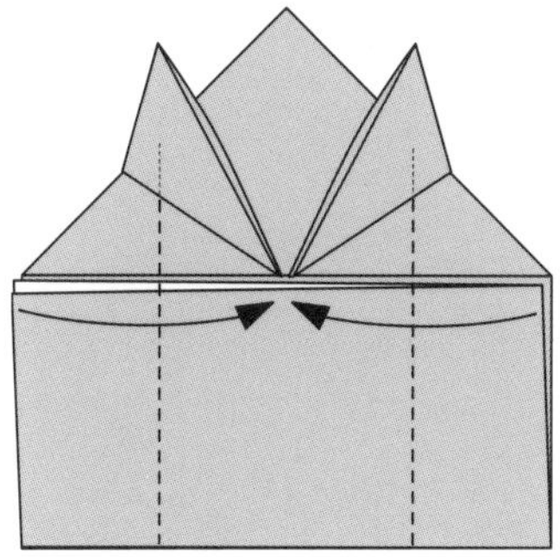

⑥斜めに折り上げた三角形の下の部分だけを、左右から真ん中に向かって折ります。

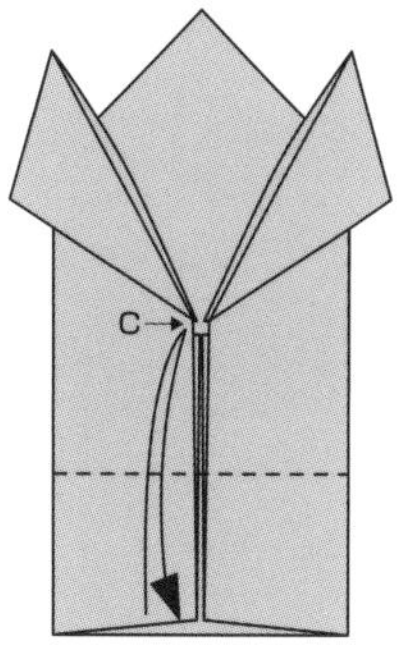

⑦ｃの位置まで折り上げて、元に戻します。

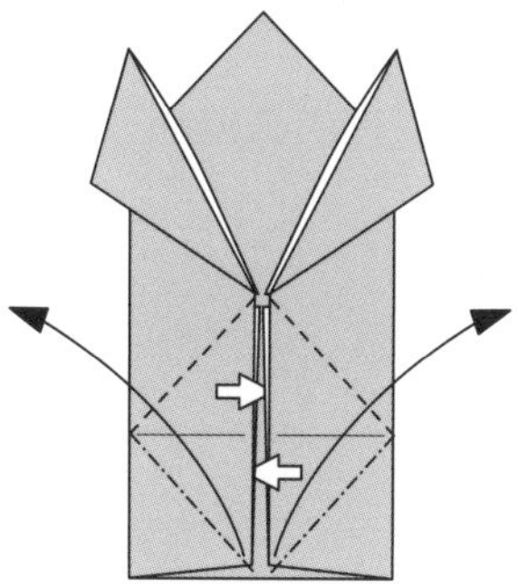

⑧左右に開くようにして、折り上げます。

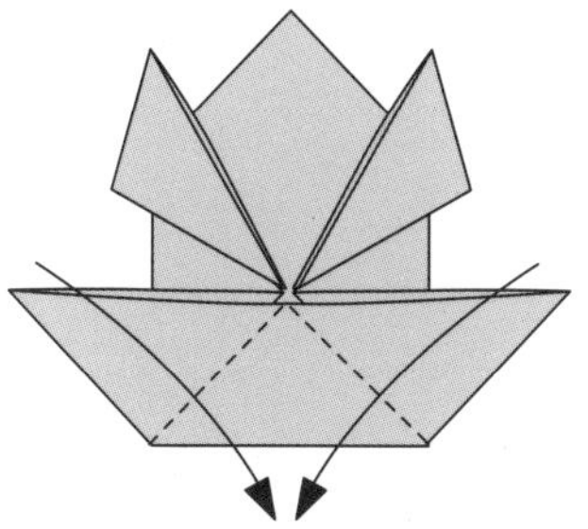

⑨左右のとがった先を折り下げます。

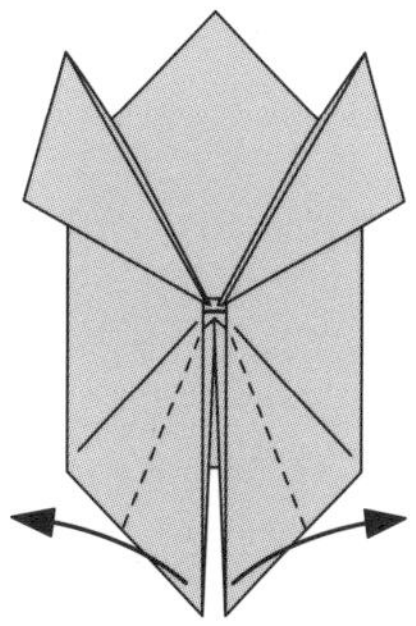

⑩下のとがった先を、斜めに折ります。

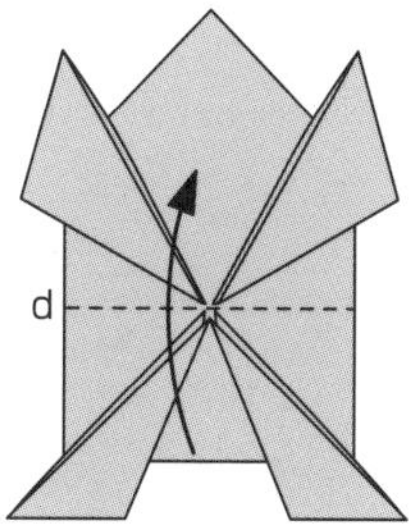

⑪ｄの線で折り上げます。

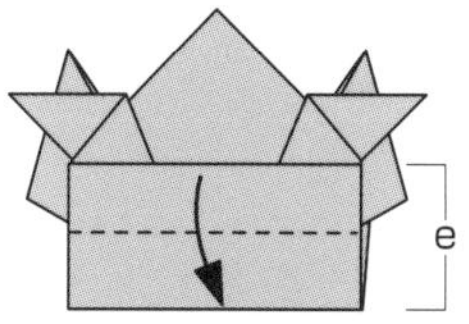

⑫ｅを半分に折り下げます。

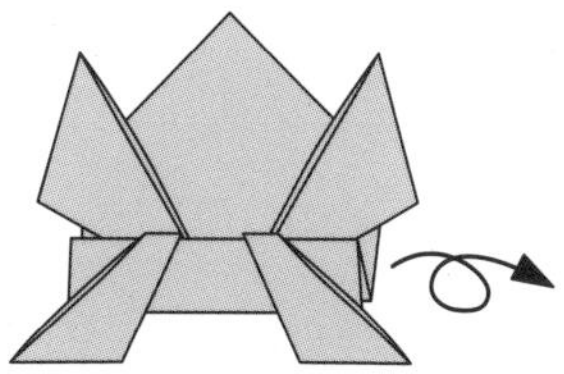

⑬ひっくり返して…

跳ばし方

★印の部分をひとさし指で強く押さえておいて、指を離すと勢いよく跳んでいきます(45ページの写真参照)。

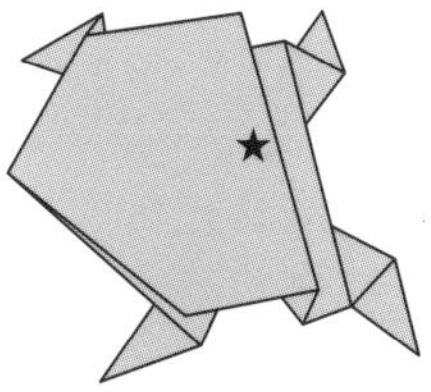

⑭完成です。

頭脳明晰！ 計算魚釣りゲーム

魚①の折り方〈46～47ページのフウセンキンギョ〉

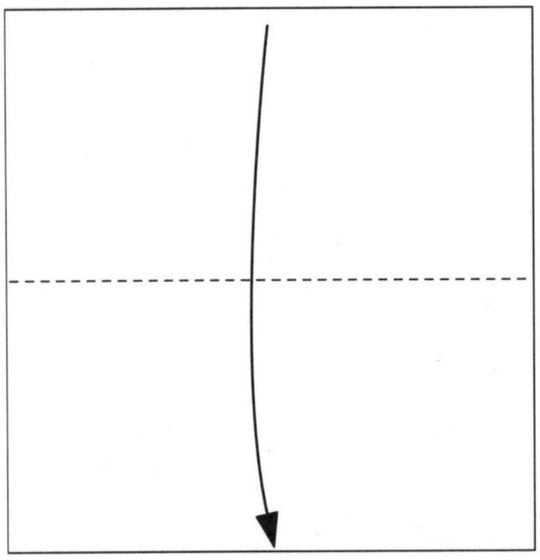

①半分に折ります。

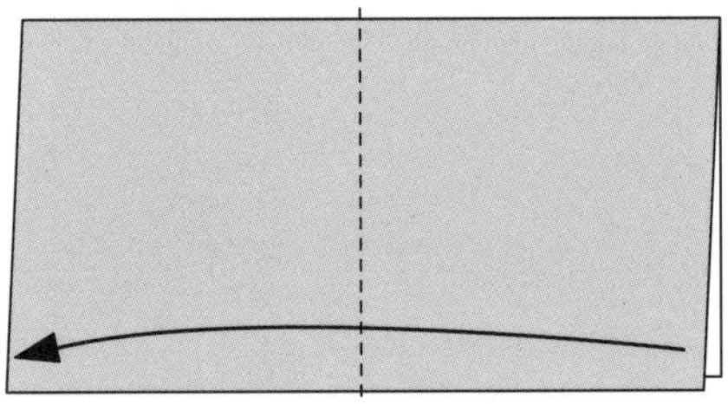

②もう一度半分に折ります。

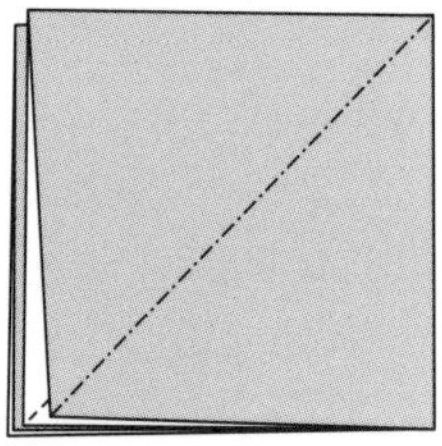

③袋になっている所を開いて、三角に折ります。

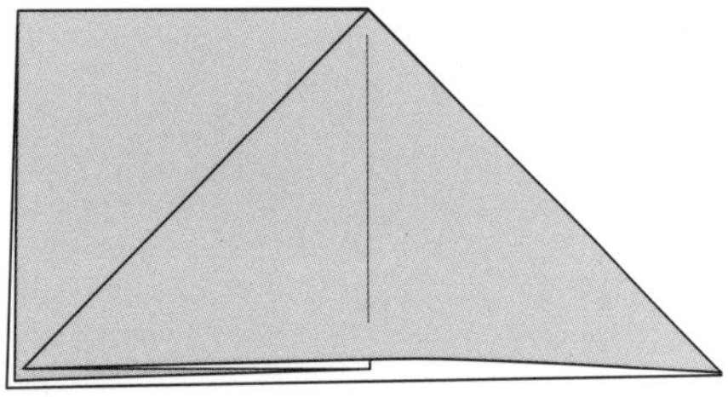

④裏返します。

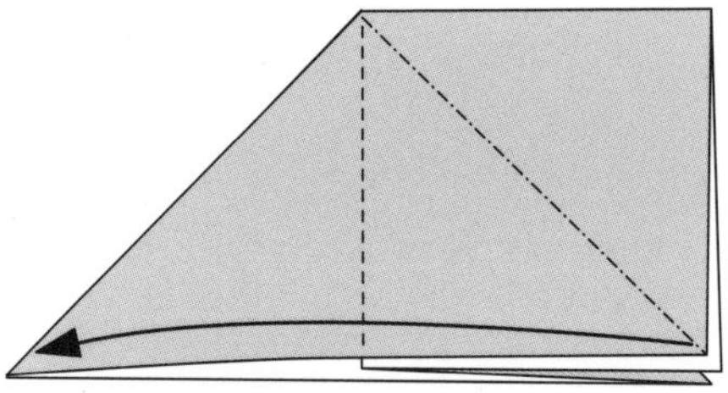

⑤上の四角の袋になっている所を開いて、三角に折ります。

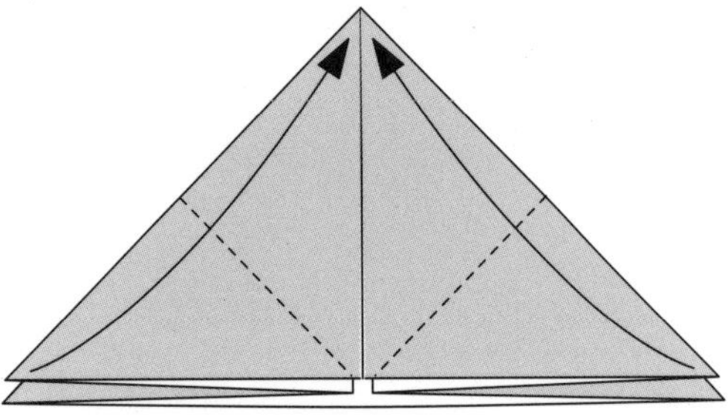

⑥角と角を合わせるように折り上げます。

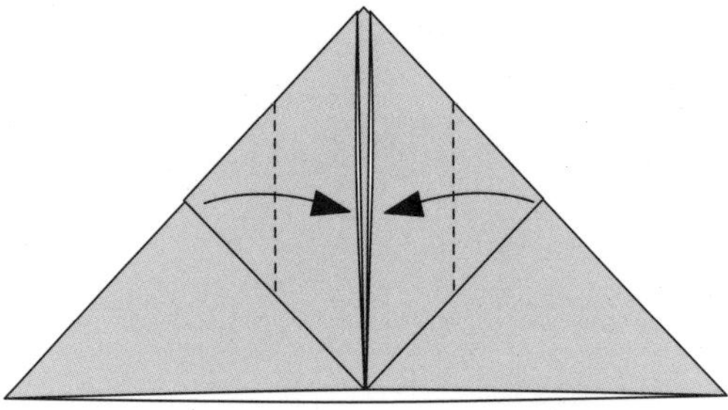

⑦左右の三形の角を、真ん中まで折ります。

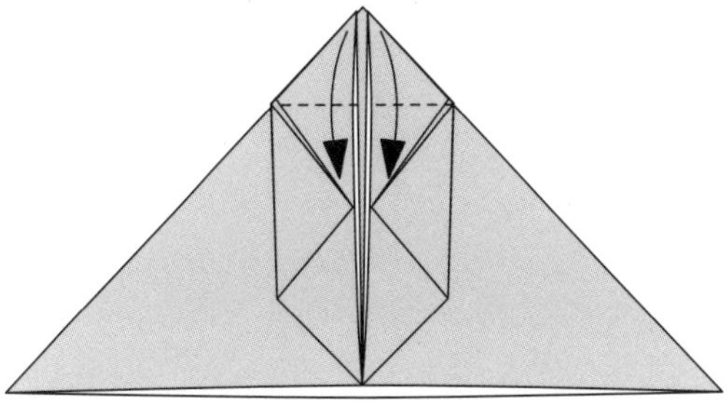

⑧小さい三角形を、半分に折り下げます。

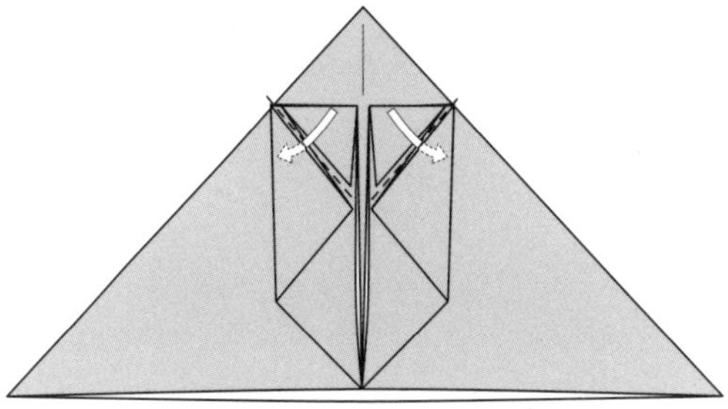

⑨角を、三角形の袋の中に折り込みます。

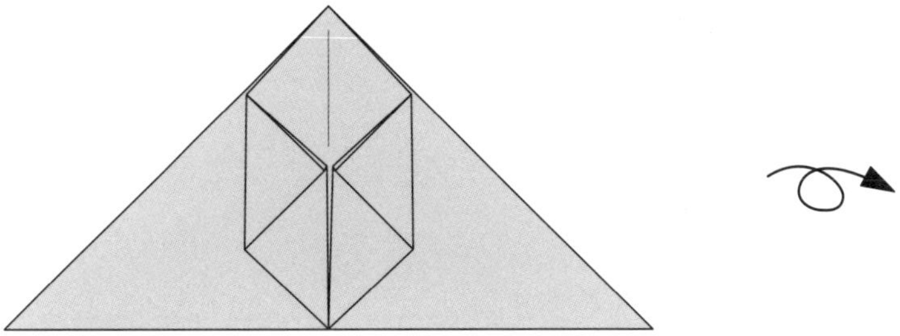

⑩裏返します。

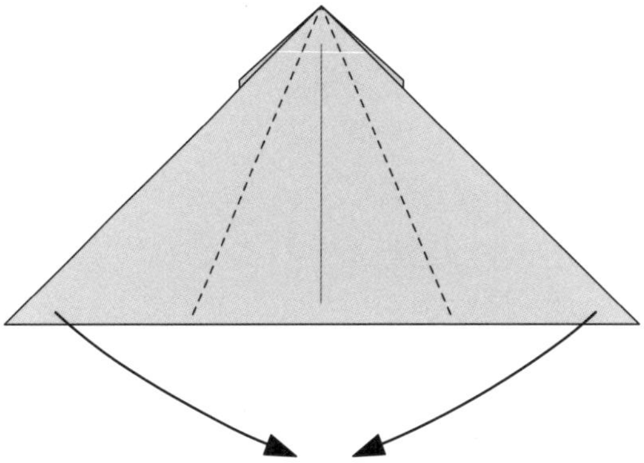

⑪真ん中の折り筋に合わせて、斜めに折り下げます。

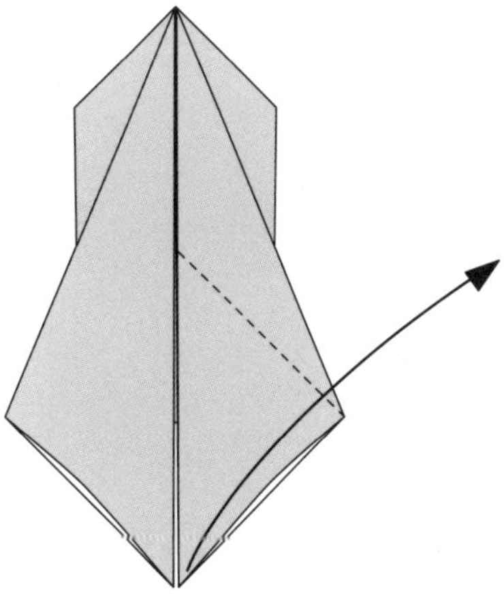

⑫右側の三角形を、斜めに折り上げます。

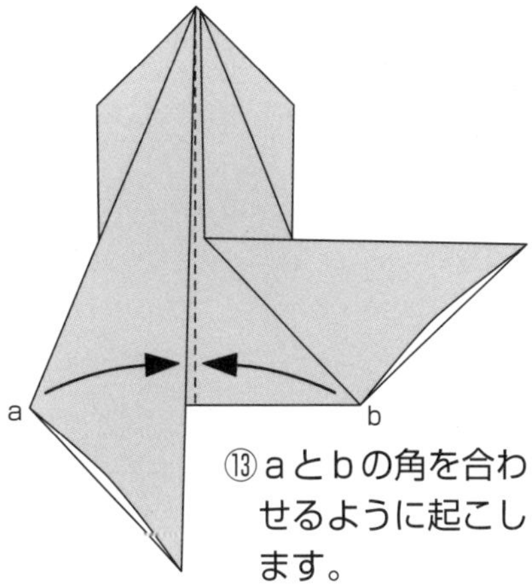

⑬aとbの角を合わせるように起こします。

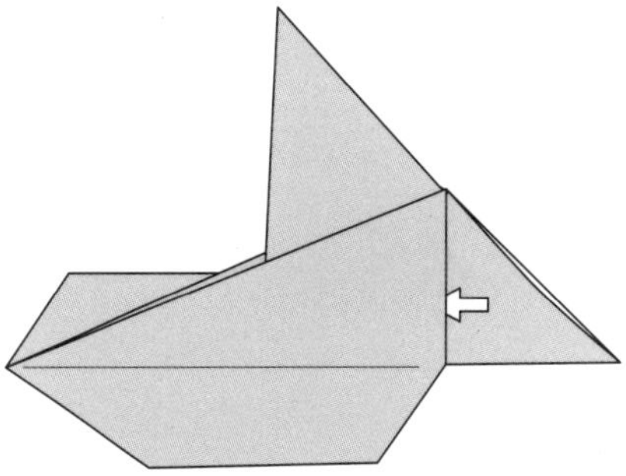

⑭矢印の部分から息を入れます。
※魚釣りゲームに使うときは膨らませません。

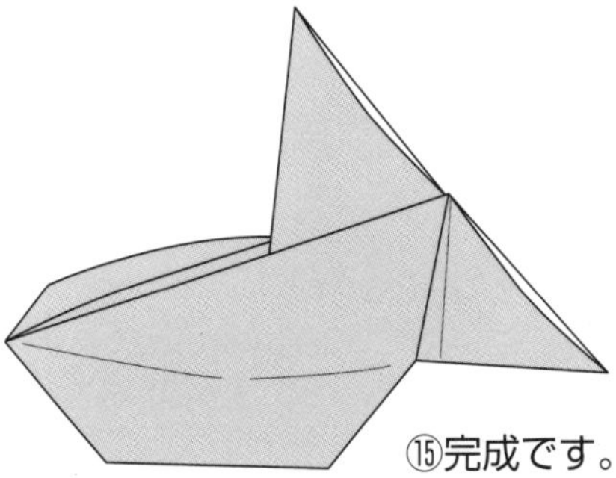

⑮完成です。

※いろんな色柄の紙を使って折りましょう。

頭脳明晰! 計算魚釣りゲーム

魚②の折り方〈46～47ページのコイ〉

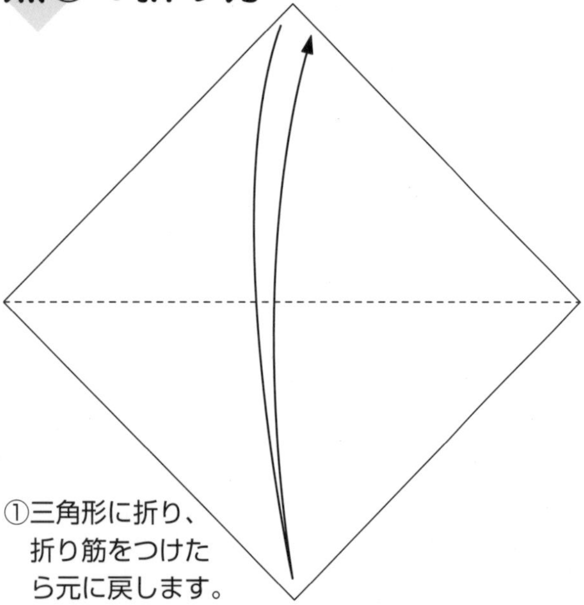

①三角形に折り、折り筋をつけたら元に戻します。

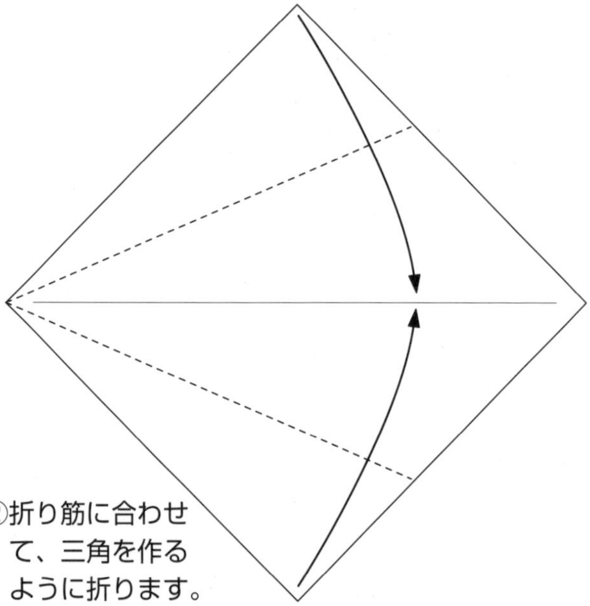

②折り筋に合わせて、三角を作るように折ります。

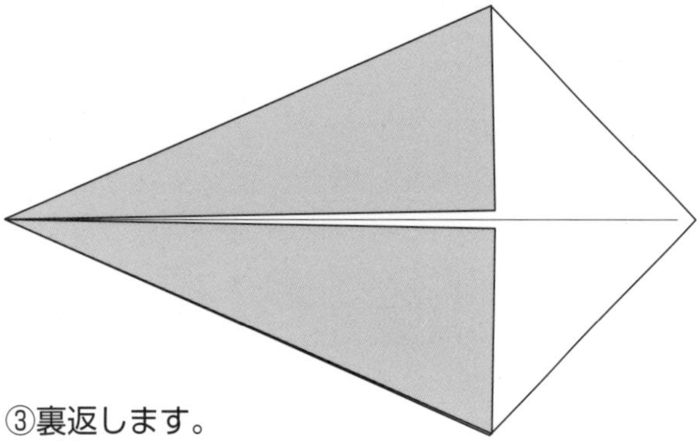

③裏返します。

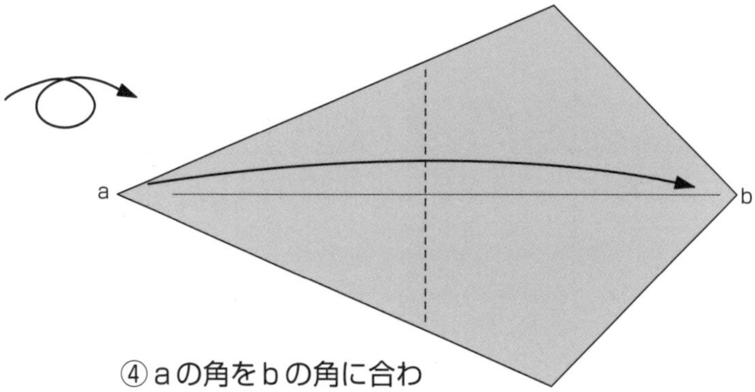

④ a の角を b の角に合わせるように、半分に折ります。

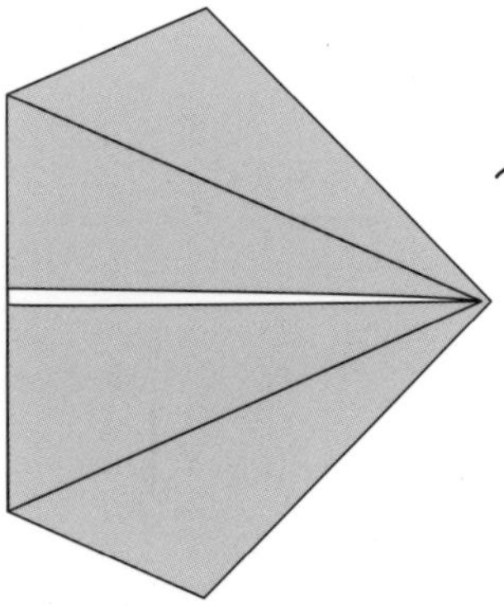

⑤裏返します。

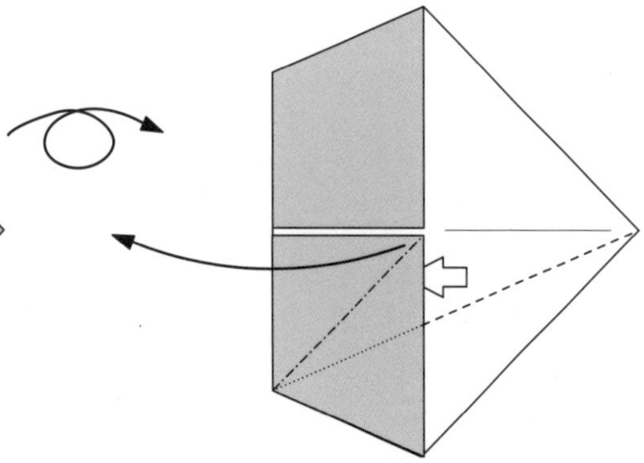

⑥袋になっている所を開いて、左側へ折ります。

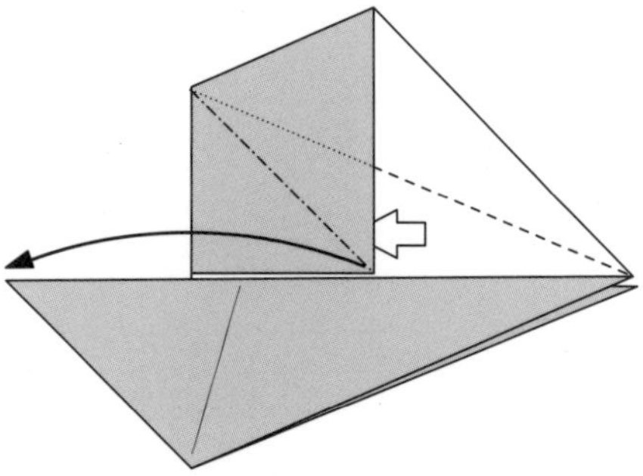

⑦もう一方も同じように折ります。

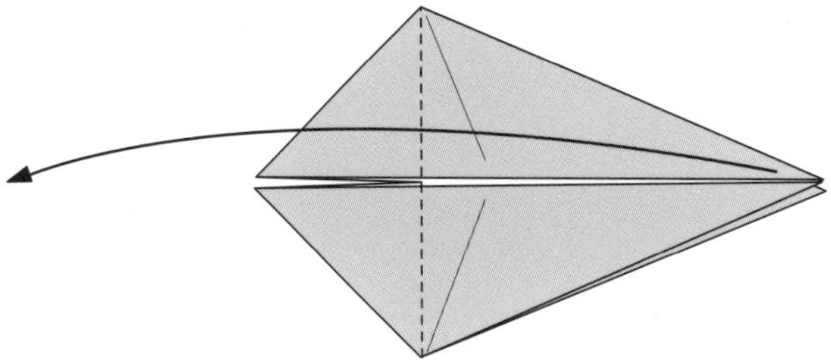

⑧上の三角形を、反対側に折ります。

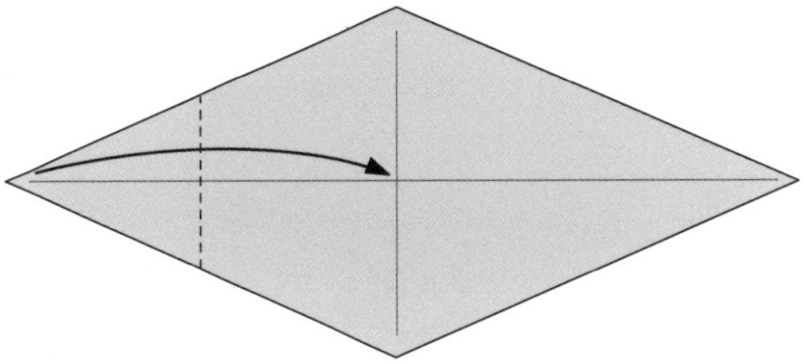

⑨ひし形の左側を、真ん中の折り筋に合わせて半分に折ります。

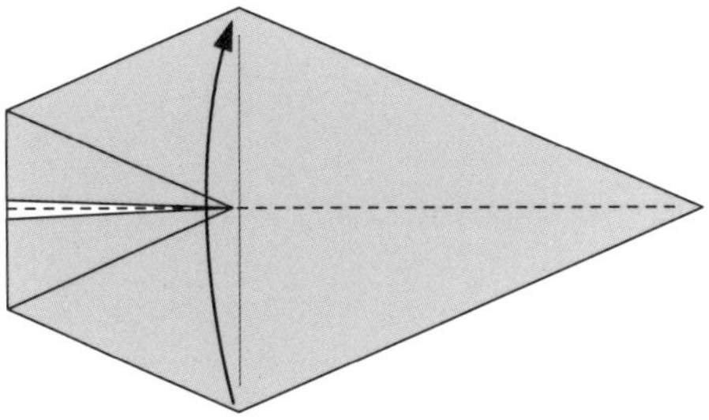

⑩縦半分に折り上げます。

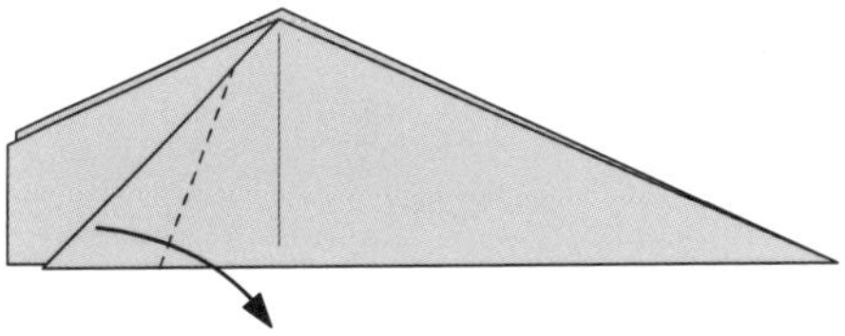

⑪左側の三角形の部分を、斜めに折ります。

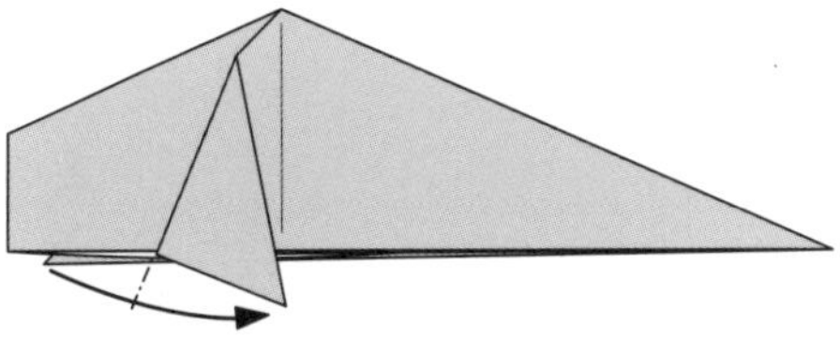

⑫裏側も同様に折ります。

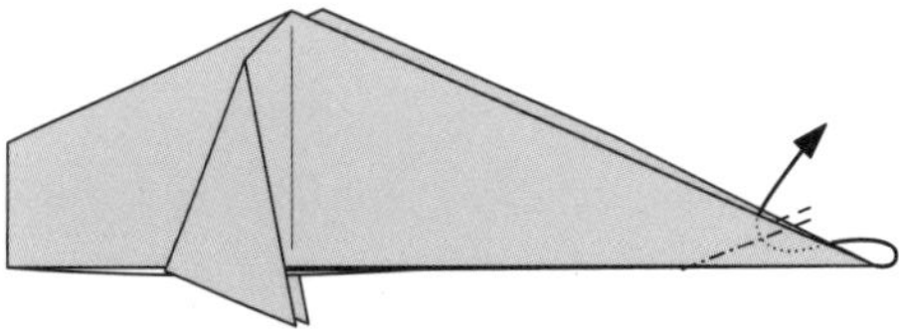

⑬右側の三角形の部分を、中割り折り（左下の図参照）にします。

中割り折り

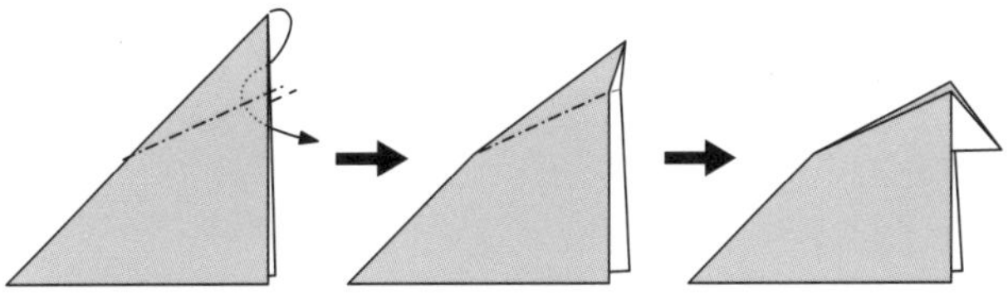

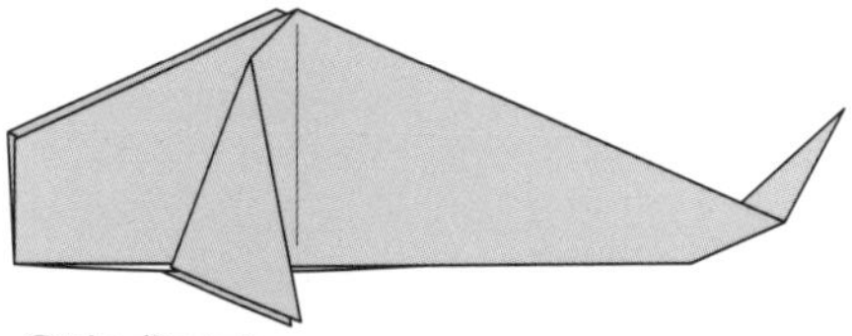

⑭完成です。
※いろんな色柄で折ったり、目やエラ、ウロコの模様をかいたりしましょう。

頭脳明晰！ 計算魚釣りゲーム

魚③の折り方〈46～47ページのエンゼルフィッシュ〉

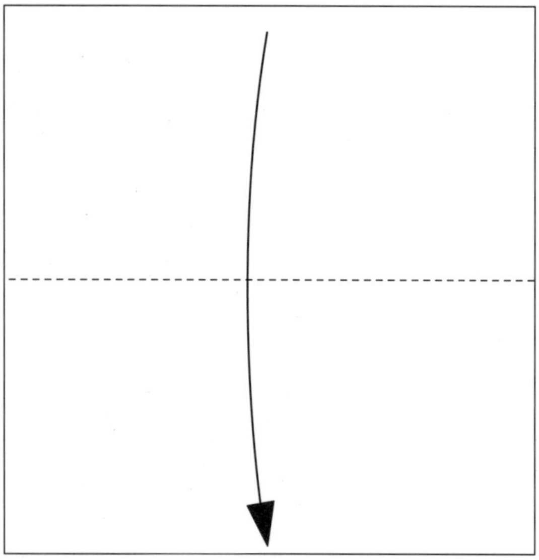

①半分に折ります。

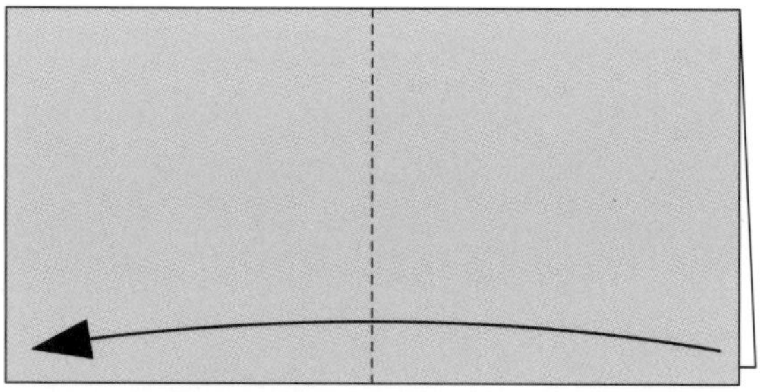

②もう一度半分に折ります。

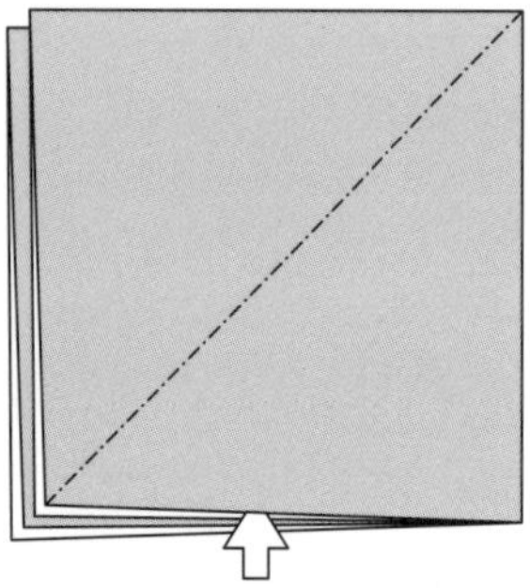

③袋になっている所を開いて、三角に折ります。

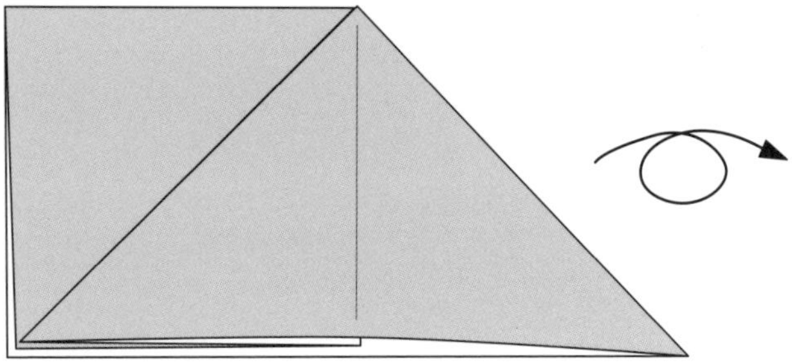

④裏返します。

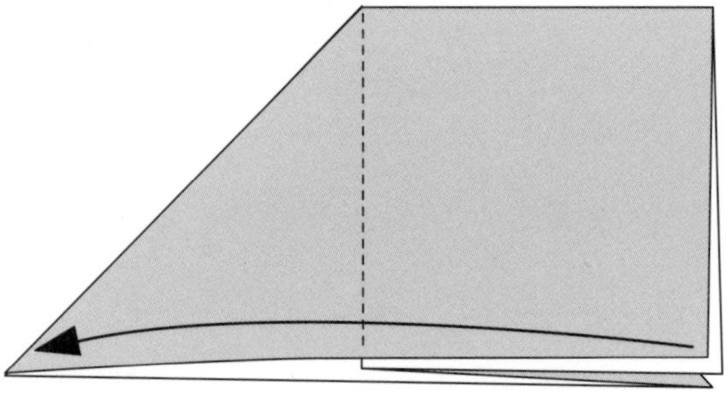

⑤上の四角の袋になっている所を反対側に折ります。

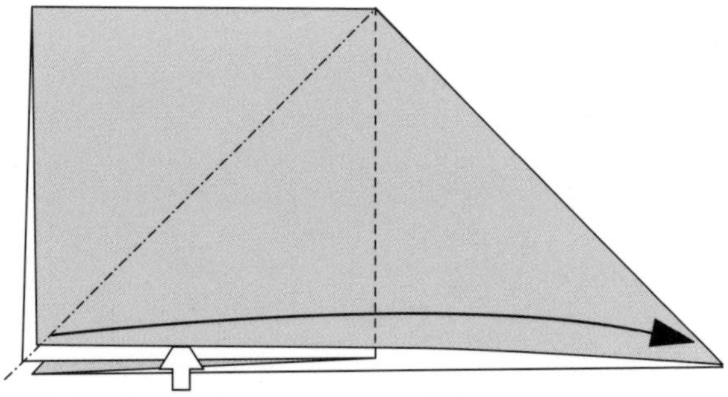

⑥上の四角の袋になっている所を開いて、三角に折ります。

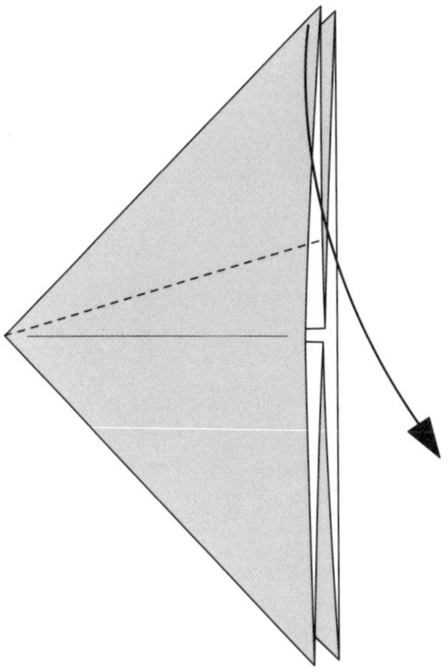

⑦上の三角の１枚を、斜めに折り下げます。

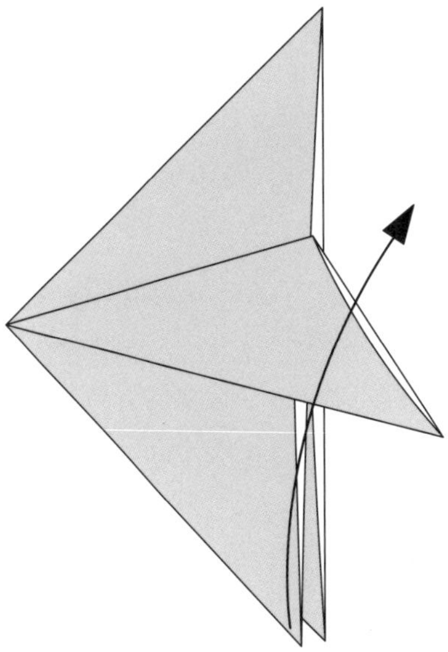

⑧下の三角の１枚を、斜めに折り上げます。

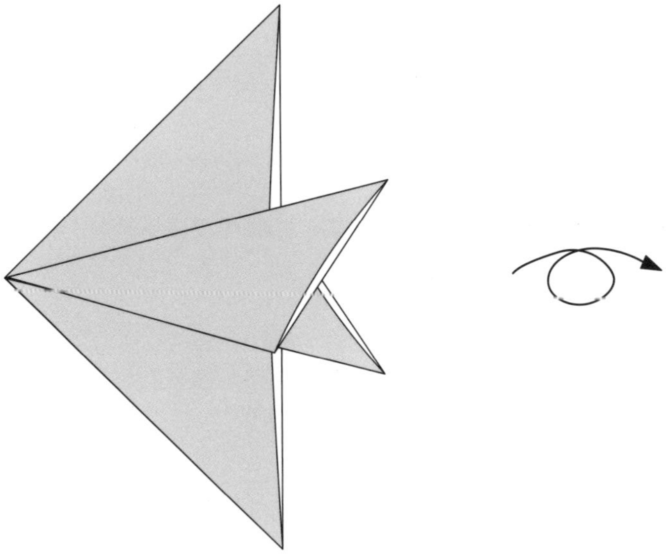

⑨ひっくり返して…

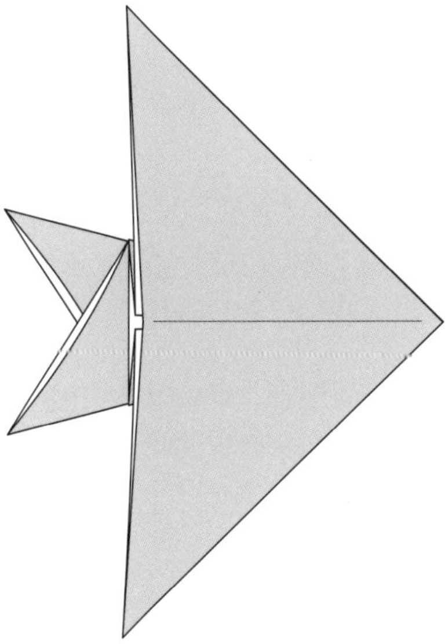

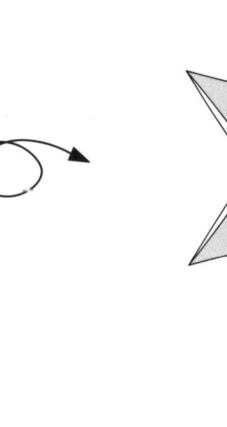

⑩完成です。

※キラキラ光る紙で折ったり、顔をかいたりしましょう。

※向きを変えると、クラゲにも見えます。

頭脳明晰！ 計算魚釣りゲーム

魚の準備〈46〜47ページ〉

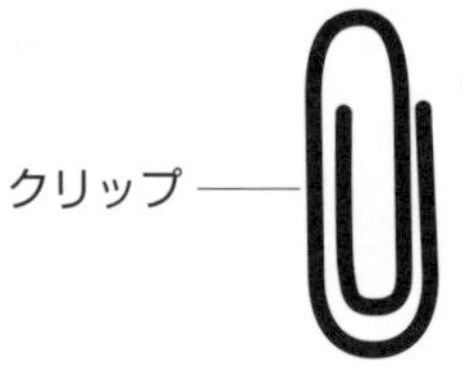

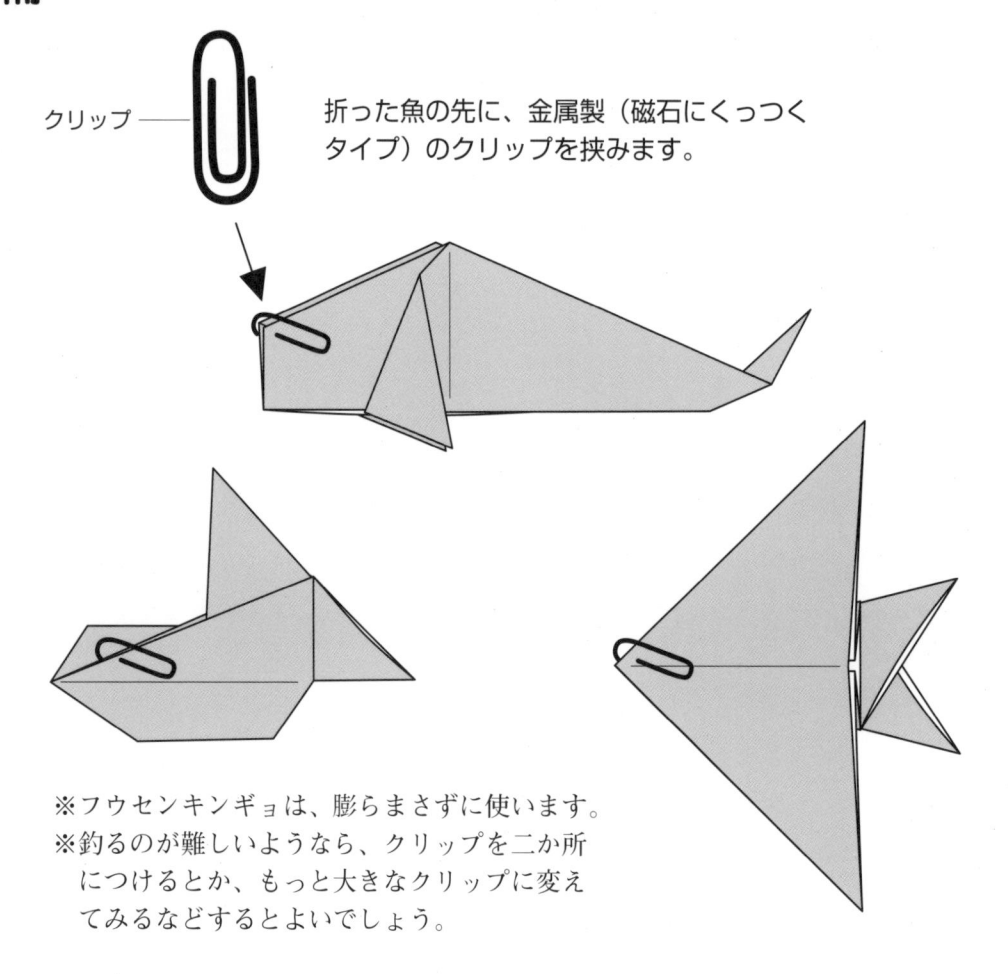

折った魚の先に、金属製（磁石にくっつくタイプ）のクリップを挟みます。

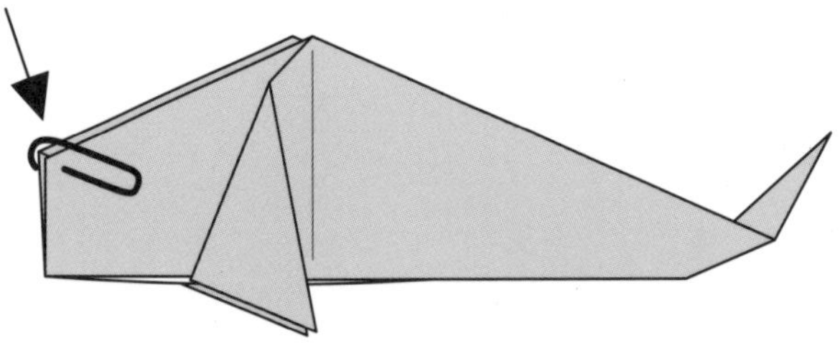

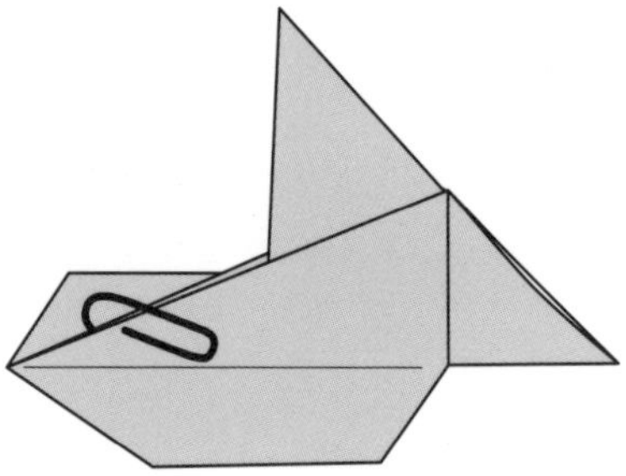

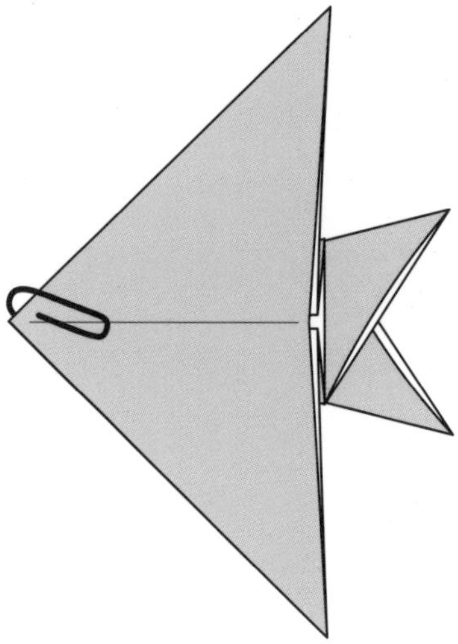

※フウセンキンギョは、膨らまさずに使います。
※釣るのが難しいようなら、クリップを二か所につけるとか、もっと大きなクリップに変えてみるなどするとよいでしょう。

ゲームのヒント

◎魚をできるだけたくさん折りましょう。本書で紹介しているもの以外にも調べてみるとか、高齢者の中にご存じの方がいらっしゃれば、教えていただきましょう。

◎あらかじめ、魚の種類や色柄などで点数を決めておきましょう。点数の高い魚の数は少なくし、点数の低い魚の数は多くします。また、点数の低い魚はクリップを二か所につけるとか、大きめのクリップをつけるなどして、点数の高い魚よりも釣りやすくしておきます。

◎勝敗は、合計点数の多い方が勝ちで、釣った数ではないことを伝えましょう。

◎効率よく点数の高い魚をねらうか、点数の低い魚をたくさん釣るか、どの魚が釣りやすいかなど、それぞれが作戦を練れるようなヒントを出しながら、ルールを説明しましょう。

◎ふたりずつ、１分間(ストップウォッチできちんと計ります)で競うなどしましょう。

頭脳明晰! 計算魚釣りゲーム

釣りざお・釣り堀の作り方〈46〜47ページ〉

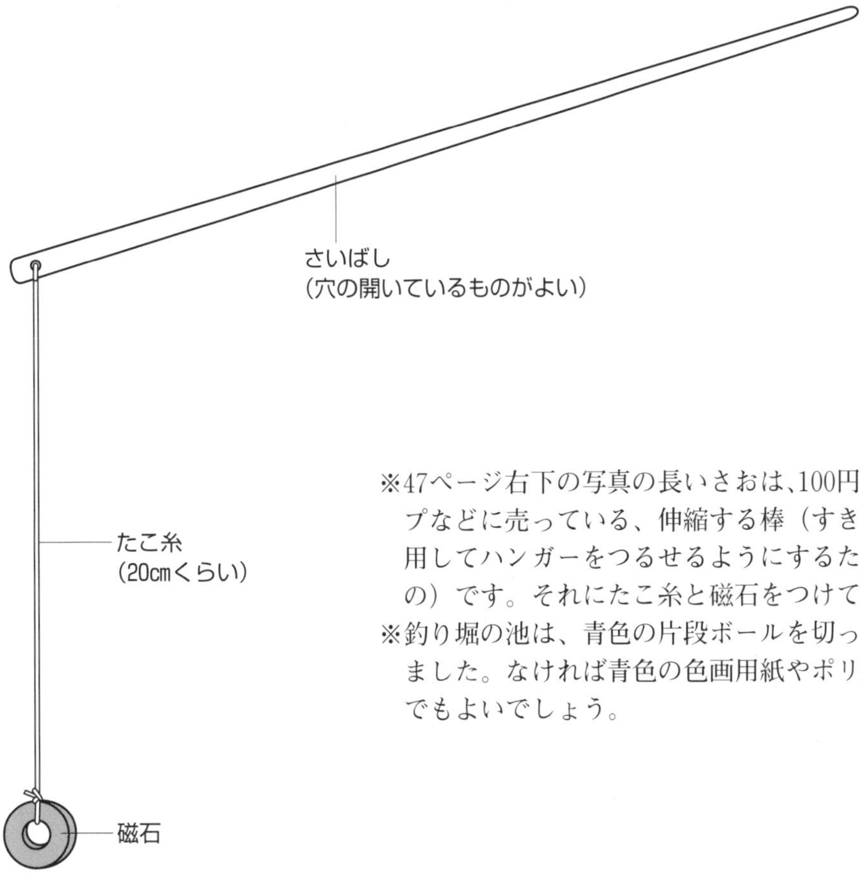
さいばし
(穴の開いているものがよい)
たこ糸
(20㎝くらい)
磁石

※47ページ右下の写真の長いさおは、100円ショップなどに売っている、伸縮する棒（すき間を利用してハンガーをつるせるようにするためのもの）です。それにたこ糸と磁石をつけています。
※釣り堀の池は、青色の片段ボールを切って作りました。なければ青色の色画用紙やポリ袋などでもよいでしょう。

レクリエーションのヒント

◎高齢者の方は、あらゆる意味でさまざまです。一度にすべての方に合わせようとすると、反対にどなたからも興味を示していただけないということもあるでしょう。まずは、スタッフとして担当させていただいている高齢者の方とふたりまたは三人で、どうすればいちばん楽しく取り組めるかというところから考えてみてはいかがでしょう。

◎決まったルールをそのとおりに消化するというだけでは、これからのレクリエーションは成り立たなくなる傾向が見られます。本書で紹介している各種のゲームでも、いろんな要素を盛り込んでいくことが大切です。

◎高齢者の方の中には、従来のルールどおりのオーソドックスなゲームを好まれる方、痴呆の方もいらっしゃるかもしれません。スタッフ自身が参加者ご自身を理解しようとする、真に相手の喜ぶことは何かを考えることが大切です。そこからほんとうのコミュニケーションが生まれます。レクリエーションによるふれあいは、その第一歩なのです。

痴呆防止! トントンずもうゲーム

折り紙力士の折り方〈48ページ〉

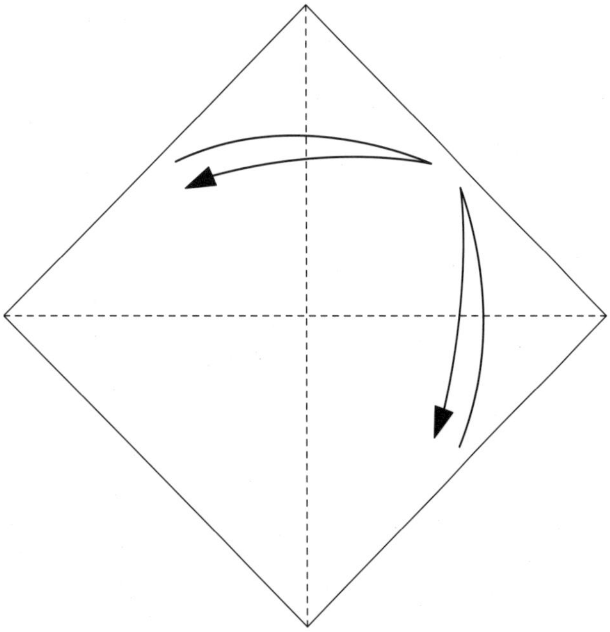

①縦横それぞれ三角形に折り、折り筋をつけたら元に戻します。

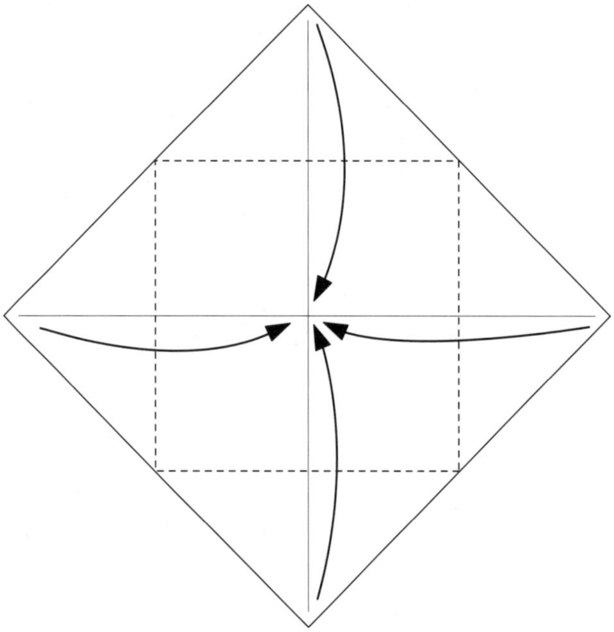

②折り筋に合わせて、四隅を真ん中に向かって折ります。

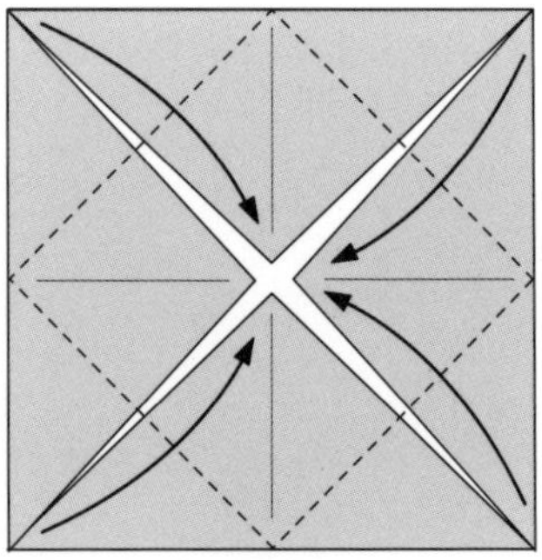

③もう一度四隅を真ん中に向かって折ります。

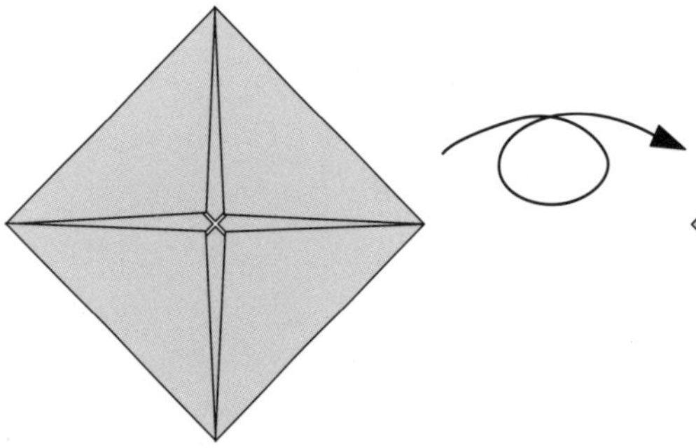

④裏返します。

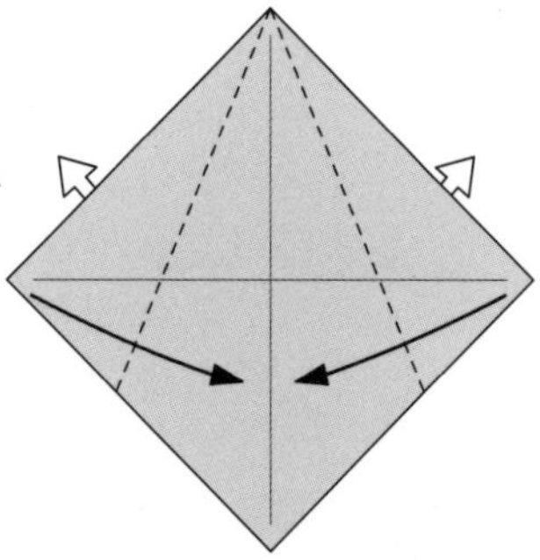

⑤真ん中の折り筋に合わせて、上の紙のみ三角を作るように折ります。

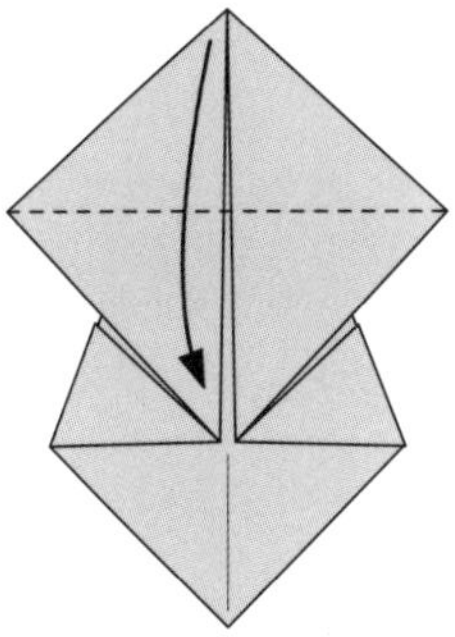

⑥上の四角形を、半分
に折ります。
※後ろの紙は、そのま
ま折らずに出します。

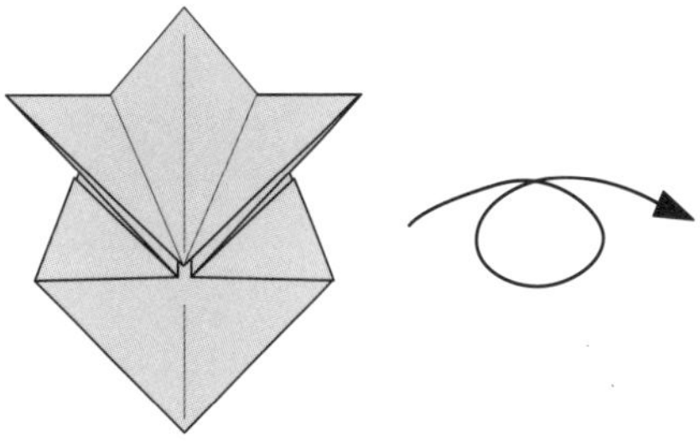

⑦裏返します。

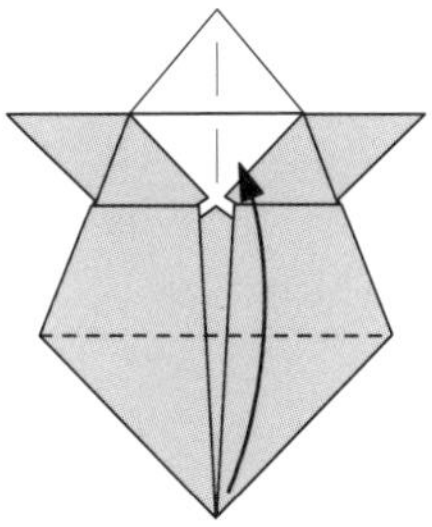

⑧下の三角形の部分
を折り上げます。

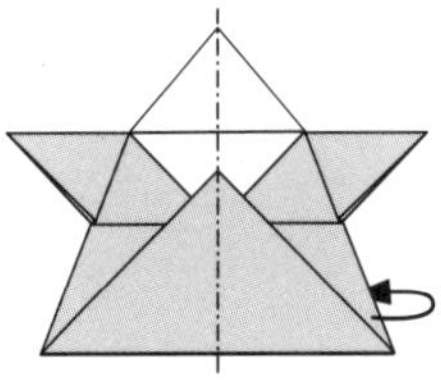

⑨縦半分に折ります。

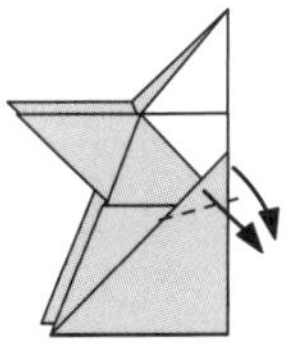

⑩右下の三角形の先を、
かぶせ折り（左下の
図参照）します。

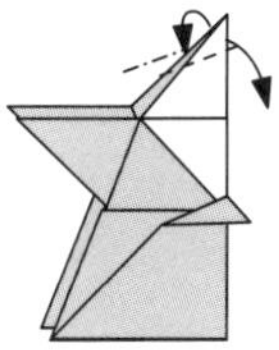

⑪上の三角形の先をか
ぶせ折りして、ちょ
んまげにします。

かぶせ折り

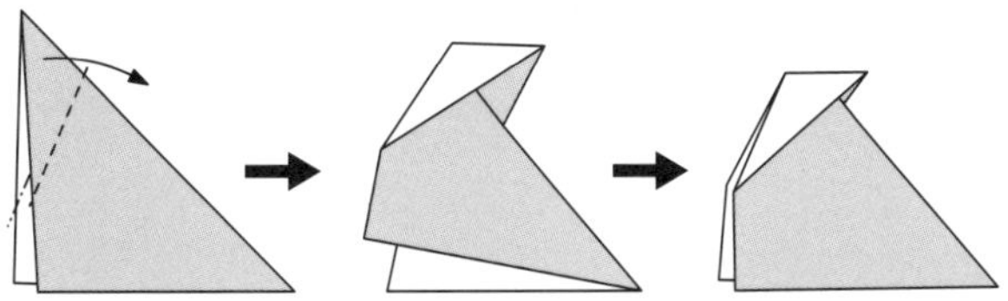

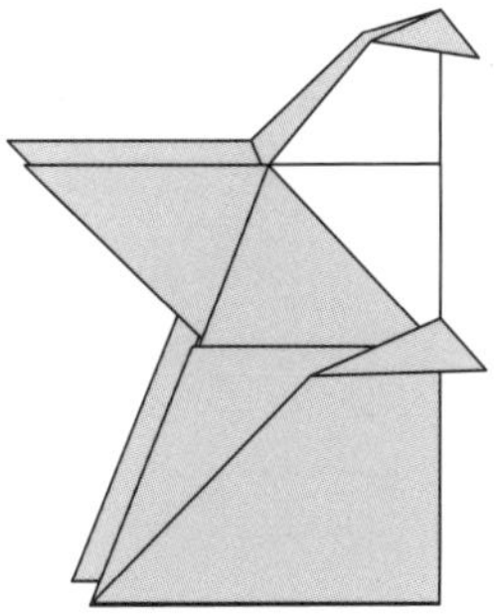

⑫完成です。

痴呆防止! トントンずもうゲーム

土俵の作り方〈48ページ〉

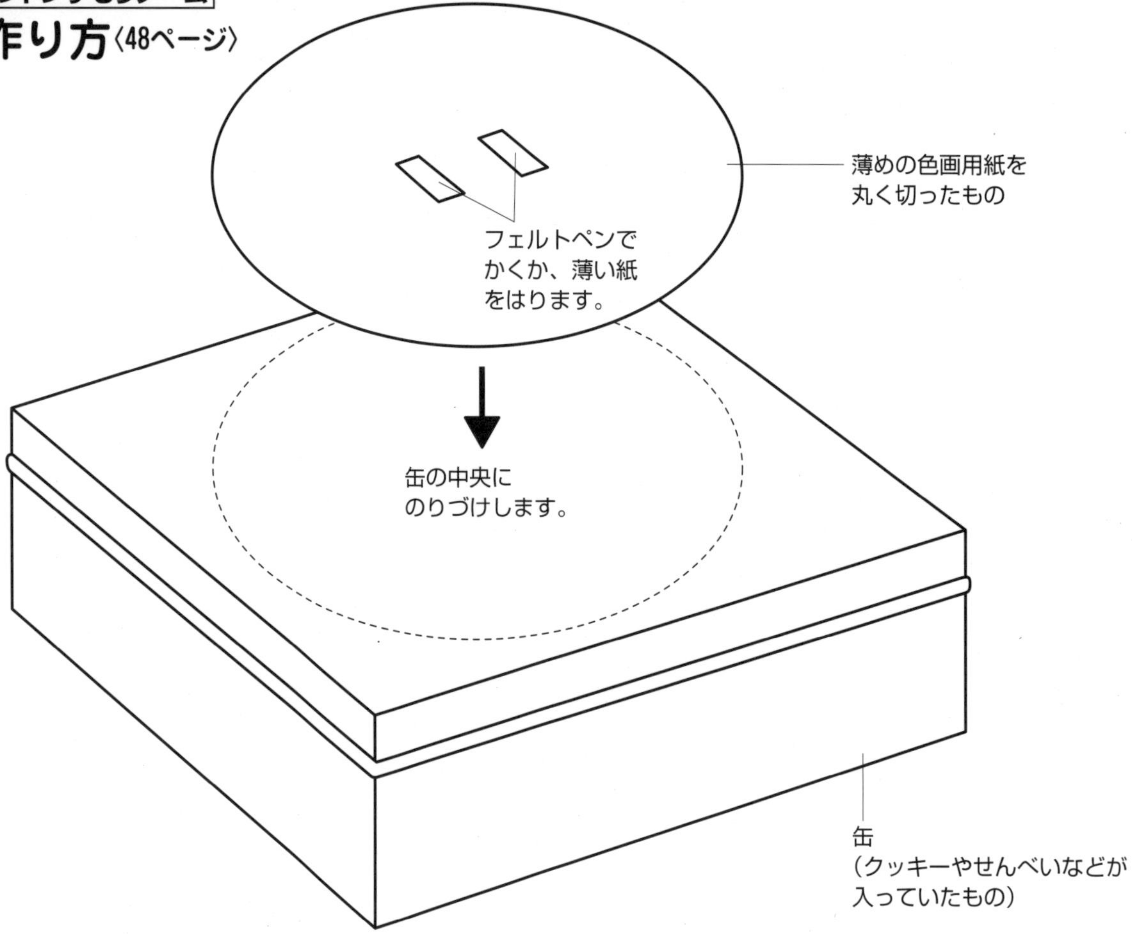
薄めの色画用紙を
丸く切ったもの
フェルトペンで
かくか、薄い紙
をはります。
缶の中央に
のりづけします。
缶
(クッキーやせんべいなどが
入っていたもの)

こんな土俵で雰囲気づくりも…

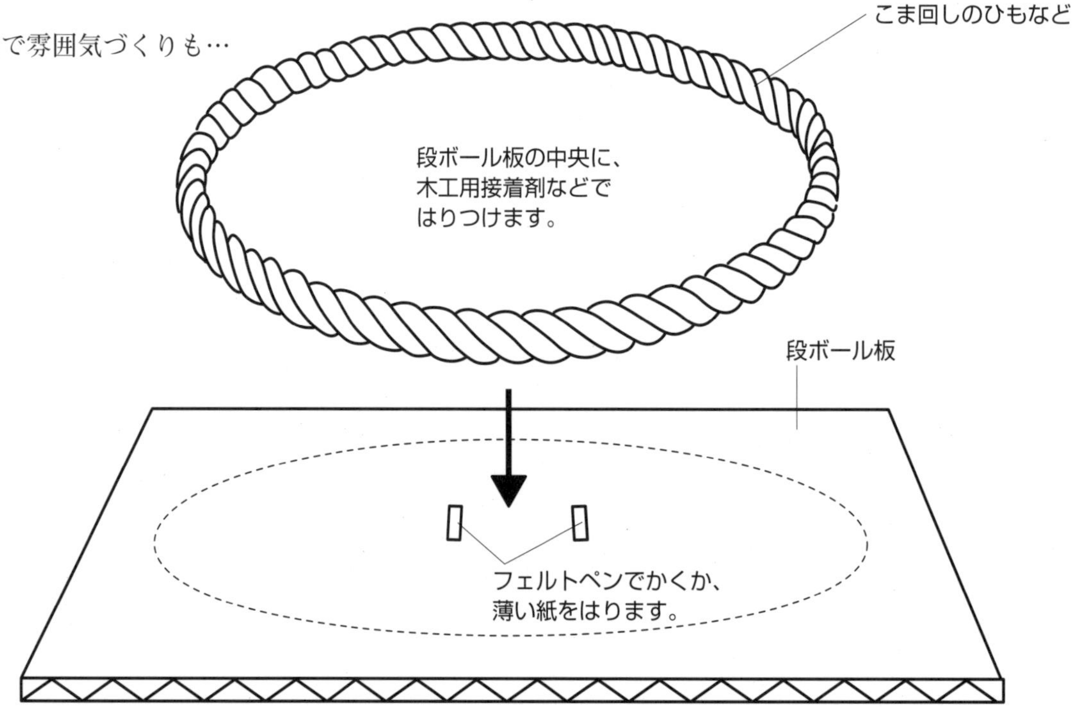
こま回しのひもなど
段ボール板の中央に、
木工用接着剤などで
はりつけます。
段ボール板
フェルトペンでかくか、
薄い紙をはります。

大相撲　場所番付表

東		西
	横綱	
	大関	
	関脇	
	小結	
	前頭筆頭	
	前頭二枚目	
	前頭三枚目	

※拡大コピーして、64ページの「ゲームのヒント」を参考にして作ってみましょう。

ゲームのヒント

◎62～63ページを参考にしながら、土俵、番付表、トーナメント表など、必要なものは前もって準備しておきます。
◎まず一度トーナメント戦を行なって、上位の力士から「横綱」「大関」「関脇」…と、番付表に名前を入れていきます。西の横綱はだれで、東の横綱はだれなど、番付は参加者全員で話し合って決めていきましょう。
◎次の取り組みからは番付表に合わせて、横綱に近いほどシードされて有利なトーナメント(下図)にしていくとよいでしょう。

すもうの決まり手一覧

◆基本技
突き出し
突き倒し
押し出し
押し倒し
寄り切り
寄り倒し
浴《あび》せ倒し

◆投げ手
上手《うわて》投げ
下手《したて》投げ
小手投げ
掬《すく》い投げ
上手出し投げ
下手出し投げ
腰投げ
首投げ
一本背負い
二丁投げ
櫓《やぐら》投げ
掛け投げ
つかみ投げ

◆掛け手
内掛け
外掛け
ちょん掛け
切り返し
河津掛け
蹴《け》返し
蹴手繰《けたぐ》り
三所攻《みところぜ》め
渡し込み
二枚蹴り
小股掬《すく》い
外小股
大股
褄《つま》取り
小褄《こづま》取り
足取り
裾《すそ》取り
裾払い

◆反《そ》り手
居反《いぞ》り
撞木反《しゅもくぞ》り
掛け反り
たすき反り
外たすき反り
伝え反り

◆捻《ひね》り手
突き落とし
巻き落とし
とったり
逆《さか》とったり
肩透《かたす》かし
外無双
内無双
ずぶねり
上手捻り
下手捻り
網打ち
鯖《さば》折り
波離間《はりま》投げ
大逆手《おおさかて》
腕捻《かいなひね》り
合掌捻《がっしょうひね》り
徳利《とっくり》投げ
首捻り
小手捻り

◆特殊技
引き落とし
引っ掛け
叩《はた》き込み
素首《そくび》落とし
吊《つ》り出し
送り吊り出し
吊り落とし
送り吊り落とし
送り出し
送り倒し
送り投げ
送り掛け
送り引き落とし
割り出し
うっちゃり
極め出し
極め倒し
後ろもたれ
呼び戻し

◆非技(勝負結果)
勇み足
腰砕《こしくだ》け
つき手
つきひざ
踏み出し

番付によるトーナメント表

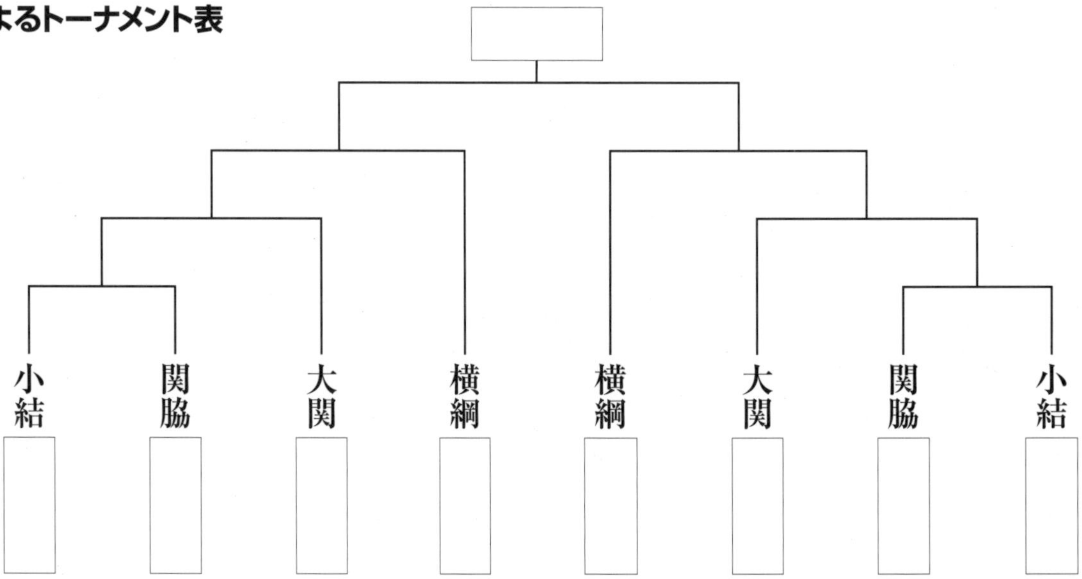

四季の花など

春の行事〈ひなまつり〉

おひなさまを折ってみましょう。
そしてプラスアルファで、いろんなアレンジを考えてみましょう。
69ページも参照してください。

折り紙びなの折り方は70ページ、
モモの花の作り方は71ページです。

四季の花など

春の花〈チューリップ・ショウブ〉

お知らせボードにアレンジしたり、色紙《しきし》などにあしらったりしてみましょう。69ページも参照してください。

チューリップの折り方は72～73ページ、
ショウブの折り方は74～75ページです。

四季の花など

夏の花〈アジサイ・アサガオ〉
秋の風物〈モミジ〉

モミジの作り方は79ページです。

アジサイの折り方は75～76ページ、
アサガオの折り方は77～78ページです。

四季の花など

冬の行事〈お正月・クリスマス〉

祝いツル
折り方は80〜81ページ。

はし置き
作り方は82ページ。

お年玉袋
折り方は82ページ。

サンタクロースとプレゼント
折り方は83ページ。

四季の花など

高齢者の方とのコミュニケーションのヒントと注意事項

この単元の意図

●季節の花や年中行事を題材にした折り紙は、各種高齢者施設でよく行なわれています。四季の変化を感じることは、五感を刺激することにもつながり、有意義な活動となるでしょう。ここでは春夏秋冬の風物を、いろんなものと組み合わせたりしながら、作品の質を高めるためのヒントも含めて掲載しました。

高齢者の方の好まれる傾向

●“花”は、高齢者の方からもよく好まれる題材です。しかしここでも、見栄えするものかどうか、作品としてどうかということを、並行して考えなければいけません。同じ花でも、花の形だけを折るというのではなく、高齢者の方の興味が高まるような工夫が必要でしょう。色紙《しきし》や短冊、額、ボードなど、折り紙以外の材料を組み合わせてみましょう。

例 65p ひなまつり…もっともやさしい折りびな（折り紙）
モモの花の切り紙
飾り紙 ……… （折り紙ではない）
造花
ミニ額
扇子・扇子立て ……… （その他の材料）
66p 春の花………チューリップ2種
ショウブ2種 ……… （折り紙）
コルクボード
色紙 ……… （その他の材料）
67p 夏の花………アジサイ
アサガオ ……… （折り紙）
和紙 ……… （折り紙ではない）
うちわ
はがき ……… （その他の材料）
秋の風物……モミジ ……… （折り紙ではない）
68p お正月………祝いヅル
はし置き
お年玉袋 ……… （折り紙）
クリスマス ……… （折り紙）

★写真で示したものは、あくまで一例です。例えば100円ショップには、ありとあらゆる“その他の材料”があります。「こんなものを組み合わせたらおしゃれに見えるな」、「こう飾ればきれいだな」と考えながら探してみましょう。スタッフ自身が楽しんでいる姿を見れば、高齢者の方々も「やってみようかな」という気持ちになりやすいのではないでしょうか。

コミュニケーションのヒント

●65～68ページの写真から季節に合った題材を見つけ、自分ならどんなプラスアルファができるか考えてみましょう。考えがまとまったら折り紙の花にアレンジして、まず自分の作品を作りましょう。それを高齢者の方にお見せして、ご意見をいただくところから始めることもできるでしょう。

●高齢者の中には、折り紙手芸に詳しい方、お好きな方も多いと思います。じょうずな方に教えていただきながら、その輪を広げることもできるでしょう。いろんな種類の紙を用意して、「きょうはこのきれいな千代紙を3枚重ねて、やさしくできるおひなさまを折ってみましょう。お好きな色を組み合わせましょう。こんな感じのおひなさまです」（65ページをお見せしながら）というようにことばがけして始めます。スタッフの方と親しくなるにしたがって、「ほかの作り方もありますよ」「こうすればもっときれいよ」と発言なさる方も増えてくるでしょう。スタッフとしてはそれを好機ととらえ、「教えて教えて○○さん！」という態度で場の雰囲気を良くしていってはどうでしょうか。

注意点 • 一斉に何かに取り組む形のレクリエーションは、高齢者の方の世代の変化とともに難しくなってくる傾向があります。無理に同じことをしてもらおうと気負わず、小さなグループで違うことを楽しんでいただくことも視野に入れておきましょう。
9ページおよび49ページでもふれましたが、子ども扱いと受け取られるようなことは慎みましょう。

具体例

• 散歩中、夜露にぬれたアジサイの美しさに感心しあった後に…
「アジサイの花、きれいでしたね」
「そうねえ」
「あの色が何とも言えないですね」
「そうねえ」
「葉っぱの形もいい感じ」
「作ってみるの？」
「そうです。ばれました？　2回くねっくねってするだけで、アジサイの花になるんですって。小さい紙を使うんですけど、やってみます？　リハビリにもなりそうだし」
「どれどれ…？」
脳に良い、ぼけ防止に良い、手先のリハビリになるなど、折り紙の良いところをうまく会話に組み入れてみましょう。

折り紙びなの折り方〈65ページのひなまつり〉

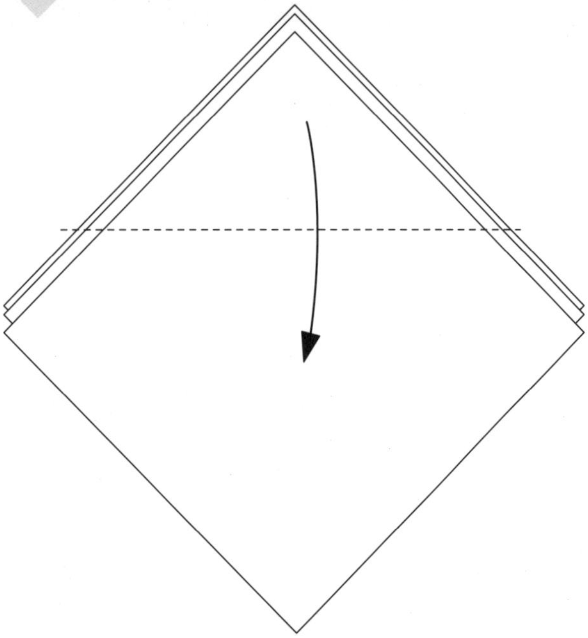

①千代紙などのきれいな紙で、お内裏様やおひな様になったときの色の組み合わせ（お内裏様は寒色系、おひな様は暖色系など）を考えながら３枚を重ねて、図のように折ります。
※色の組み合わせは、実際のおひな様や、おひな様の写真などを参考にするとよいでしょう。

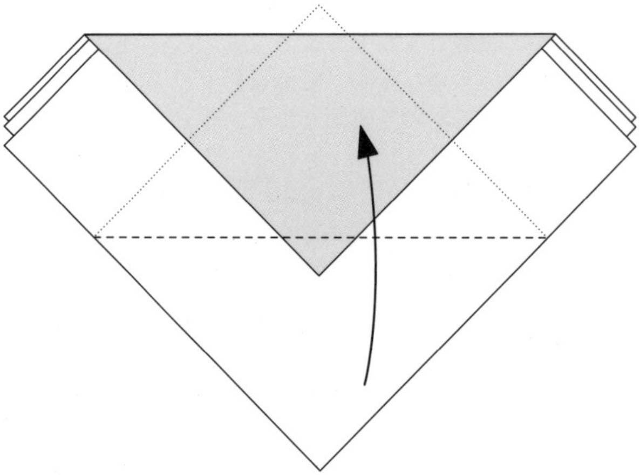

②下の角を、上に少しはみ出すくらいの位置まで折り上げます。

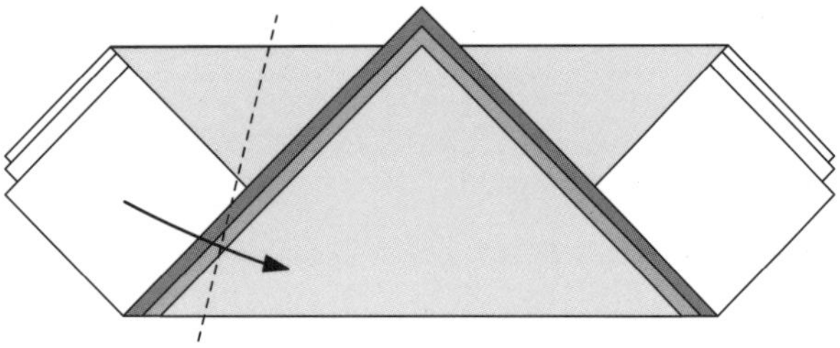

③右そで（図では向かって左側）を折ります。

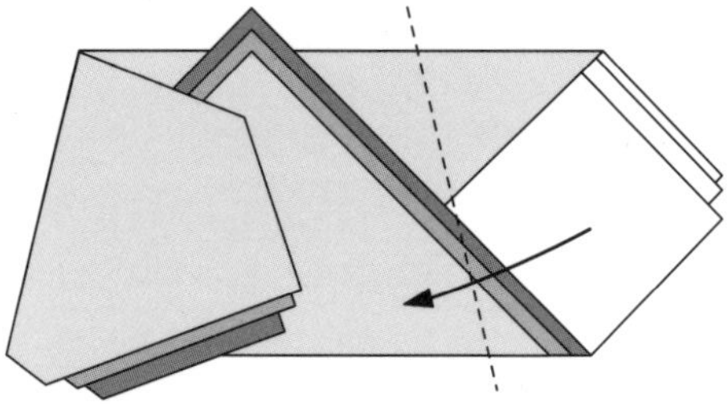

④左そで（図では向かって右側）を折ります。

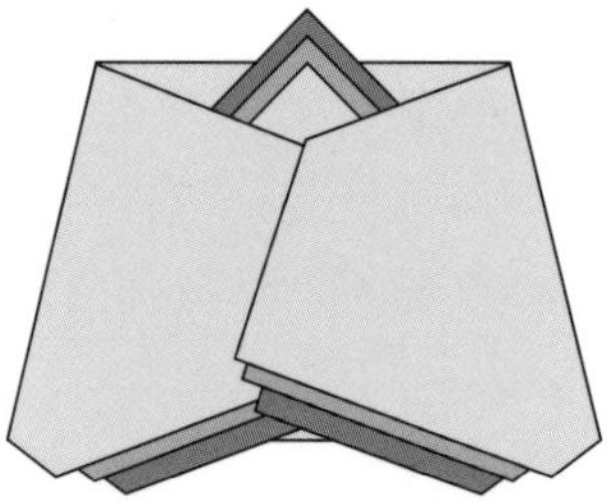

⑤お内裏様（図では肩幅を広くしています）の完成です。おひな様の場合は、③〜④で肩幅が狭くなるように折ります。
※着物の合わせと同じです。

春の行事

モモの花の作り方〈65ページのひなまつり〉

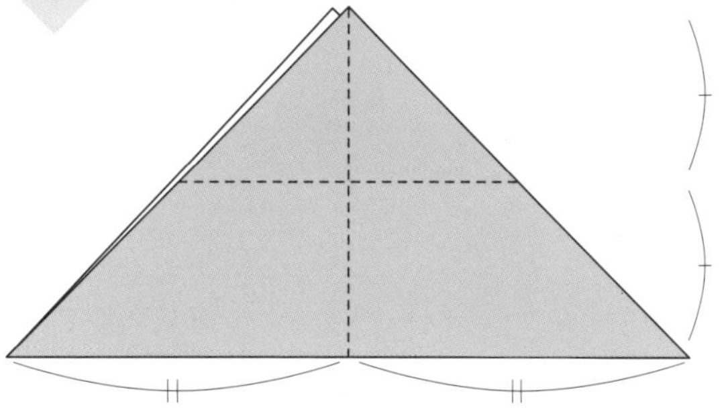

①三角形に折り、そこからさらに縦横とも半分に折り、折り筋をつけて元に戻します。

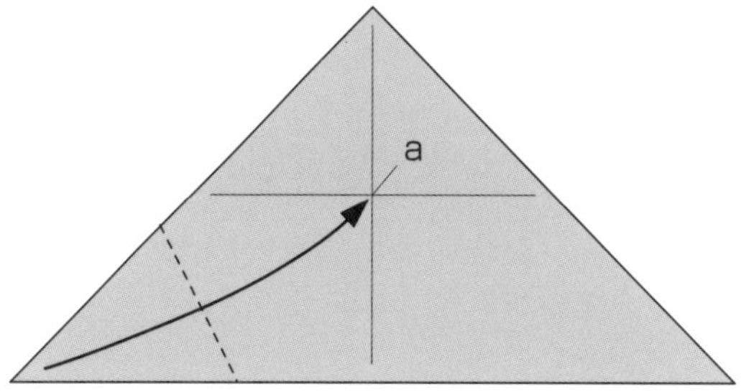

②左側の先をaに合わせて折ります。

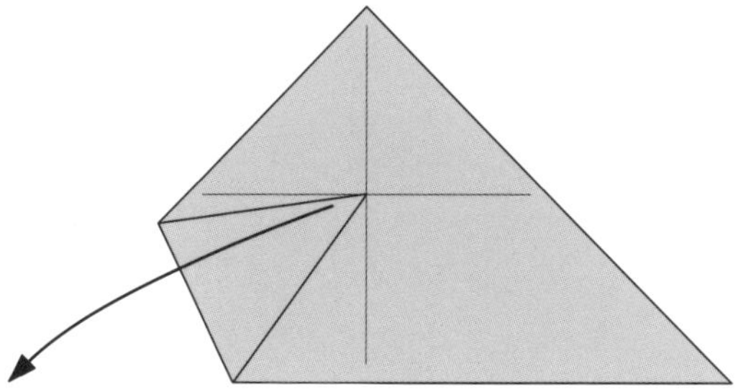

③折り筋をつけて元に戻します。

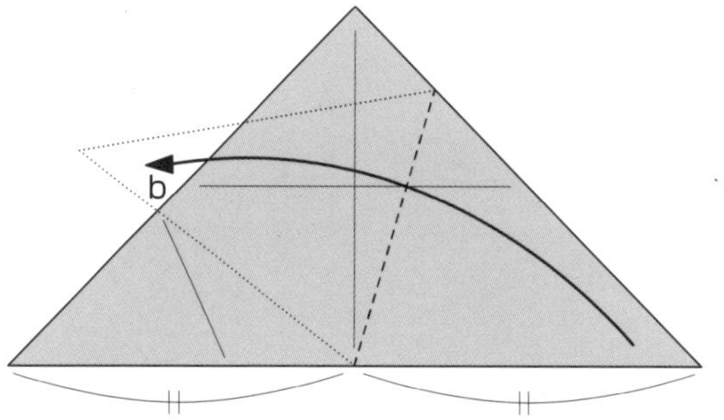

④右側を、左右の真ん中からbに合わせて折ります。

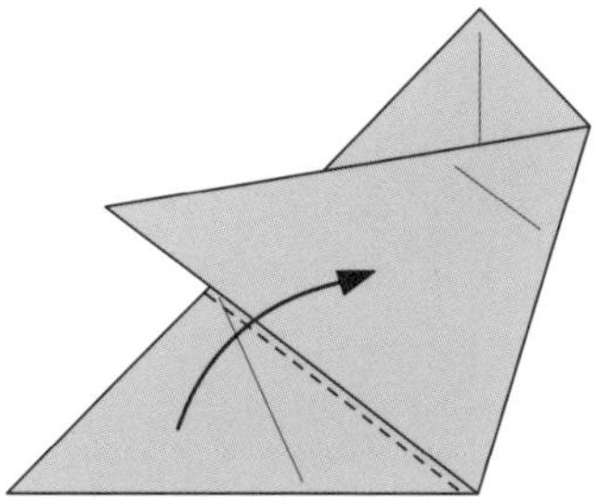

⑤左側を、できた線に合わせて折ります。

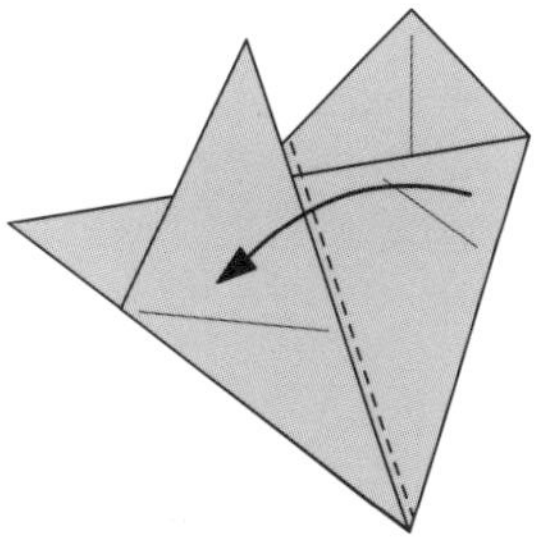

⑥できた線に合わせて折ります。

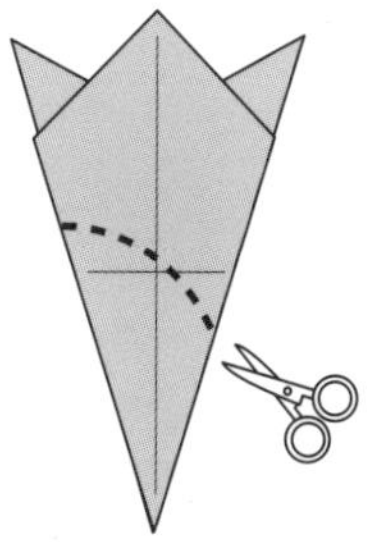

⑦ハサミで、点線のように丸く切ります。
※切り取り線は目安です。

※65ページの写真では、ひな祭り用にピンク・白・緑の３色で作りました。

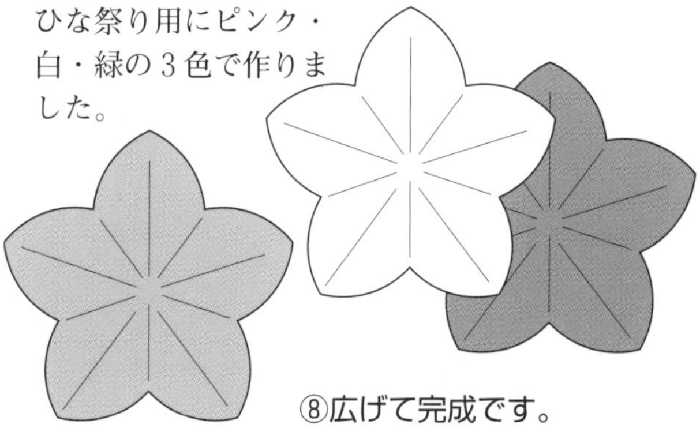

⑧広げて完成です。

※⑦で切り方を工夫すれば、上のような形も作れます。どう切ればよいのか、考えて、挑戦してみましょう。

春の花

チューリップの折り方①〈66ページ〉

写真のように、春のお知らせボードにあしらってみましょう。

花の折り方

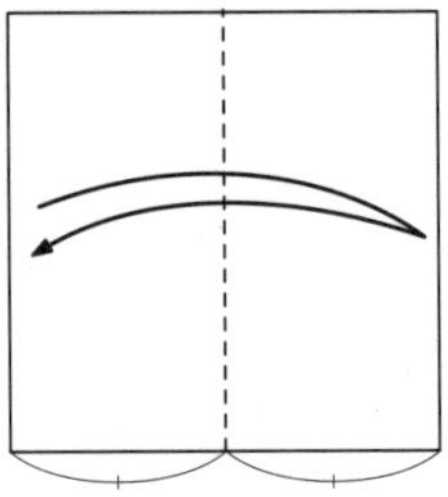

①半分に折り、折り筋をつけて元に戻します。

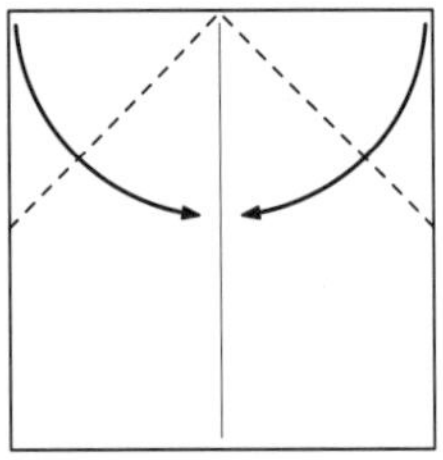

②上の角を三角に折ります。

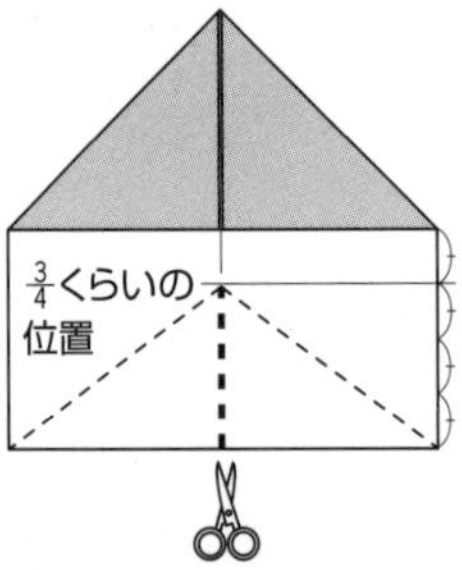

③真ん中に切り込みを入れ、折り筋をつけて元に戻します。

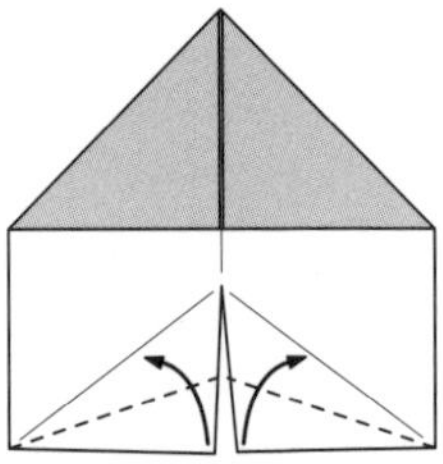

④折り筋に合わせて折ります。

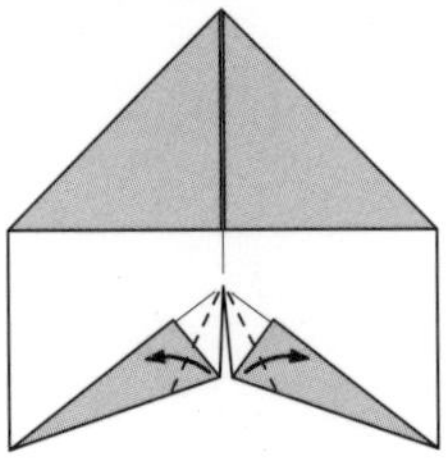

⑤もう一度折ります。

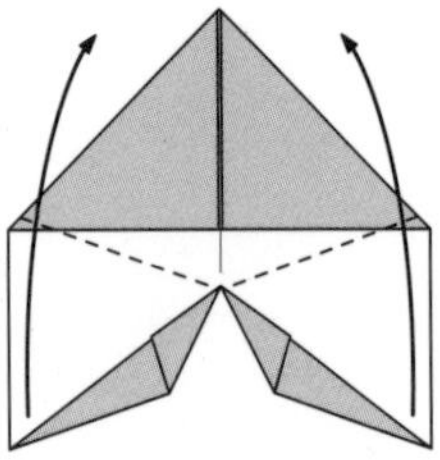

⑥真ん中に合わせて折り上げます。

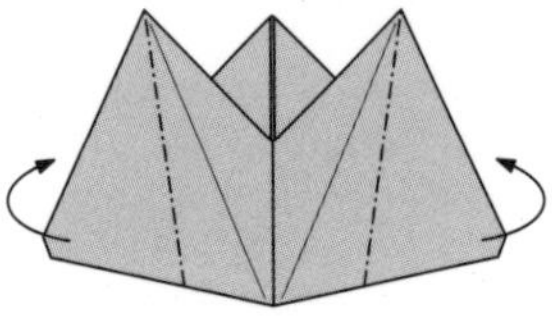

⑦少し斜めに折り込みます。

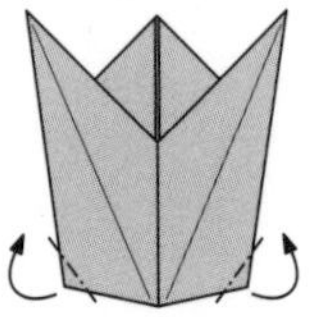

⑧下の角を折り込みます。

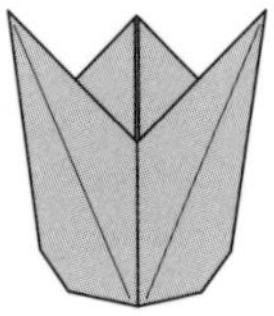

⑨チューリップの花ができました。

葉の折り方

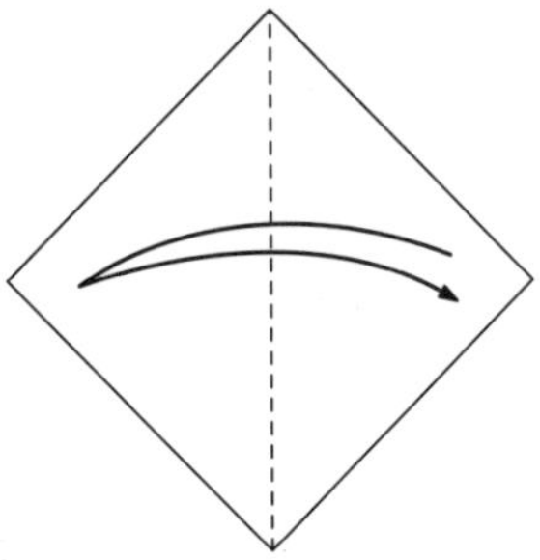

①三角に折り、折り筋をつけて元に戻します。

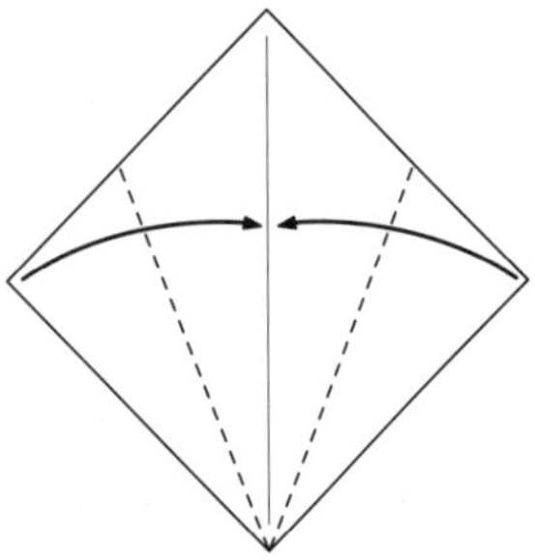

②折り筋に合わせて、真ん中に向かって折ります。

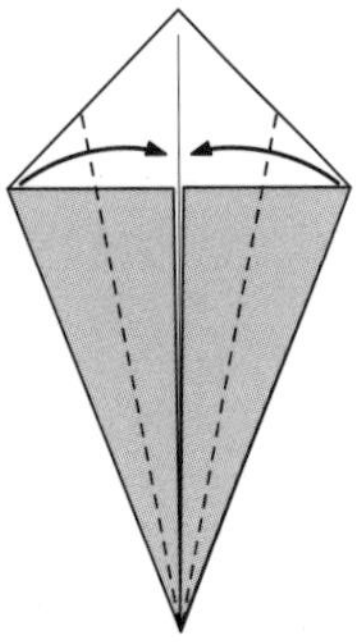

③さらに真ん中に向かって折ります。

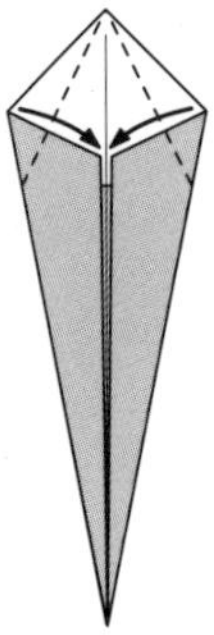

④上の部分も、真ん中に向かって折ります。

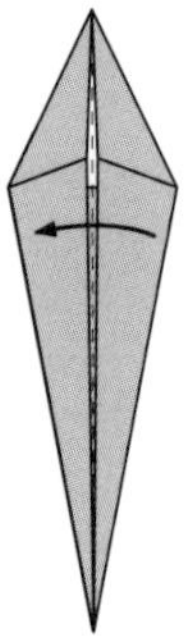

⑤縦半分に折ります。

⑥葉ができました。

包みの作り方

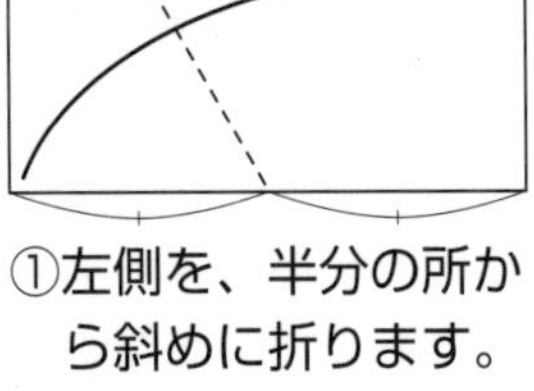

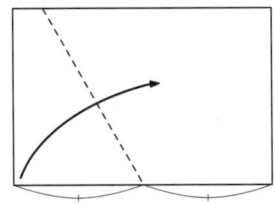

①左側を、半分の所から斜めに折ります。

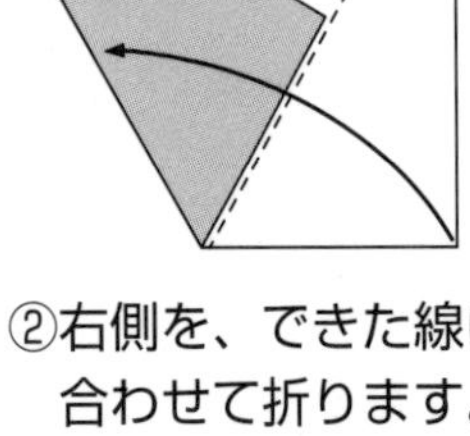

②右側を、できた線に合わせて折ります。

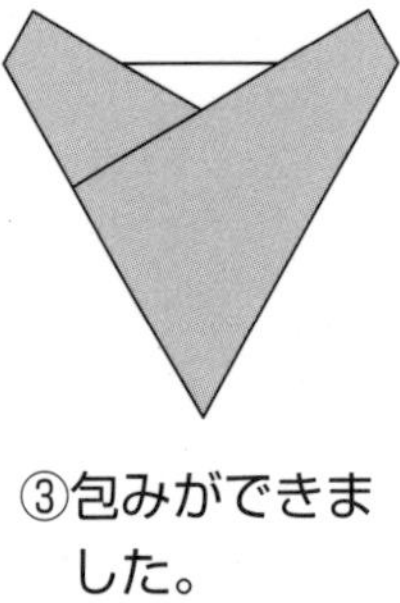

③包みができました。

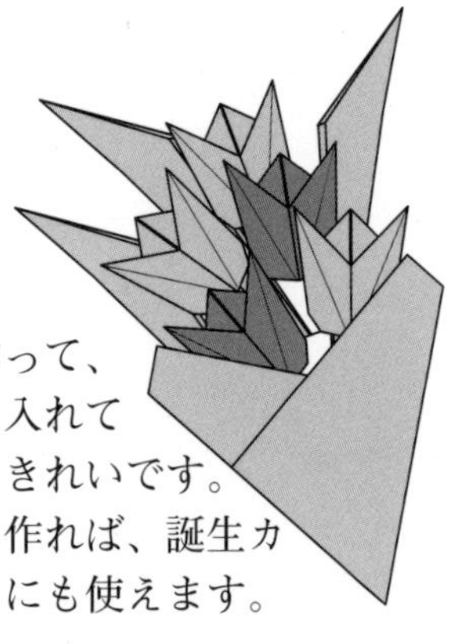

※包みを作って、花と葉を入れて飾ってもきれいです。小さめに作れば、誕生カードなどにも使えます。

春の花

チューリップの折り方②〈66ページ〉

写真のように色紙《しきし》にはるなど、工夫しましょう。

花の折り方

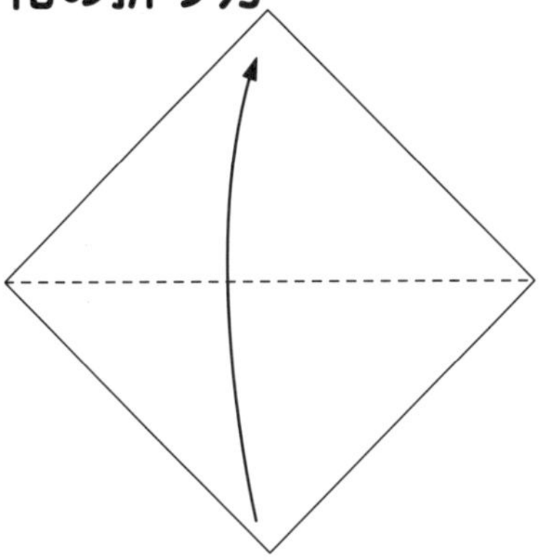

①三角に折ります。

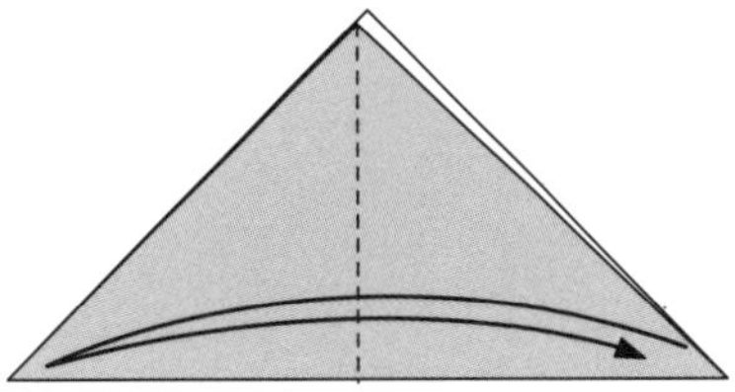

②もう一度三角に折り、折り筋をつけて元に戻します。

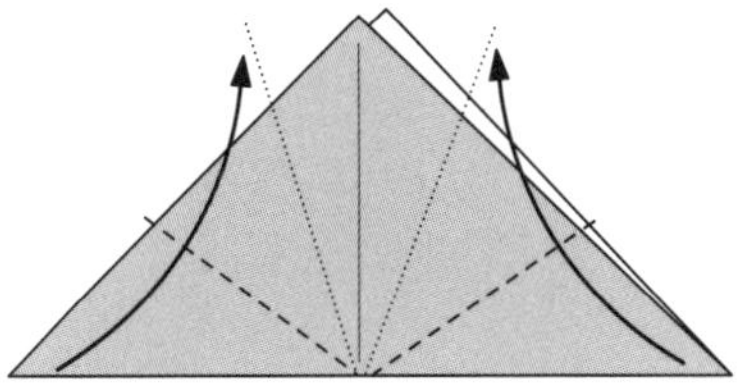

③両端を、左右の真ん中から斜めに折ります。

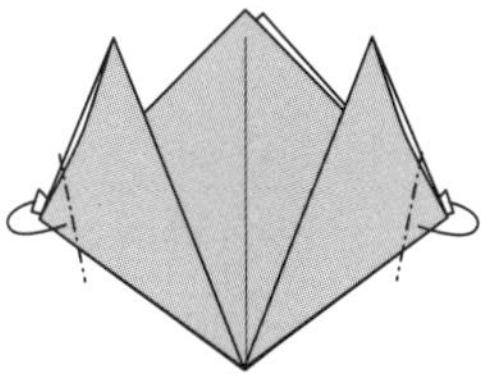

④左右の角を折り込みます。

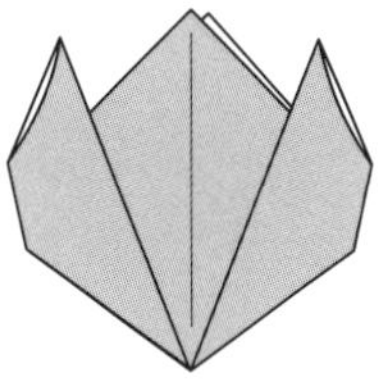

⑤チューリップの花ができました。

葉の折り方

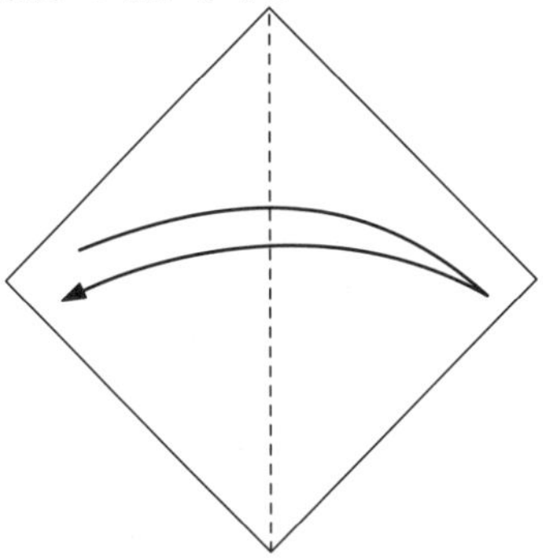

①三角に折り、折り筋をつけて元に戻します。

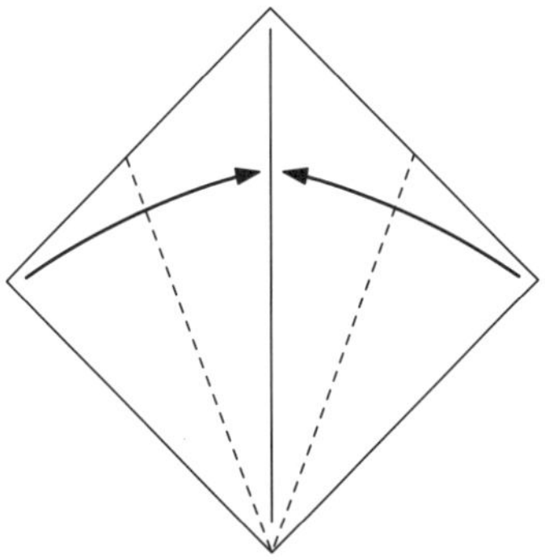

②折り筋に合わせて、真ん中に向かって折ります。

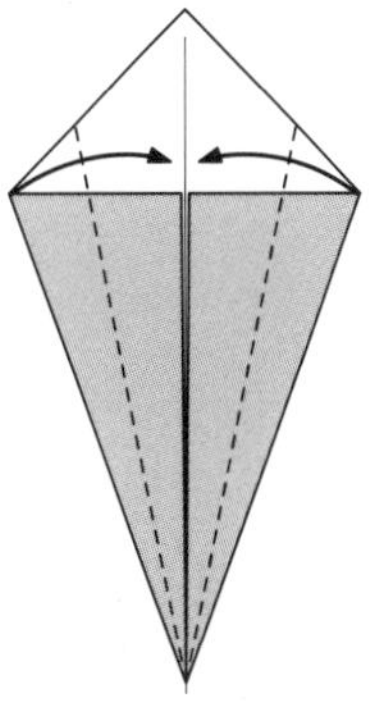

③さらに真ん中に向かって折ります。

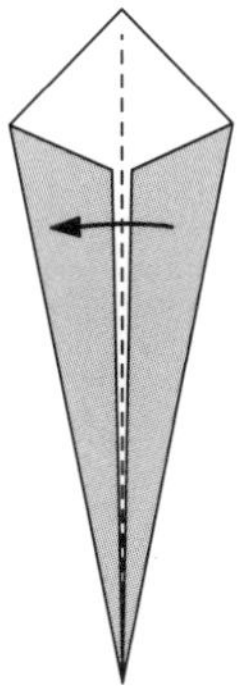

④縦半分に折ります。

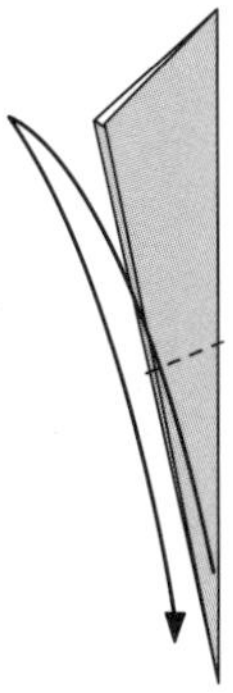

⑤斜めに折り、折り筋をつけて元に戻します。

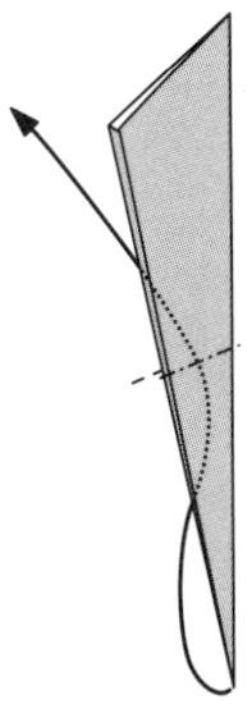

⑥中割り折り（55ページ参照）します。

⑦葉ができました。

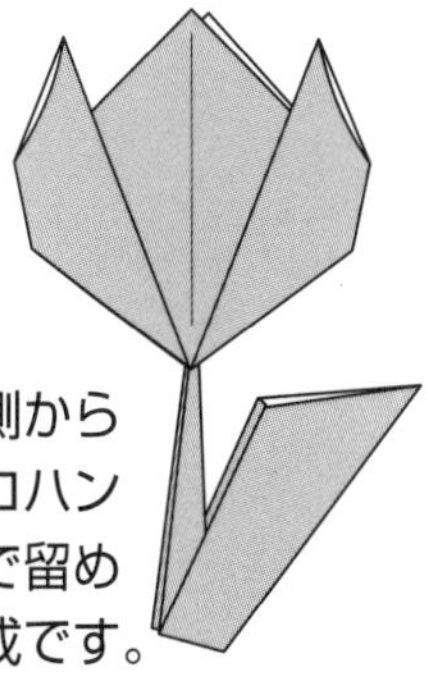

⑧花の裏側から葉をセロハンテープで留めて、完成です。

春の花

ショウブの折り方①〈66ページ〉

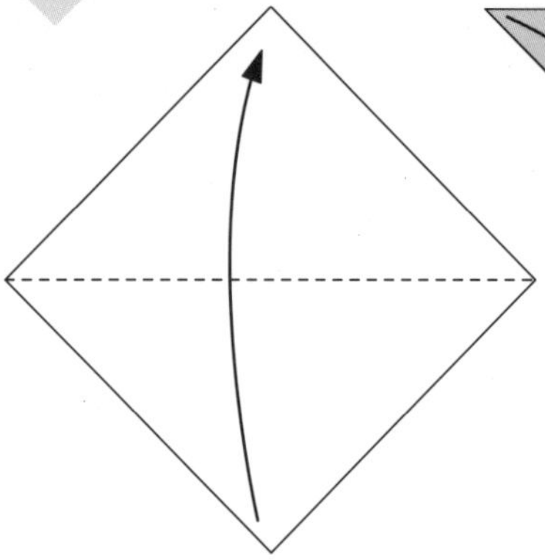

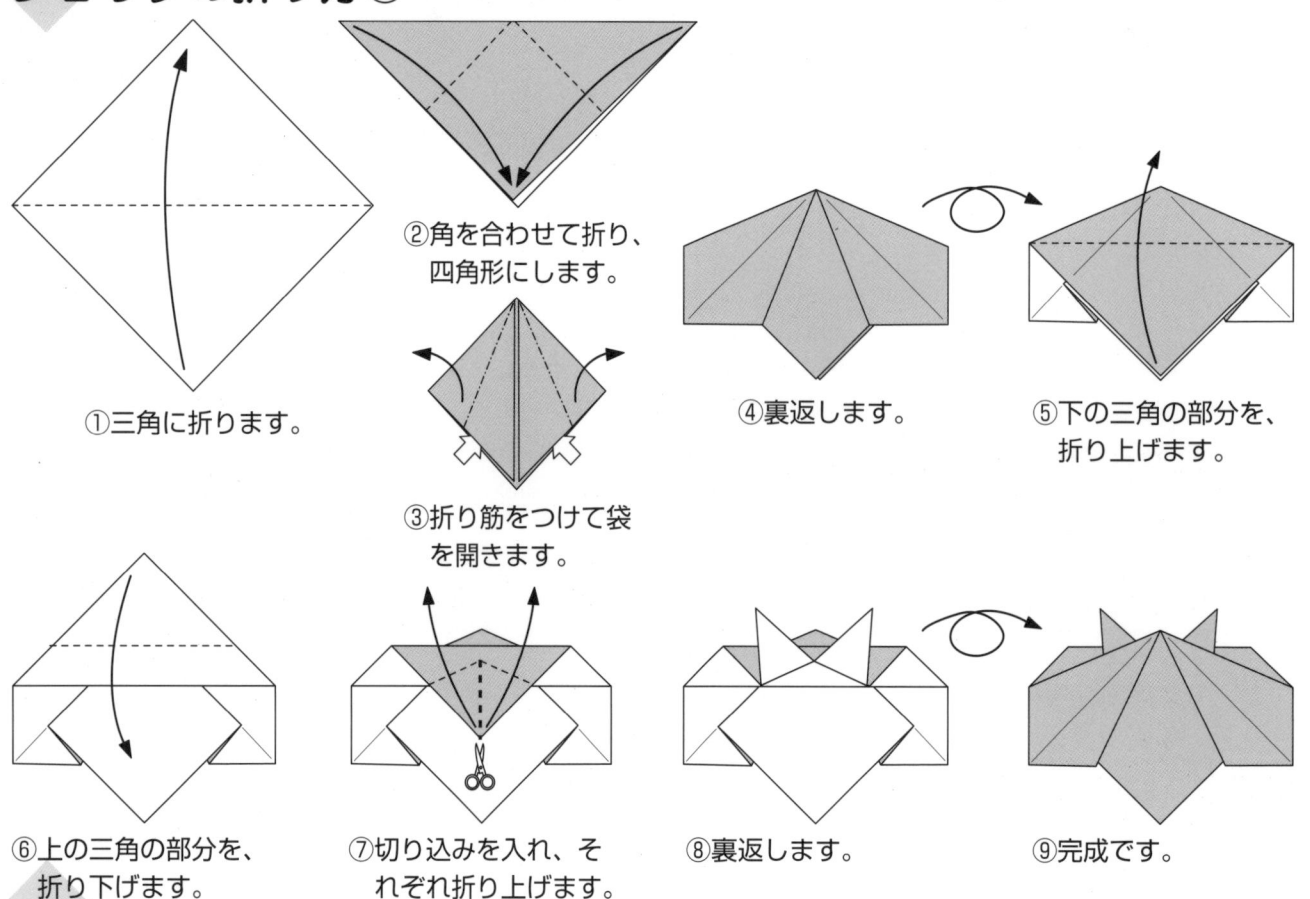

①三角に折ります。

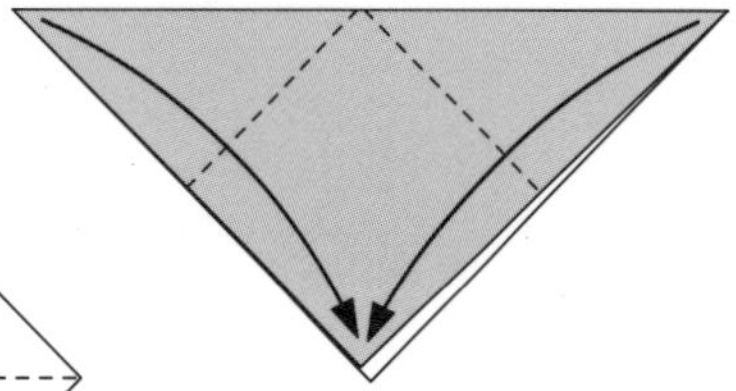

②角を合わせて折り、
四角形にします。

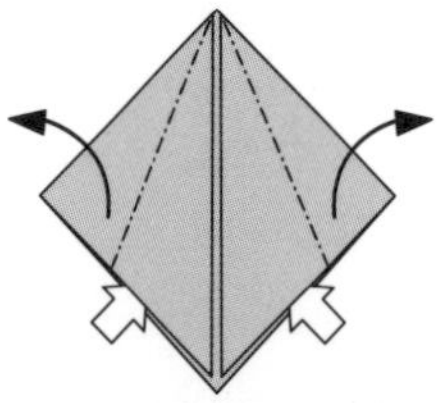

③折り筋をつけて袋
を開きます。

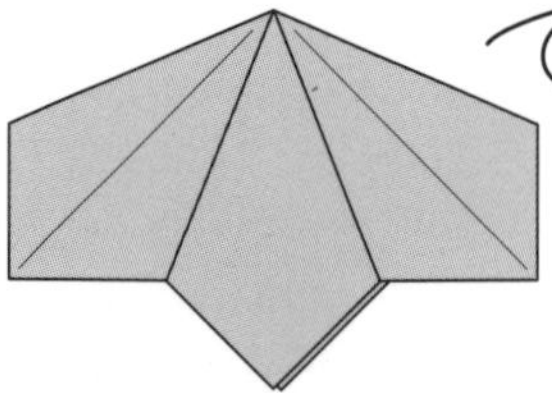

④裏返します。

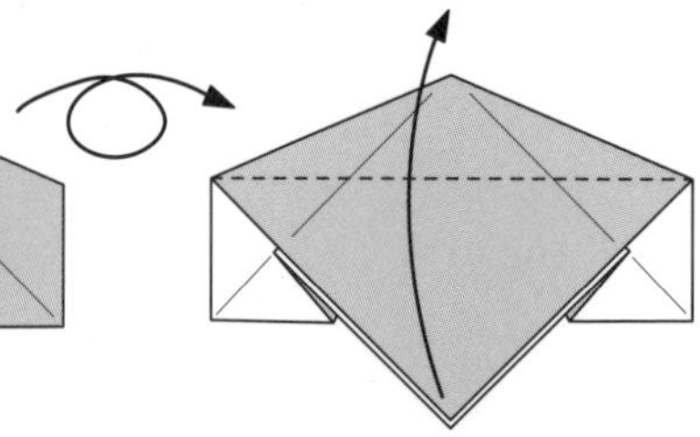

⑤下の三角の部分を、
折り上げます。

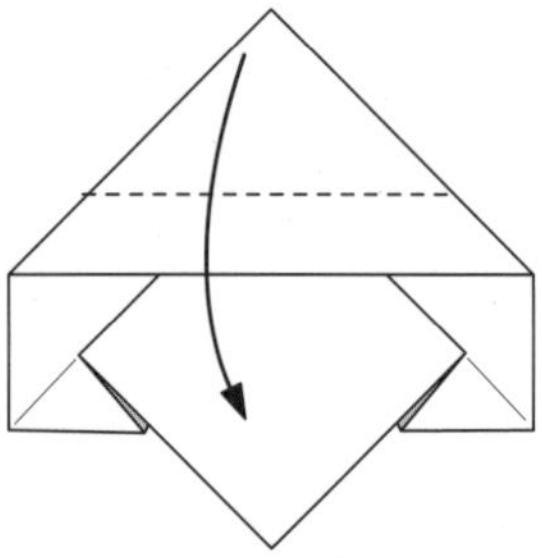

⑥上の三角の部分を、
折り下げます。

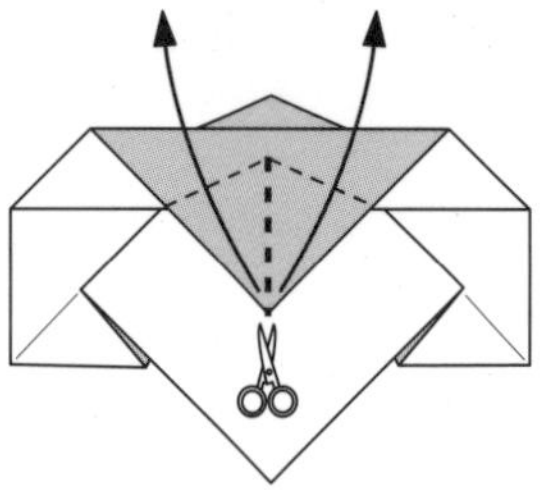

⑦切り込みを入れ、そ
れぞれ折り上げます。

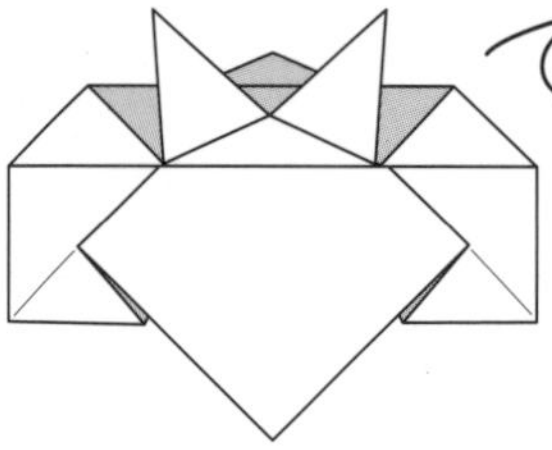

⑧裏返します。

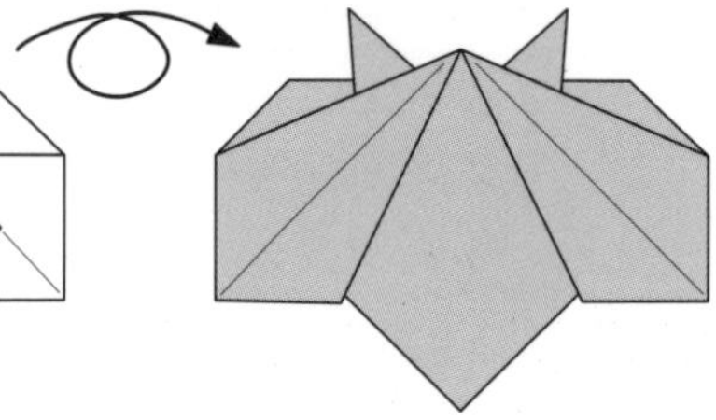

⑨完成です。

春の花

ショウブの折り方②〈66ページ〉

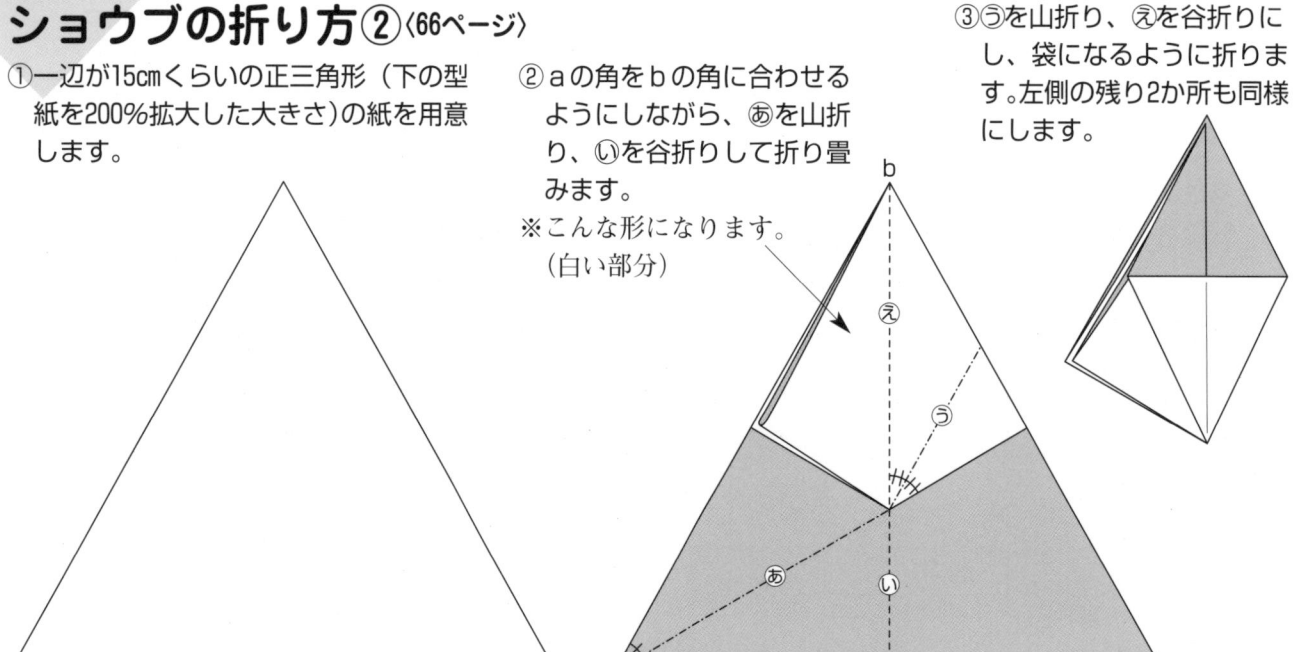

①一辺が15cmくらいの正三角形（下の型紙を200%拡大した大きさ）の紙を用意します。

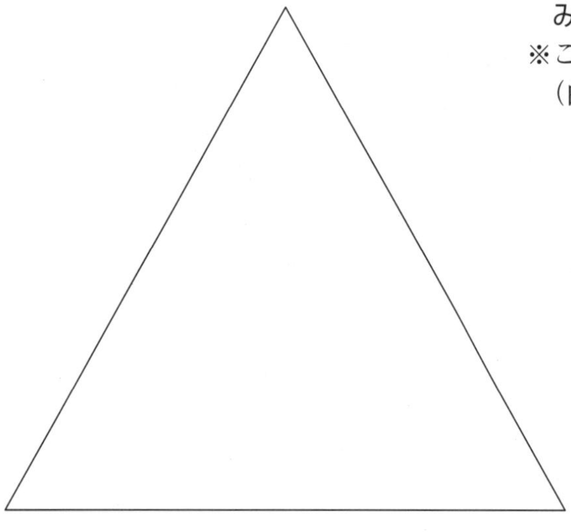

②aの角をbの角に合わせるようにしながら、(あ)を山折り、(い)を谷折りして折り畳みます。

※こんな形になります。
（白い部分）

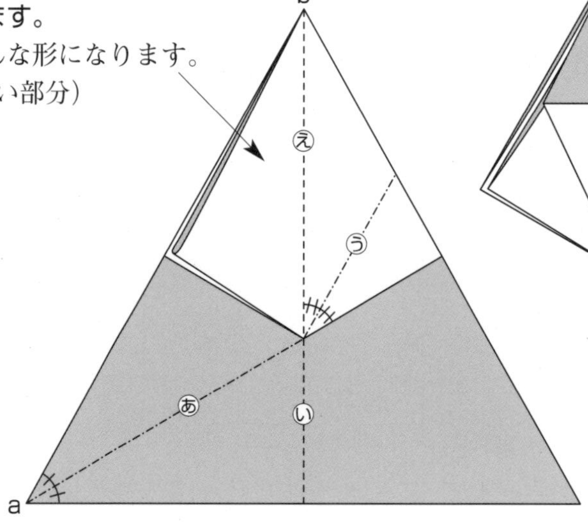

③(う)を山折り、(え)を谷折りにし、袋になるように折ります。左側の残り2か所も同様にします。

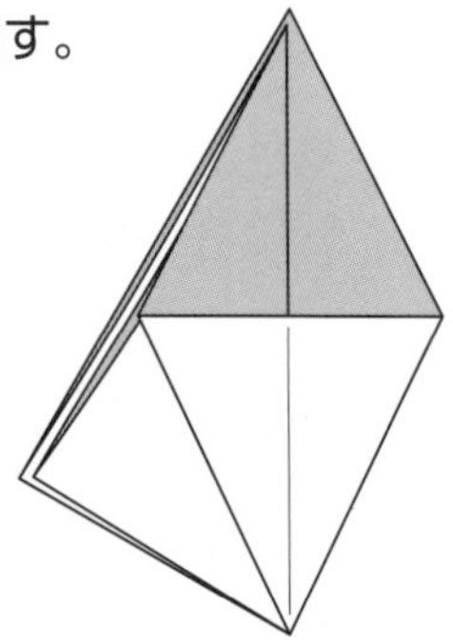

夏の花

アジサイの作り方〈67ページ〉

花の折り方

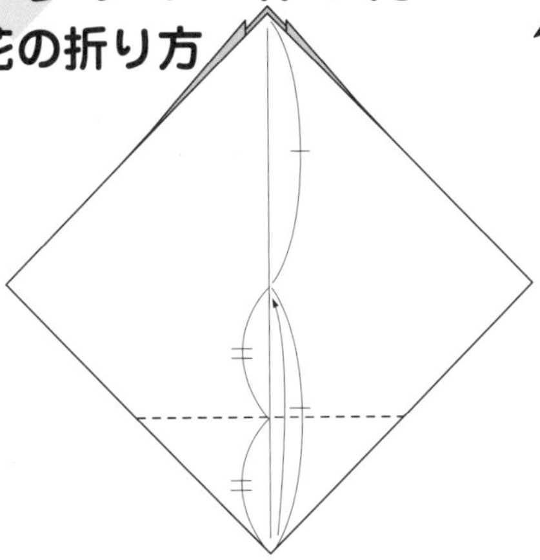

①色のある面が内側になるようにして四角折り（32ページ参照）し、下の角を縦に四等分した所で折り上げます。

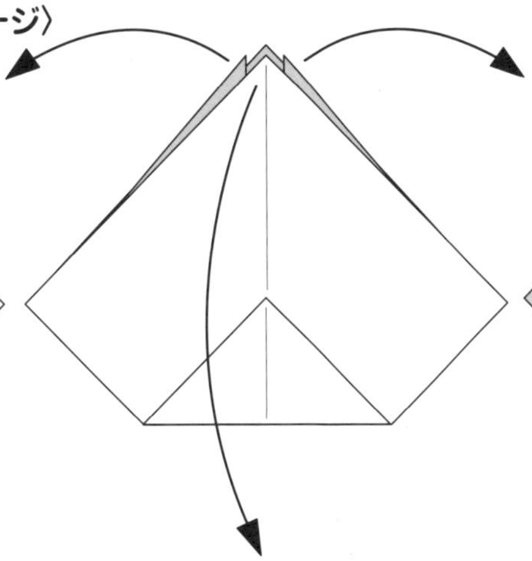

②開いて、左右に折り込みます。

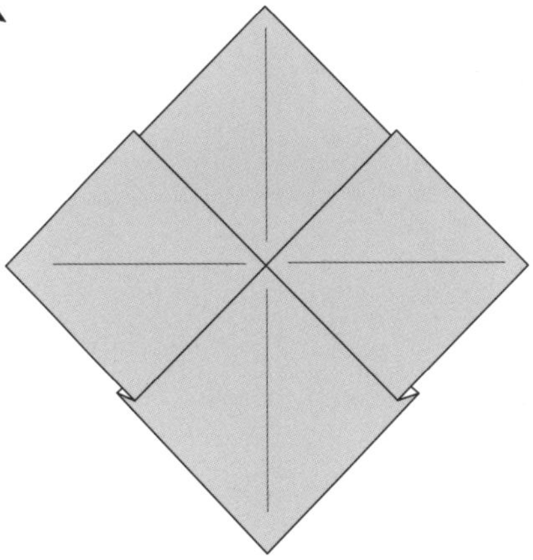

③アジサイの花ができました。これをたくさん作りましょう。

もっとやさしいアジサイの折り方

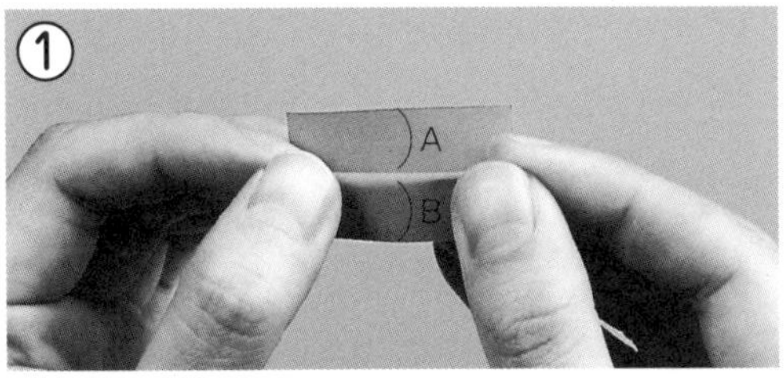

ひとさし指に巻くように折り上げます。Aの長さとBの長さが、同じくらいになるようにします。

①で折ったものを写真のようにずらし、全体が正方形になるようにバランスをとりながら折ります。

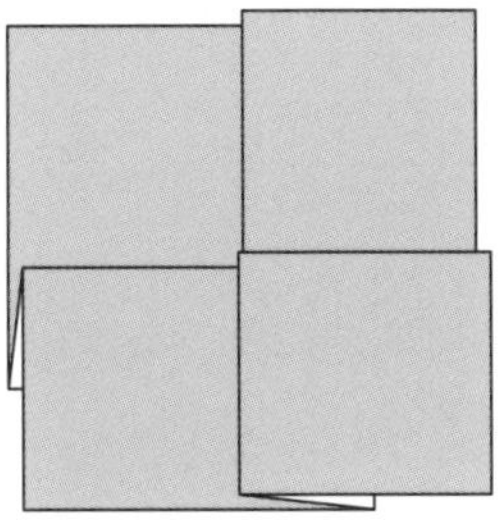

③完成です。

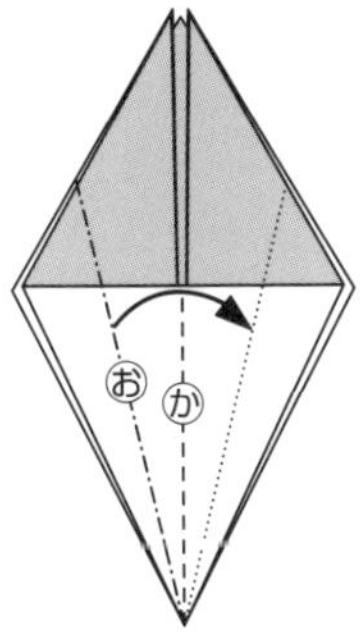

④３か所とも同様に折れたら図のようにし、㋔を山折り、㋕を谷折りします。

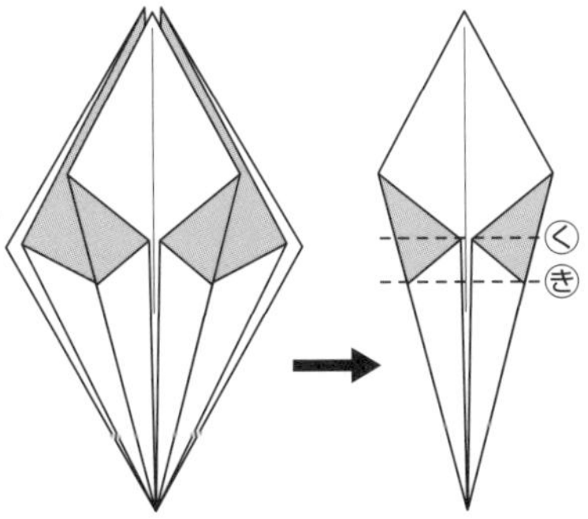

⑤左側も対称に折ります。３か所とも同様に折れたら右上の図のようになります。次に㋖を折ります。

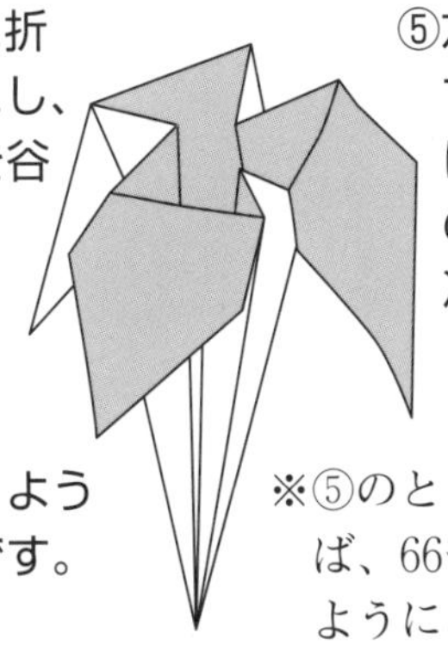

⑥三つの花弁を開くように形づけて完成です。

※⑤のときに㋗の位置で折れば、66ページ右上の写真のようになります。

型紙を使わずに、色紙（正方形）から正三角形を作る方法

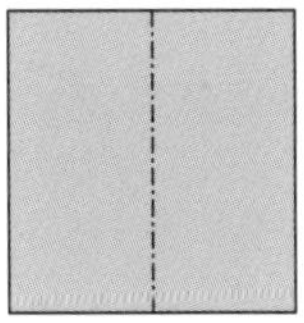

①縦半分に折ります。

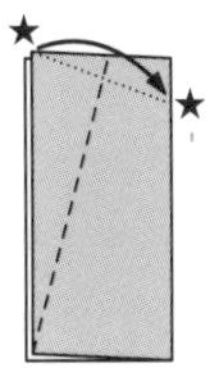

②上の１枚を、★印の角を右端に合わせて折ります。

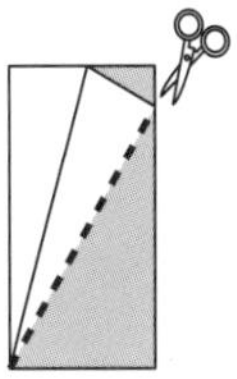

③折ってできた線に沿って切り取ります。右下側を開くと、正三角形になっています。

夏の花

アジサイの作り方

〈67ページ〉

葉の折り方

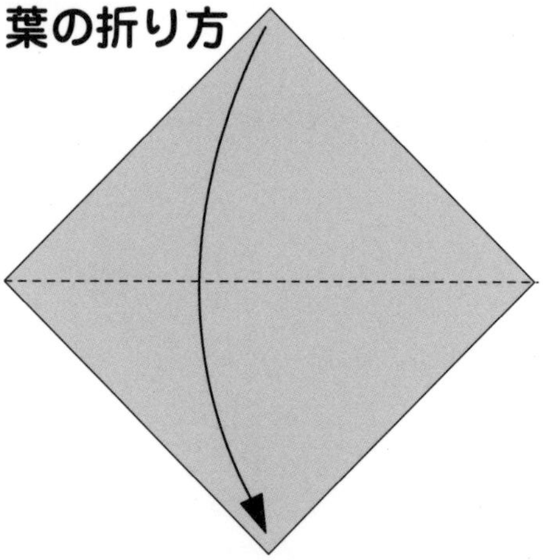

①三角に折ります。

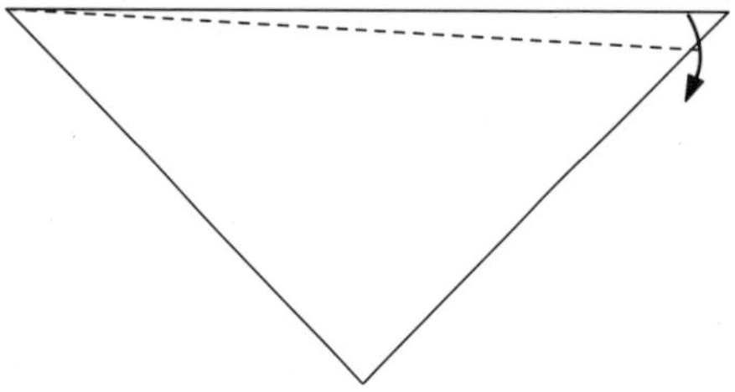

②上を少しだけ、斜めに
折ります。

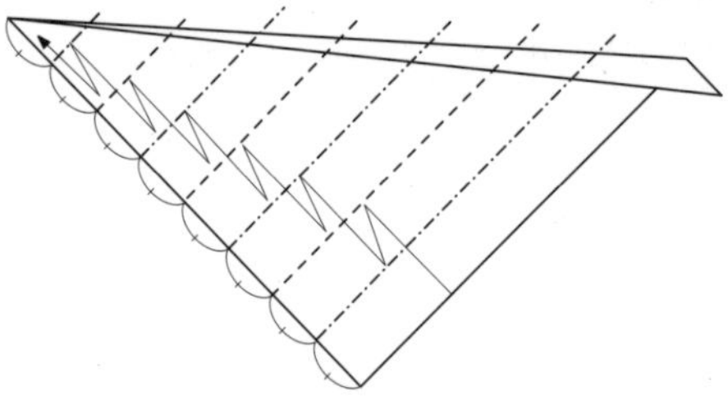

③上を折込んだまま、
じゃばらに折ります。

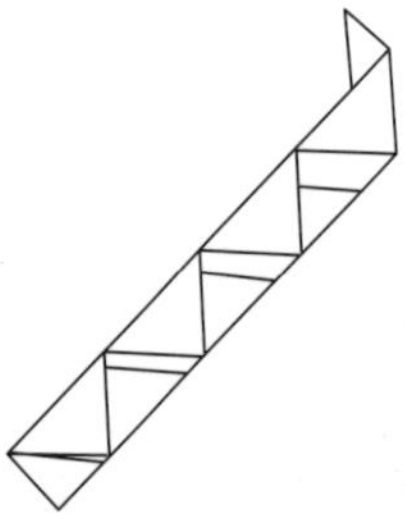

④折り筋をつけて開きます。

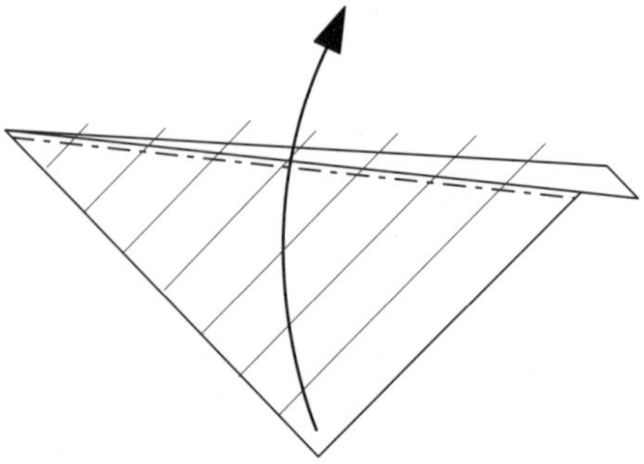

⑤上側の三角形を開きます。

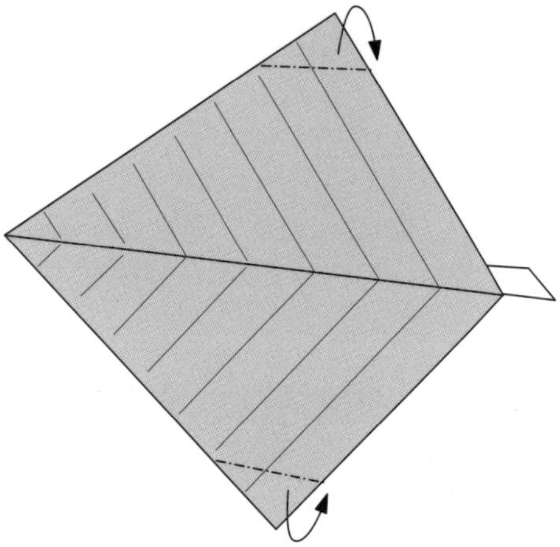

⑥上下の角を折り込みます。

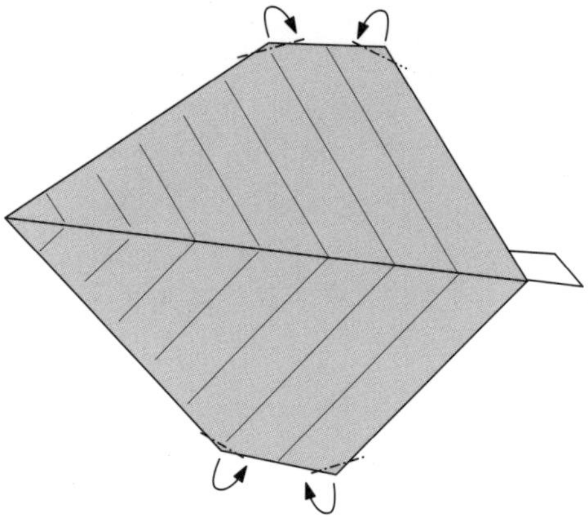

⑦四つの角を折り込みます。

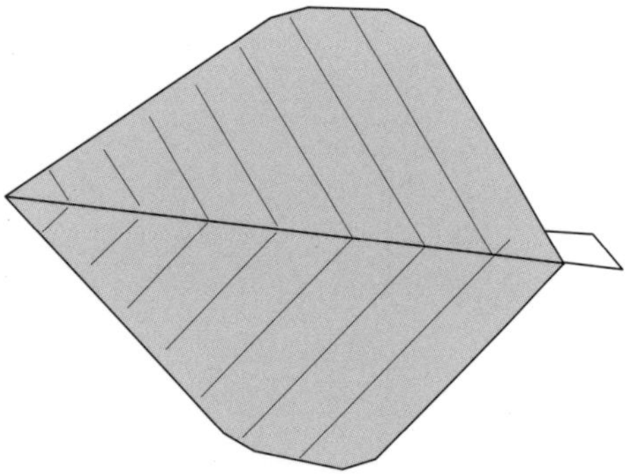

⑧アジサイの葉ができました。

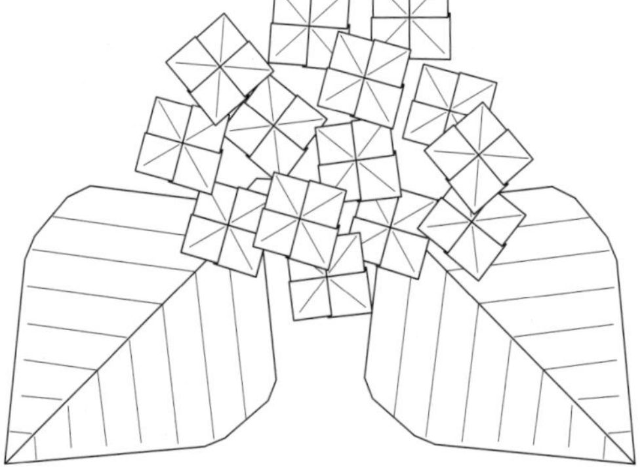

※花と葉を、バランスを考えて組み合わせながら、
はりつけていきます。

夏の花

アサガオの折り方

〈67ページ〉

花の折り方

①色のある面が内側になるようにして、四角折り（32ページ参照）します。

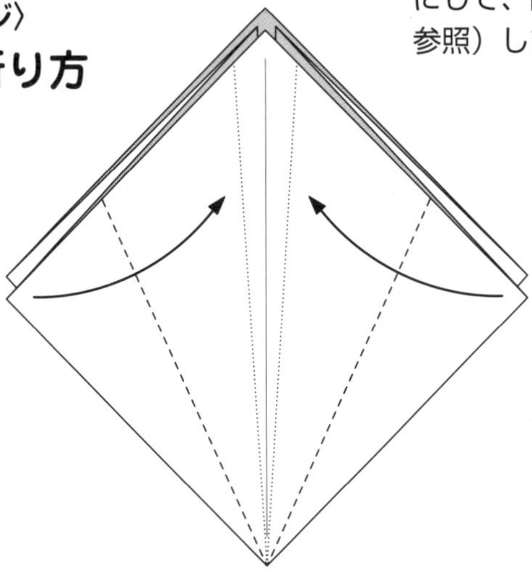

②真ん中より少し手前で折ります。
裏も同様に折ります。

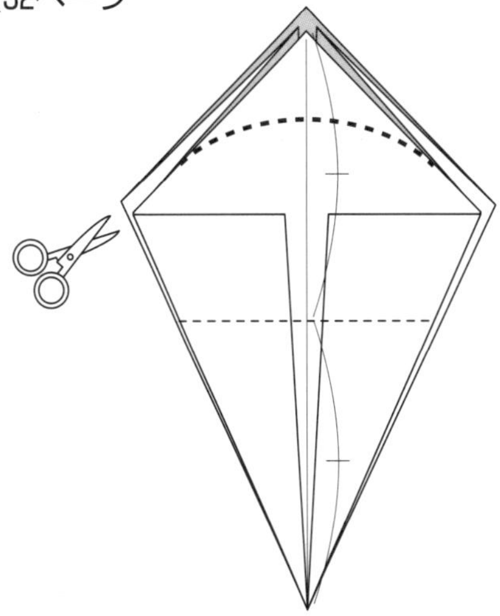

②真ん中に折り筋をつけておいてから、上の三角形を丸く切り取ります。

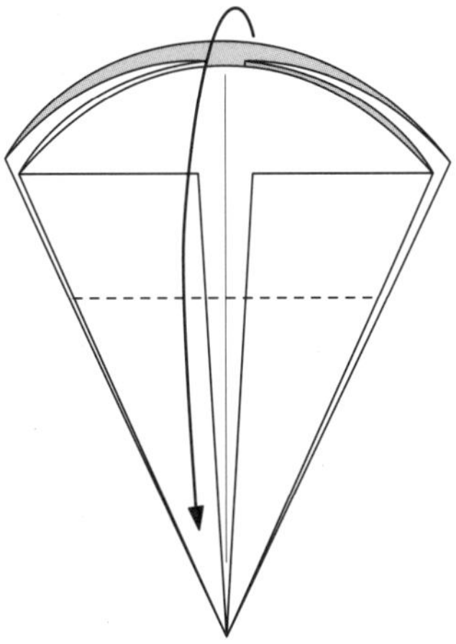

③折り筋で折り下げます。

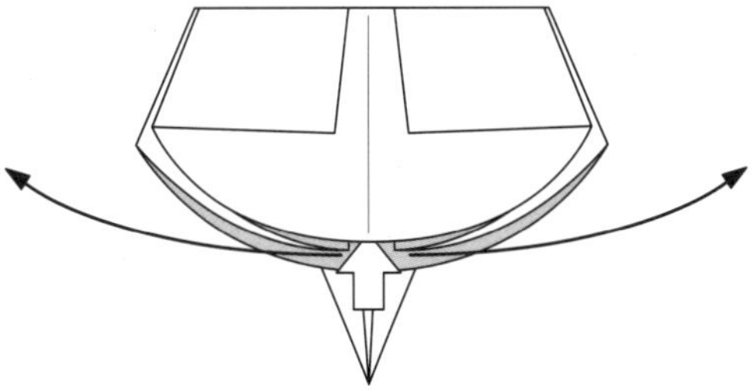

④丸い所を上に開き、左右も開きます。

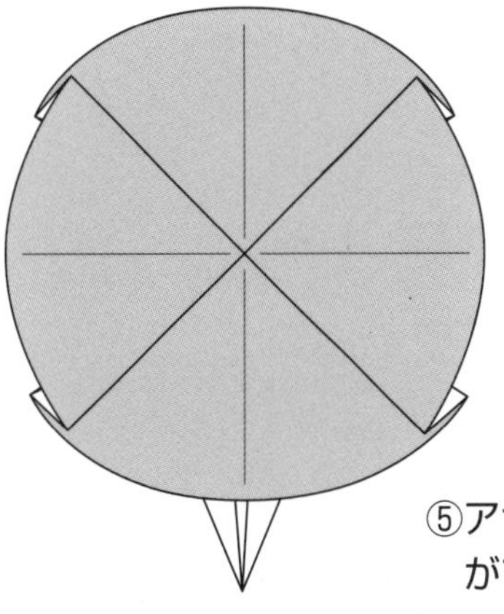

⑤アサガオの花ができました。

夏の花

アサガオの折り方〈67ページ〉

葉の折り方

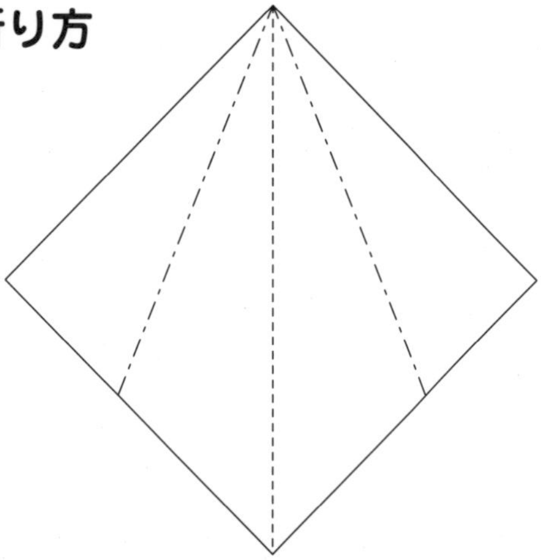

①縦に三角に折り、折り筋をつけて開き、さらに真ん中に合わせて両側から折り筋をつけて開きます。

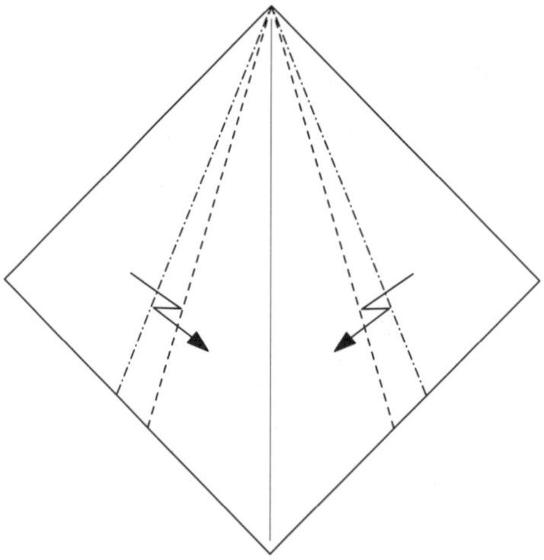

②山・谷と、段折りをします。

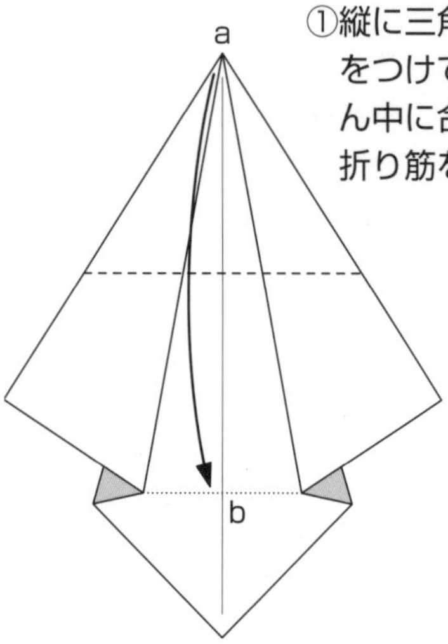

③aの部分を、bの所まで折り下げます。

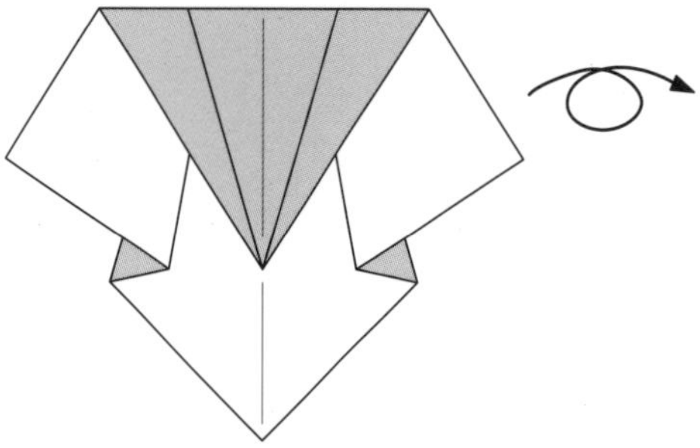

④ひっくり返します。

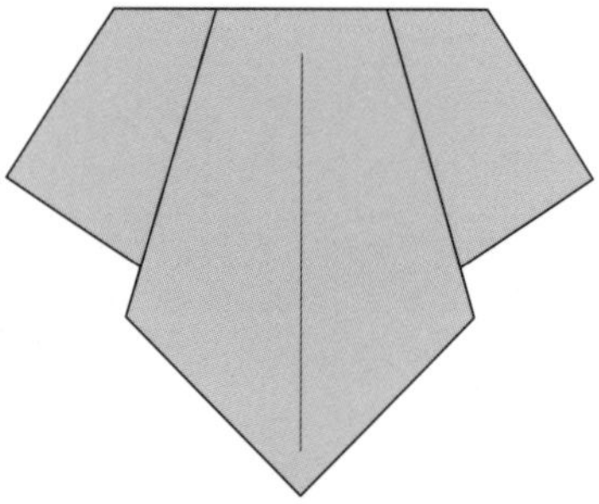

⑤アサガオの葉ができました。

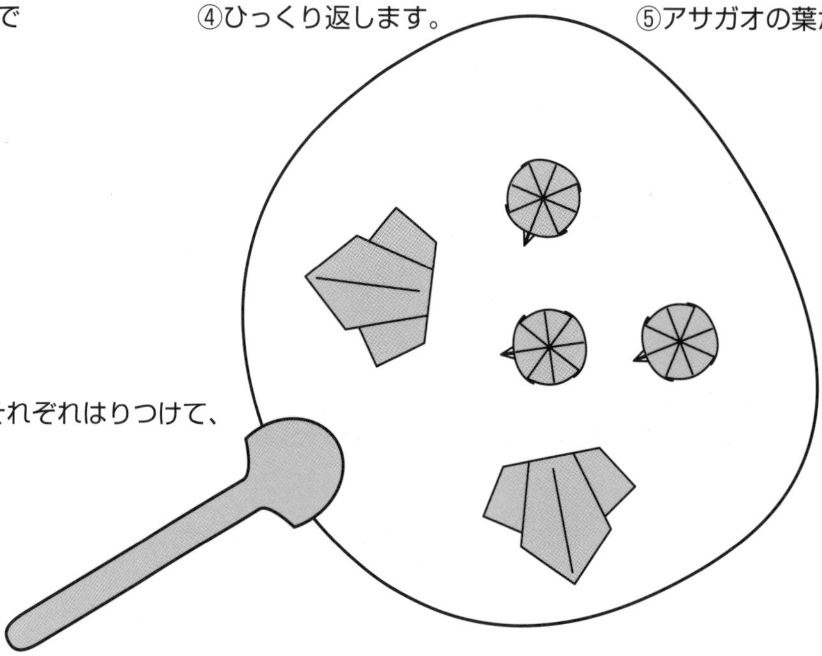

うちわにそれぞれはりつけて、完成です。

秋の風物

モミジの作り方〈67ページの切り紙〉

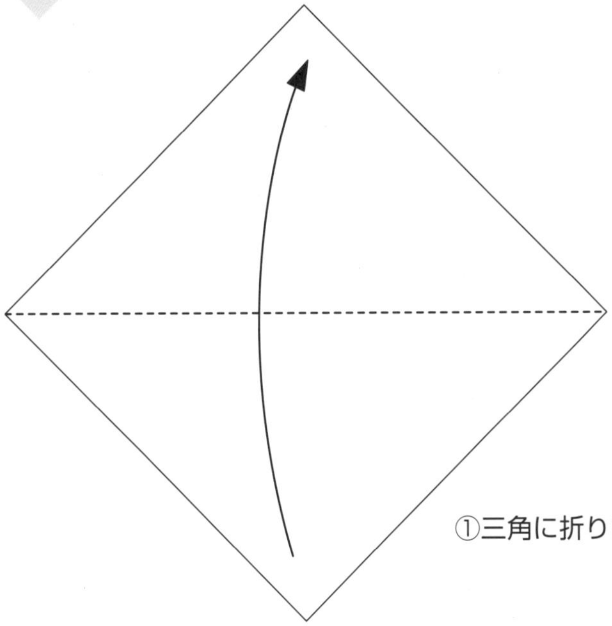

①三角に折ります。

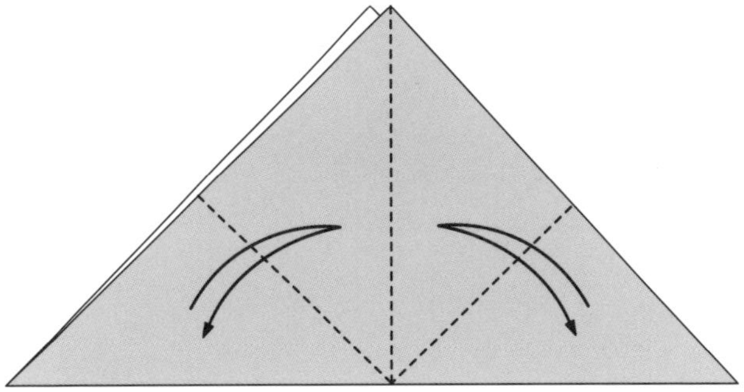

②真ん中に合わせて、両側から折り筋をつけて開きます。

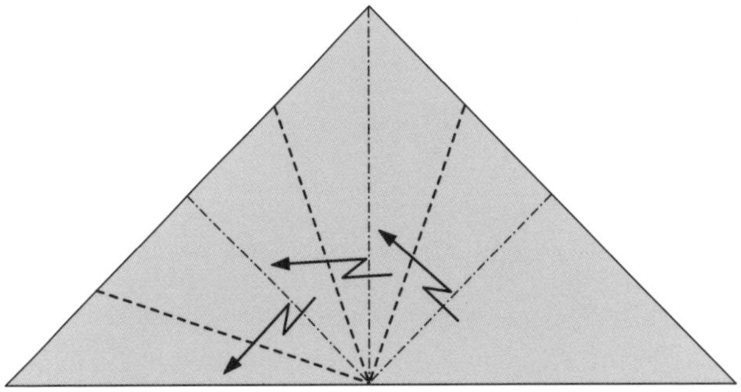

③右側の三角の半分の所から、扇状に山・谷と段折りをします。

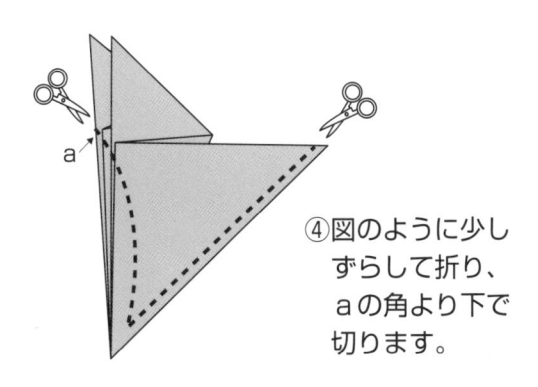

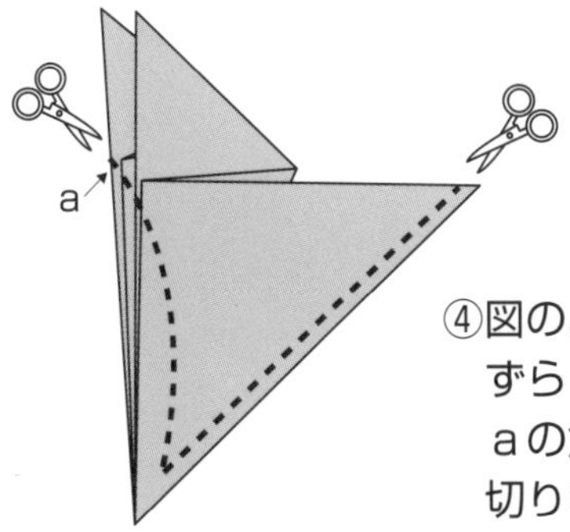

④図のように少しずらして折り、ａの角より下で切ります。

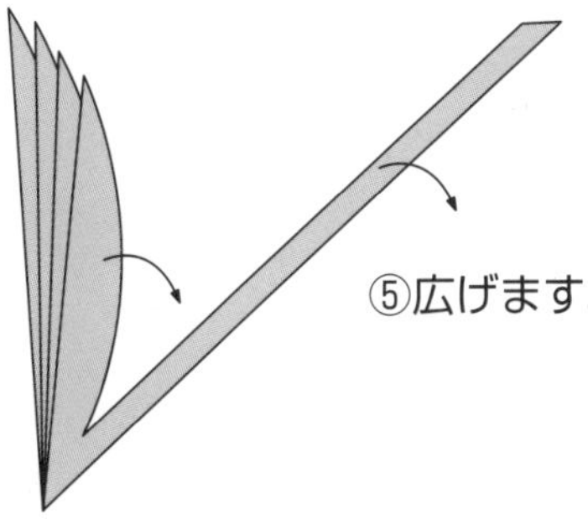

⑤広げます。

⑥モミジの完成です。
※大小さまざまなものをたくさん作って散らすと、秋の雰囲気が出ます。

祝いツルの折り方〈68ページのお正月・クリスマス〉

ちょっといつもとは違うツルはどうでしょうか？

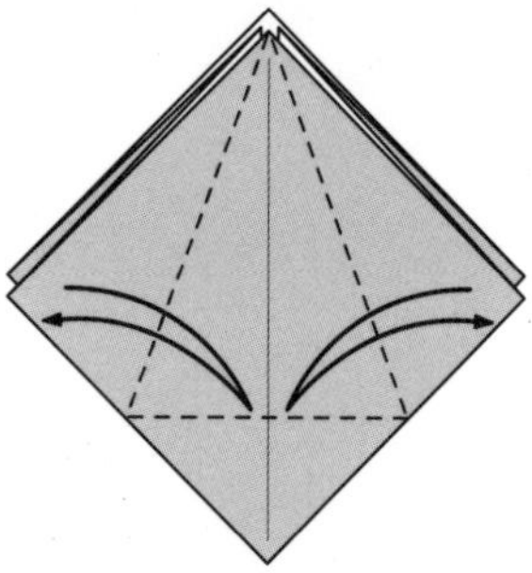

①四角折り（32ページ参照）し、真ん中に合わせて折り筋をつけて元に戻します。

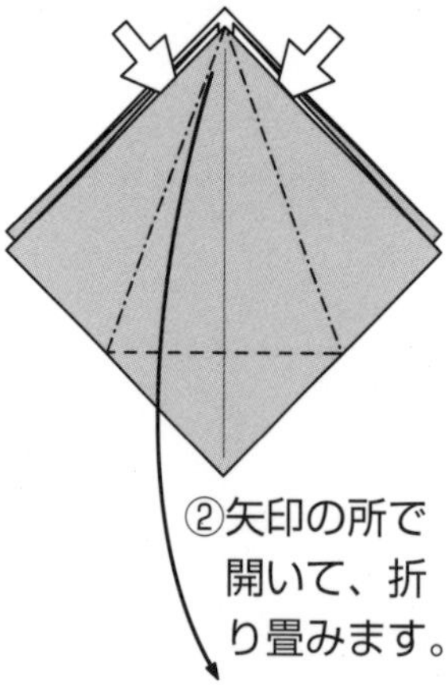

②矢印の所で開いて、折り畳みます。

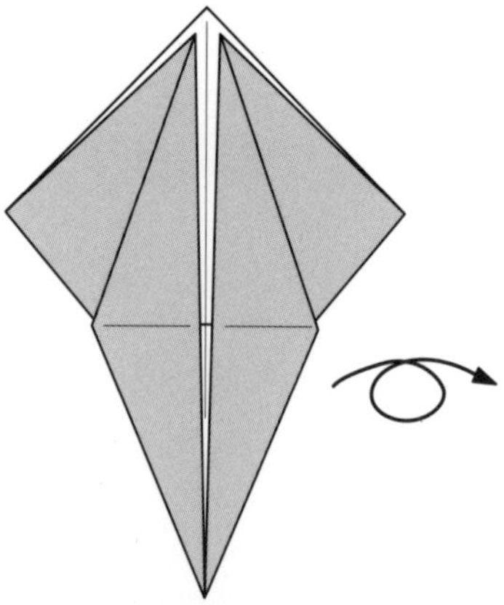

③裏返します。

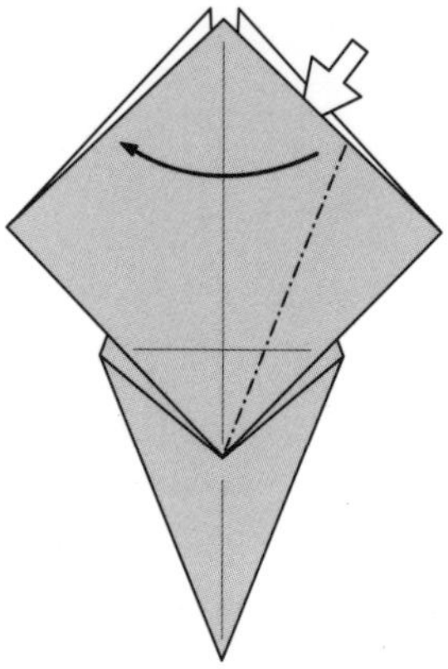

④折り筋で折って、開きます。

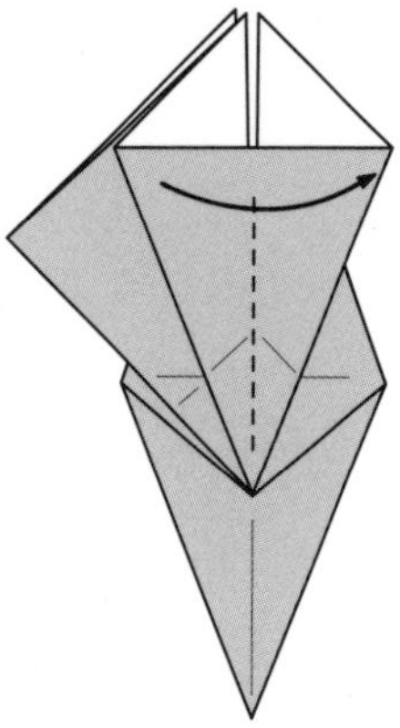

⑤右側に折り畳みます。

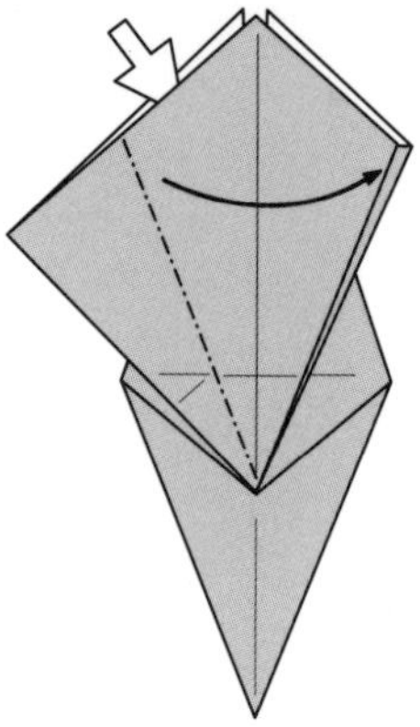

⑥もう一方も折り筋で折って、開きます。

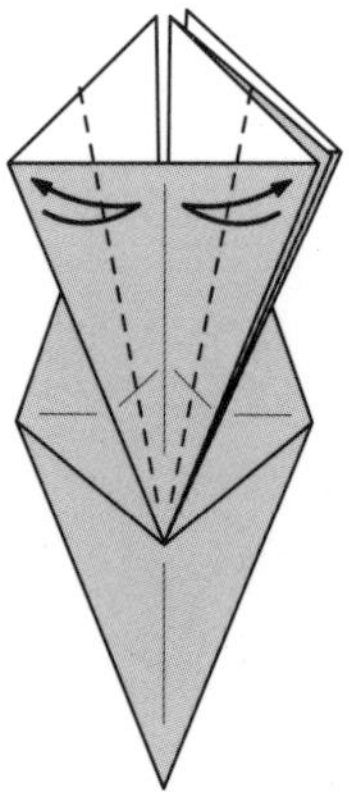

⑦真ん中に合わせて折り筋をつけて元に戻します。

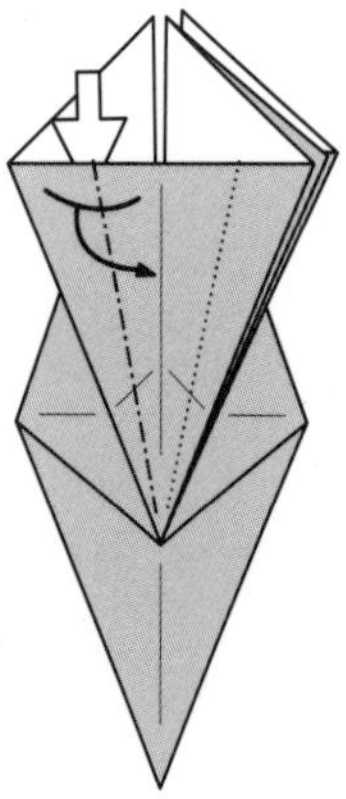

⑧左半分を開いて、右に折り畳みます。

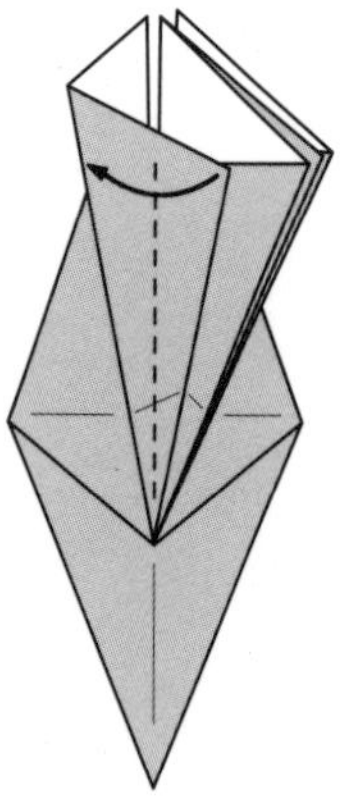

⑨上の１枚を、左に折ります。

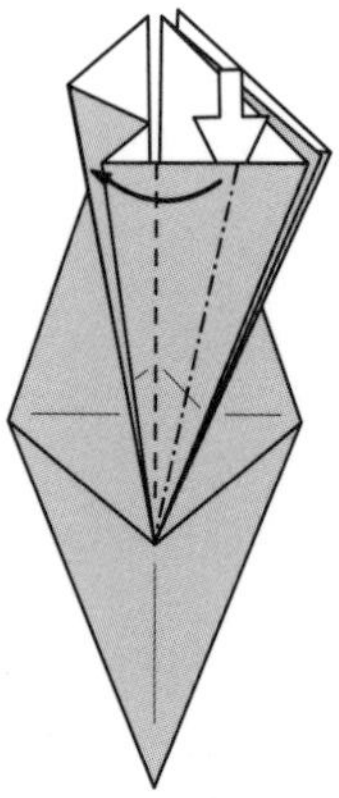

⑩真右半分も、同様に折ります。

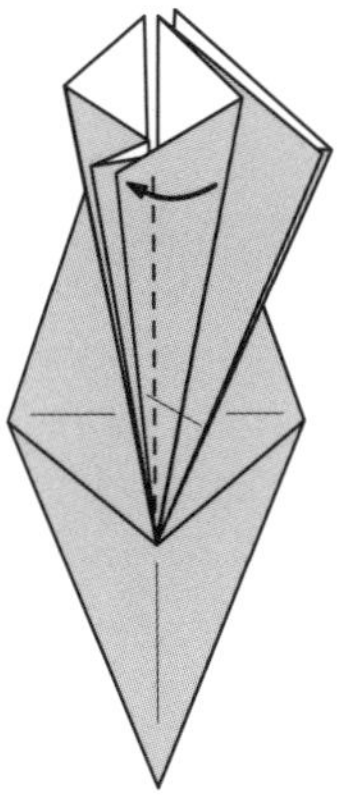

⑪上の１枚を、
左に折ります。

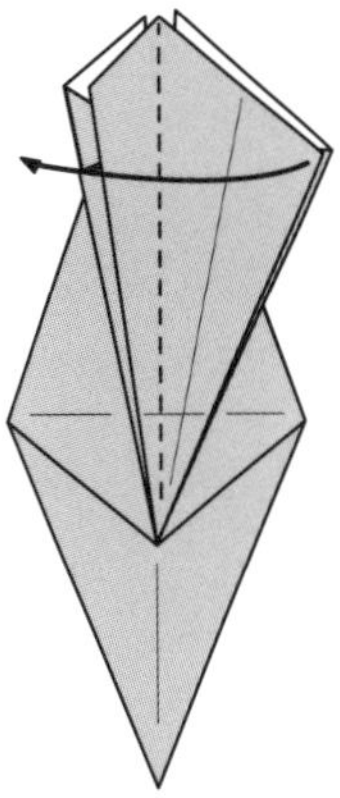

⑫さらに１枚を、
左に折ります。

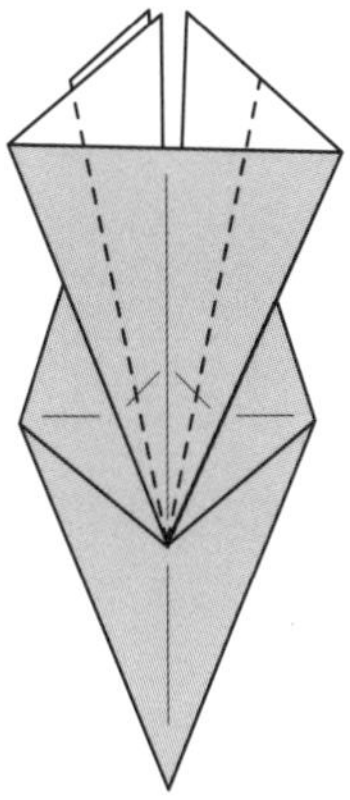

⑬真ん中に合わせて折り筋をつけ、⑧〜⑪と同様に折ります。

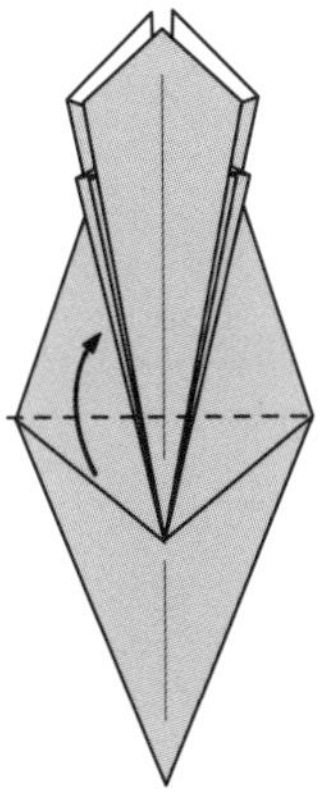

⑭下の三角の部分を、
折り上げます。

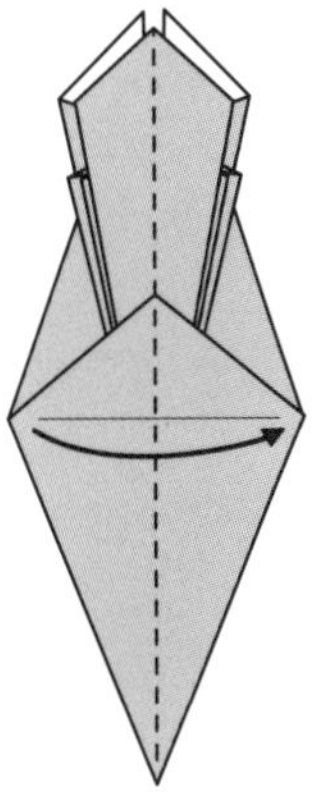

⑮全体を、右に折ります。

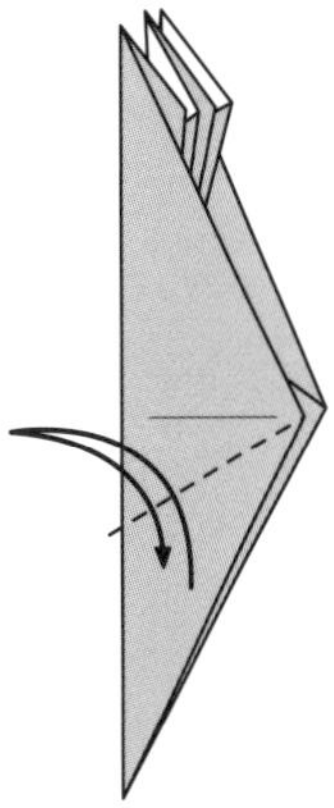

⑯折り筋をつけます。

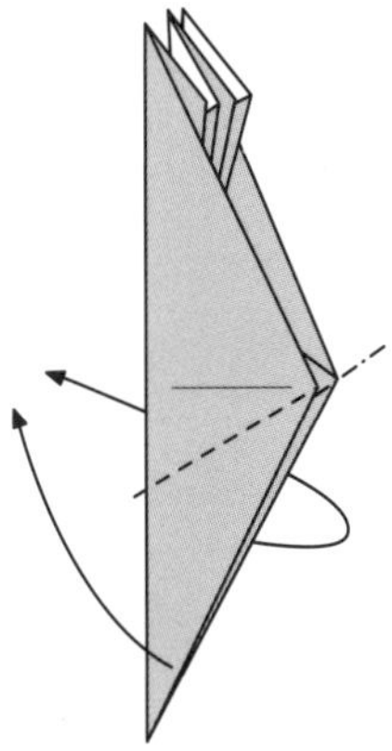

⑰折り筋で、かぶせ折り（61ページ参照）します。

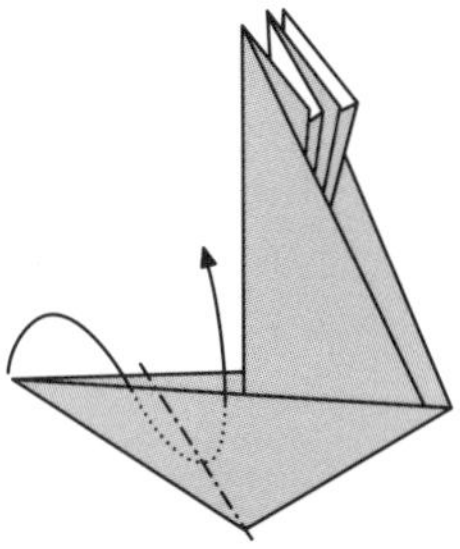

⑱左の三角の部分を、中割り折り（55ページ参照）します。

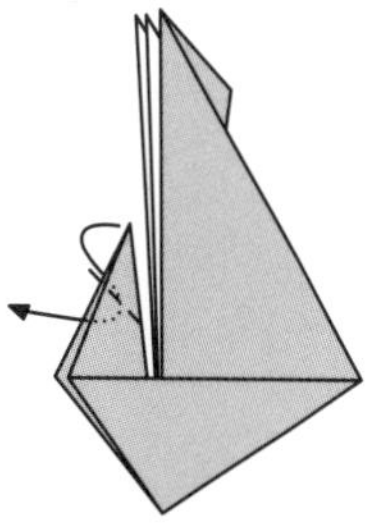

⑲もう一度、中割り折りします。

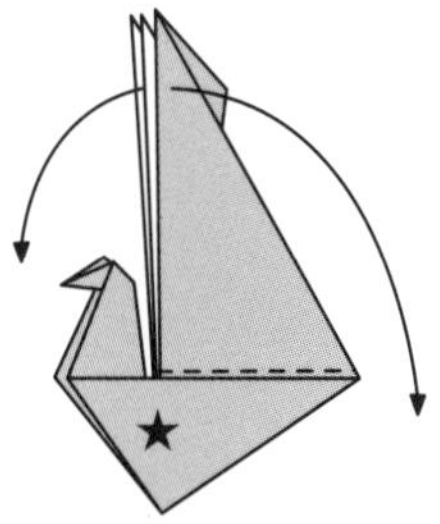

⑳★印の部分を指で押さえながら羽を広げ、形を整えて完成です。

冬の行事

はし置きの作り方〈68ページのお正月・クリスマス〉

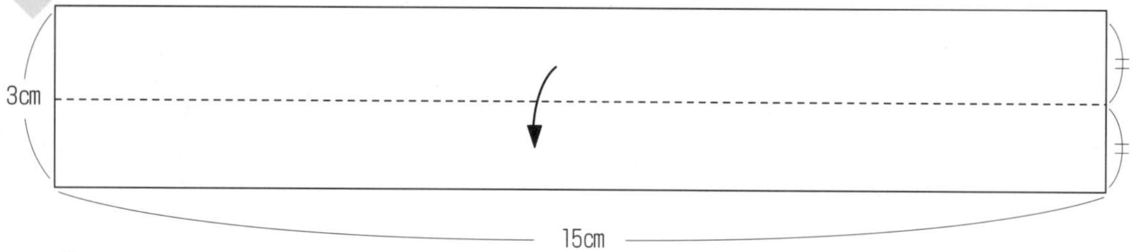

①3×15cmの紙を用意します。
②半分に折ります。

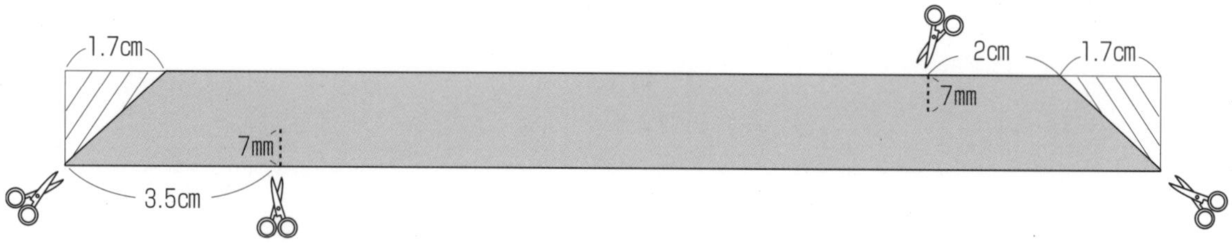

③図のように、切り込みを入れます。
両端は図のように切り取ります。

④丸くして、切り込みに
差し込んで完成です。

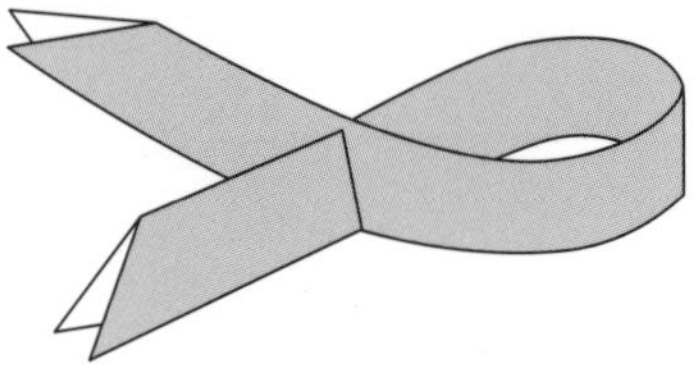

冬の行事

お年玉袋の折り方〈68ページのお正月・クリスマス〉

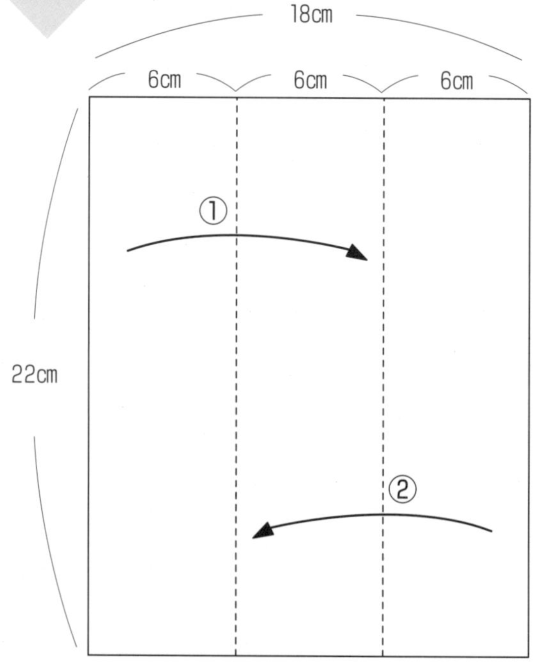

①18×22cmの紙を用意します。
②①～④の順に折ります。

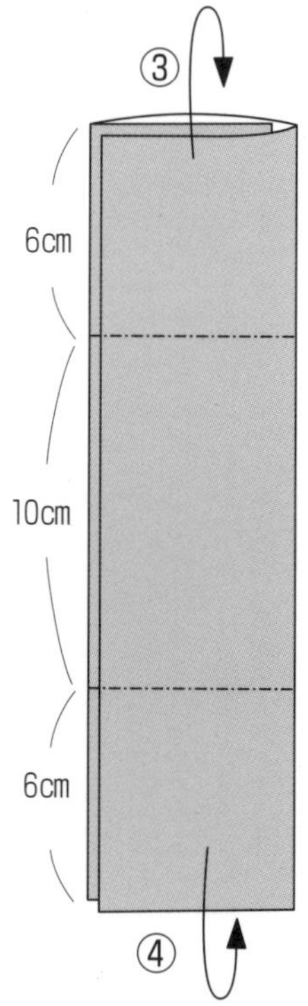

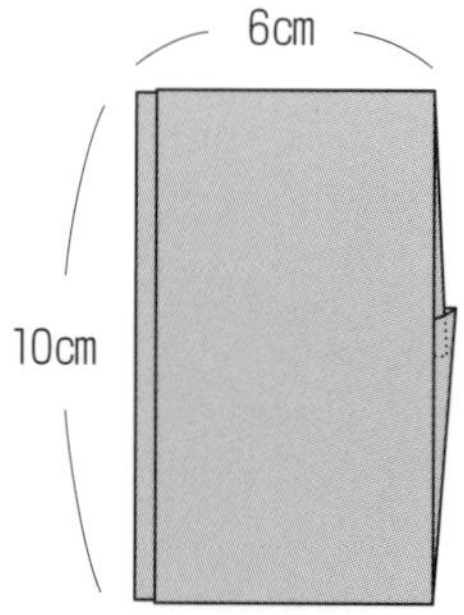

③完成です。

冬の行事

サンタクロースの折り方〈68ページ〉

原案：中島進

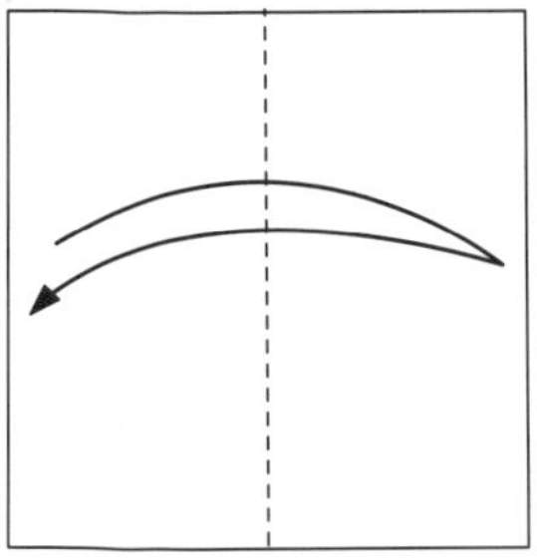

①半分に折り、折り筋をつけて元に戻します。

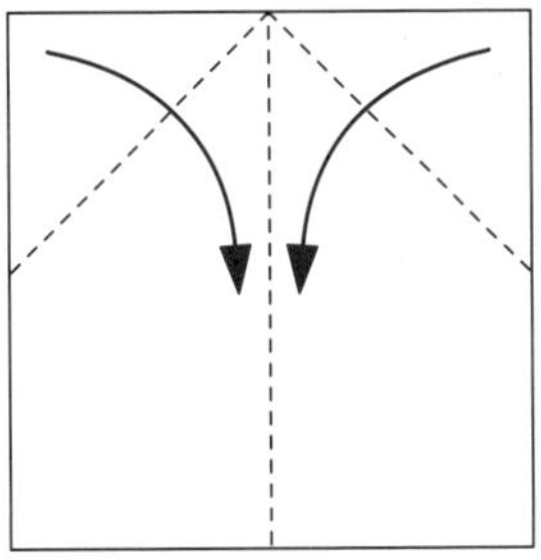

②上の角を三角に折ります。

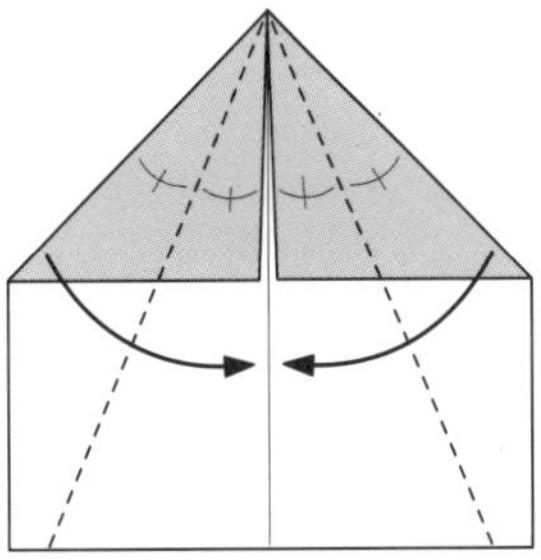

③真ん中に合わせて半分に折りに折ります。

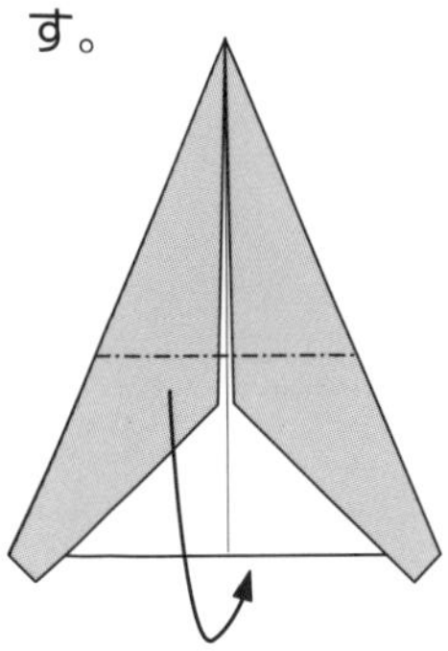

④裏側に折り上げます。

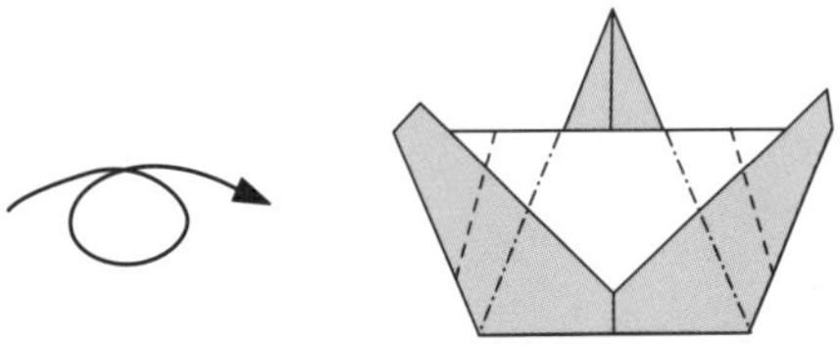

⑤裏返して、左右とも、段折りします。

⑥顔をかいて、サンタクロースの完成です。

冬の行事

プレゼントの折り方〈68ページ〉

原案：中島進

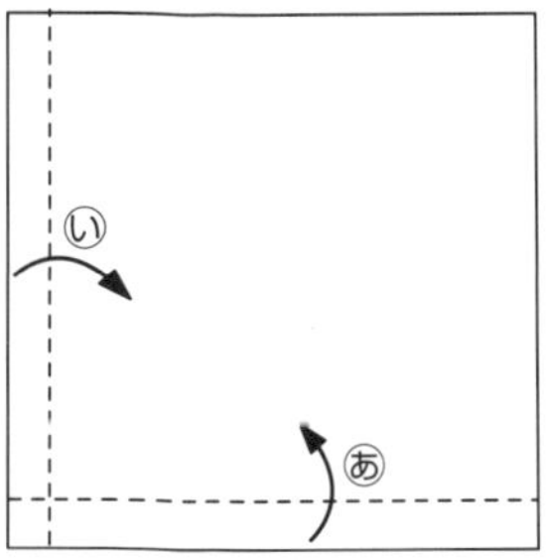

①二辺の縁を、同じ幅で(あ)、(い)の順に折り返します。

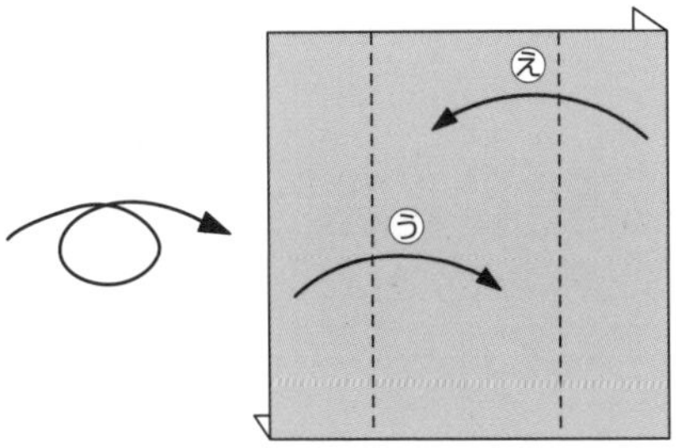

②裏返して、①で折り返した部分と同じ幅だけ重ねながら、左右均等になるように(う)、(え)の順で折ります。

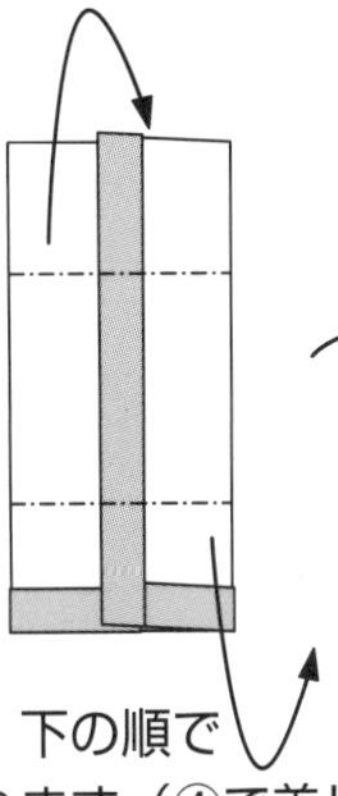

③上、下の順で折ります（④で差し込んだとき、均等になるように）。

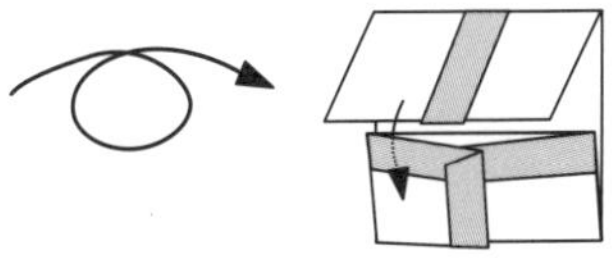

④裏返して、上の部分を下の袋になっている所に差し込みます。

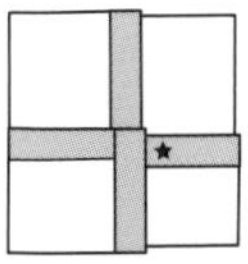

⑤★印の角を、内側から引っ張り出します。

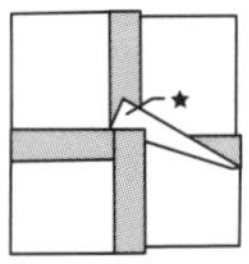

⑥★印がいちばん上になるようにします。

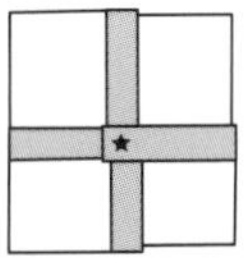

⑦プレゼントの完成です。たくさん作りましょう。

※サンタクロースとプレゼントを、いろんなイメージで並べて、68ページの写真ような作品にしましょう。

◆監修者

白澤　政和（しらさわ・まさかず）

大阪市立大学大学院生活科学研究科教授　1974年大阪市立大学大学院修了、
1994年同大学生活科学部教授を経て、2000年より現職。日本老年社会科学会理事、
日本社会福祉学会理事、厚生労働省障害者ケアマネジメント体制整備検討委員会座長
など多くの公職を歴任。老人保健福祉やケアマネジメント関係の著書多数。

◆著　者（折り紙指導）

小林　一夫（こばやし・かずお）

1941年東京都生まれ。
和紙のしにせ「ゆしまの小林」の後継者として、染色技術や折り紙など和紙にかかわる伝統技術・文化の普及に尽力。
世界各地で折り紙の展示・講演活動を行なっており、1985年、韓国政府より大韓民国社会教育文化賞受賞。
2001年にはフォルクスワーゲン、ブルガリア大使館より講演を依頼される。
お茶の水・おりがみ会館館長、㈱ゆしまの小林社長、日本菓子学校講師等を務める。
著書に、「かならず折れるおりがみ①・②・③（きせつのおりがみ）」（ひかりのくに）、
「和紙で折る　四季の折り紙」（雄鶏社）、「すてきな折り紙」（高橋書店）など多数ある。
（お茶の水・おりがみ会館URL　http://www.origamikaikan.co.jp）

◆協力者

溝上凱子（福祉寮母）…取り組み方など指導及び、作品製作（8ページのくす玉人形）。

田中みよ子さんを中心とする高齢者の方…6～7ページの作品製作。

◆協力会社（5～7ページのユニット折り紙の商品や原案となったキット販売など・お問い合わせ、ご注文先）

ショウワグリム株式会社…5ページのスワン（大）・7ページの水鳥のひな。
〒343-0838 埼玉県越谷市蒲生3867番地
TEL.048-986-3311　FAX.048-986-3330
（5ページに掲載のユニット・ホビーキット〈白鳥・たびだち〉のほか、〈ふくろう〉・〈くじゃく〉・〈白鳥・冬ごもり〉・〈招きネコ〉・〈パンダ〉および、ユニット・ホビーキット風水花かご〈チューリップ〉・〈ハイビスカス〉・〈アヤメ〉があります。）

水谷株式会社…7ページの宝船・8ページのくす玉人形。
〒501-6123 岐阜県羽島郡柳津町流通センター1-17-2
TEL.058-279-2231　FAX.058-279-1684

株式会社まきの商店…7ページのスワン（小）。
〒891-0123 鹿児島県鹿児島市卸本町6-5
TEL.099-260-2329　FAX.099-268-9086

◆参考文献

「**幸せを招く折り紙細工**」（雄鶏社・刊）
…本書6～7ページなど。

「**暮らしと四季を彩るすてきな折り紙**」（高橋書店・刊）
…本書26ページの(4)・28ページ・65～67ページなど。

「**かんたん！使える！おりがみ生活小物**」（PHP研究所・刊）
…本書68ページなど。

高齢者ふれあいレクリエーションブック⑤

高齢者のリハビリ折り紙

おしゃべりしながら、リラックスして…コミュニケーションのヒントと注意事項つき

2004年5月　初版発行

監修者　白澤　政和
著　者　小林　一夫
発行人　岡本　　健
発行所　ひかりのくに株式会社
〒543-0001　大阪市天王寺区上本町3-2-14　郵便振替　00920-2-118855　TEL06-6768-1155
〒175-0082　東京都板橋区高島平6-1-1　郵便振替　00150-0-30666　TEL03-3979-3112
ホームページアドレス　http://www.hikarinokuni. co.jp
印刷所　日本写真印刷株式会社

Printed in Japan
ISBN 4-564-43035-1
NDC369.263+　84P　26×21cm